信贷业务

郭瑞云　于千程　主编

高职高专经济管理类创新教材

U0361715

清华大学出版社
北京

内容简介

本书围绕金融机构信贷业务工作岗位的实践特点,介绍了信贷业务客户经理应具备的信贷业务基础知识、工作技能和职业素养。本书内容以信贷客户经理的岗位职责为主线,涵盖信贷业务营销、信贷业务的实际操作等理论和实践内容。本书共设置八个项目:信贷业务岗位认知、信贷业务基础、信贷产品营销、信贷业务的受理、信贷业务的调查与分析、信贷业务的审查与审批、签订合同与发放贷款、贷后管理。本书创新点在于将客户经理的工作情境融入到每个项目当中,通过情境导入、知识导航、学习目标、知识准备、实训活动、思政案例和知识点考核等环节,一步步引导学生通过模拟实践操作完成项目学习任务,达到项目所要求达到的知识目标、能力目标和素质目标。

本书既可以作为高职高专金融类、经济类及相关专业的教材,也可以作为应用类本科院校教学用书及金融机构培训教材。

图书在版编目(CIP)数据

信贷业务 / 郭瑞云,于千程主编. —北京:清华大学出版社,2022.11

高职高专经济管理类创新教材

ISBN 978-7-302-62194-2

Ⅰ. ①信… Ⅱ. ①郭… ②于… Ⅲ. ①信贷业务－高等职业教育－教材 Ⅳ. ①F830.5

中国版本图书馆CIP数据核字(2022)第217067号

责任编辑:施　猛
封面设计:常雪影
版式设计:方加青
责任校对:马遥遥
责任印制:刘海龙

出版发行:清华大学出版社
　　　　网　　　址:http://www.tup.com.cn,http://www.wqbook.com
　　　　地　　　址:北京清华大学学研大厦 A 座　　　邮　　编:100084
　　　　社 总 机:010-83470000　　　邮　　购:010-62786544
　　　　投稿与读者服务:010-62776969,c-service@tup.tsinghua.edu.cn
　　　　质 量 反 馈:010-62772015,zhiliang@tup.tsinghua.edu.cn
印 装 者:三河市君旺印务有限公司
经　　销:全国新华书店
开　　本:185mm×260mm　　印　　张:17.75　　字　　数:379 千字
版　　次:2022 年 12 月第 1 版　　印　　次:2022 年 12 月第 1 次印刷
定　　价:59.00 元

产品编号:097780-01

前言

　　《信贷业务》是专门针对高职高专类金融专业学生项目化教学的需要而编写的。本教材内容涵盖银行等金融机构从事信贷业务的工作人员应知应会的基本知识和操作技能，同时加入了思政的元素，让学生不仅要具备信贷人员必备的专业知识和业务能力，还要具备金融从业人员的职业素养和道德品质。

　　本书将信贷业务的基础知识和信贷工作的技能训练融为一体。全书内容设计新颖，通过一个毕业生从助理客户经理到客户经理的工作过程中所感所想的虚拟场景贯穿整个信贷业务过程，创新地将学生带入信贷业务的实际场景，每个场景为一个项目，项目下面根据具体知识点不同划分为若干个任务。每一个任务都首先指明知识目标、技能目标和素质目标，使学生能更明确地进行相应任务的知识准备和实训活动，学生可以通过先学后练，也可以通过边学边练或者先练后学的方式，达到"做中学、学中做"的目的。每个项目的最后一部分会以案例的形式启示学生信贷工作人员应具备的职业规范和行为准则。最后，通过知识点考核来验证学生对整个项目的知识学习及实践应用的成果。

　　本书共分为八个项目，主要培养学生从事信贷工作的实际能力。首先是让学生熟悉信贷业务的部门及相关岗位（项目一），掌握信贷业务的基础知识，包括信贷业务的基本制度、贷款要素及信贷操作流程等（项目二）；然后培养学生从事信贷工作必备的营销能力（项目三）；最后让学生熟悉信贷操作流程（项目四到项目八），培养学生在办理信贷业务的操作过程中应具备的各项专业基础能力，包括信用分析能力、担保分析能力，信用调查能力等。

　　本书由郭瑞云和于千程担任主编，其中项目一、二为于千程编写，项目三到项目八由郭瑞云编写。郭瑞云负责本书的总纂工作。学习者可通过扫描下方二维码获取配套资源。

　　本教材在编写过程中，参阅了许多专家学者的著作和研究成果，在此表示感谢。由于编者水平有限，银行信贷业务不断发展，信贷岗位要求不断创新，书中难免有疏漏或不当之处，热忱盼望各方人士批评指正。反馈邮箱：wkservice@vip.163.com。

编者

2022年10月

目　录

项目一
信贷业务岗位认知

【情境导入】

  小王是辽金学院金融专业学生，即将毕业，他希望找到一份专业对口的工作。小王经过查询招聘广告及咨询招聘企业，了解到与专业相关的行业内企业主要包括银行等金融机构，还包括小额贷款公司、网络贷款公司等非银行金融机构；与专业相关的一些招聘岗位主要包括银行的柜面人员、大堂经理、理财客户经理、信贷客户经理、信审员等岗位和非银行金融机构的客户经理等岗位。

  小王计划应聘某银行信贷业务部门的客户经理岗位。针对应聘岗位的要求，小王要从以下几个方面进行准备：

■ 银行的信贷业务具体内容是什么？

■ 信贷客户经理属于银行的哪个部门？

■ 信贷客户经理的工作内容主要有哪些？

■ 信贷客户经理需要具备哪些能力和素质？

【知识导航】

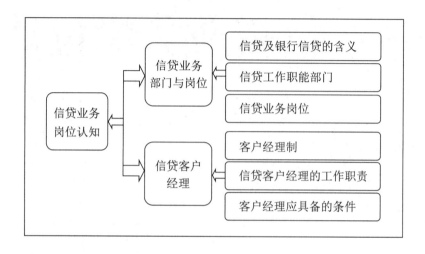

任务一　信贷业务部门与岗位

【学习目标】

知识目标

- 理解信贷及其相关概念的具体含义;
- 熟悉信贷工作的职能部门划分;
- 了解信贷业务部门的主要岗位设置;
- 掌握信贷业务岗位人员的主要职责。

能力目标

- 能够了解银行不同信贷职能部门的具体职能划分;
- 能够区分银行不同信贷工作岗位的角色差异。

职业素养目标

- 认知信贷业务岗位重要性;
- 树立爱岗敬业的责任意识。

【知识准备】

在日常生活中,无论是企业还是个人,在需要资金融通的时候,首先想到的就是办理贷款,即从银行借入所需的资金。而银行作为信用中介,通过提供给客户资金或是以自身的信用为客户作担保,而获取利息和手续费等收入,这就是信贷业务。信贷业务是商业银行最重要的业务,是商业银行收入的主要来源。

一、信贷及银行信贷的含义

信贷是从属于商品关系的一种借贷活动。在这种借贷活动中,债权人贷出货币或赊销商品,债务人按约定日期归还,并付给贷出者一定利息。信贷活动包括授信和受信两个方面,通常"贷"为"授",即授予、给予;"借"为"受",即接受给予,其实质是建立在相互信任基础上的债权债务关系,或借贷关系。

银行信贷是指银行利用自身实力和信誉为客户提供资金融通和承担债务的行为,并以客户支付融通资金的利息、费用及最终承担债务为条件。银行信贷包括两部分,即资金融通和承担债务。前者是银行实际出借资金,属于狭义的信贷,也称为"贷款";后者是银行不通过出借资金,而仅仅凭借自己的信用,发挥资金融通或担保的作用,主要包括担保、承兑、信用证、信贷承诺等。

授信是指银行向客户授予信用和贷款的经营行为。授信业务可分为资金授信和非资

金授信。资金授信主要指贷款；非资金授信指银行为客户提供除了贷款以外的其他信用形式。

二、信贷工作职能部门

按照信贷业务管理权限划分，从事信贷业务和管理工作的银行可分为受理经办行和审查审批行。受理经办行是指直接给客户办理信贷业务的银行，主要是一些基层的支行或网点。审查审批行是指对借款人的贷款申请进行审查和审批的机构，主要指总行、分行或具有分行权限的区域支行。

银行内部从事信贷工作的部门主要包括信贷营销部门、信贷业务部门、信贷管理部门、信贷决策部门、信贷执行部门、信贷账务部门、信贷产品部门、信贷业务和管理信息系统维护部门等。根据信贷工作与客户的关系可以将上述信贷职能部门分为前台部门、中台部门和后台部门。前台部门是信贷业务工作的第一线，直接面对客户。中台部门负责前台部门的后续业务环节，对信贷业务进行评审、风险与控制。而后台部门为信贷业务的前中台部门提供后勤支持与保障，或对其工作进行监督。各个信贷部门的主要职能及具体工作内容如表1.1所示。

表1.1 各个信贷部门的主要职能及具体工作内容

	部门	职能	具体工作内容	具体部门
前台部门	信贷营销部门	营销信贷产品	负责产品或服务宣传、推介、咨询；开发及维护客户	开展信贷营销业务的基层银行网点或营业部
	信贷业务部门	经办信贷业务	接洽客户、业务受理、贷前调查、报批、贷款发放、签订合同、贷后管理等具体的贷款操作	个人业务部、公司业务部、机构业务部、三农业务部、中小企业部、小额贷款部、国际部、银行卡部等
中台部门	信贷管理部门	信贷业务评审	对业务部门移交的客户资料、调查报告等材料进行完整性、准确性和合规合法性审查；提出贷与不贷，以及贷款额度、期限、利率、还款方式等建议；填制信贷业务审查表，报授信决策部门审议审批	信贷管理部、风险管理部
	信贷决策部门	审议	审议需经贷审会审议的信贷事项	贷款审查委员会、风险管理委员会、授信评审委员会
	信贷执行部门	监督	信贷发放审核、贷后监督、抵（质）押品评估检查、信贷档案管理、信贷信息维护、不良资产清收处置等	资产保全部门、风险管理部门、合规部门、信贷业务部门的贷后管理工作
后台部门	信贷账务部门	出账	依据信贷业务部门和信贷执行部门共同签章的通知办理出账手续	—
	信贷产品部门	研发	研究、开发、设计信贷产品	—
	信贷业务和管理系统维护部门	维护	维护信息，确保信贷系统基础信息的安全性、规范性、齐全性和先进性	—

资料来源：陆明祥，杨则文. 银行授信业务[M]. 北京：高等教育出版社，2014.

三、信贷业务岗位

信贷工作不仅需要不同部门分别承担，还需要从事信贷工作的每个机构或部门设置不同的岗位。与信贷业务直接相关的岗位主要包括信贷营销部门或信贷业务部门的岗位、信贷管理部门的岗位。

（一）信贷营销部门或信贷业务部门的岗位

一般设立营销经理岗位、主办客户经理岗位、助理客户经理岗位、内勤岗位。

1. 营销经理岗位

营销经理是信贷业务部门的负责人，其主要职责包括以下几个方面。

（1）负责组织、管理、协调和监督本部门；

（2）负责制订本部门全年的营销计划，组织和带领本部门客户经理进行市场营销，完成各项营销任务，实现本部门经营指标；

（3）负责对信贷业务进行初审，对信贷初步方案做出是否申报的决定；

（4）负责把握和控制本部门的经营风险，包括直接参与新客户或高风险客户的贷前调查和贷后管理，规范本部门客户经营的信贷业务操作；

（5）负责本部门信贷资产风险分类管理工作；将信贷资产分类结果送风险管理部门审查，并配合风险管理部门进行检查监督；

（6）负责本部门信贷业务的后续管理工作；定期听取客户经理的后续管理汇报；落实客户经理岗位变动的业务交接工作；

（7）负责客户经理业绩考核与绩效工作的分配；

（8）负责组织客户关系的日常开发、维护和管理工作。

2. 主办客户经理岗位

主办客户经理是信贷业务的经办责任人，主要职责包括以下几个方面。

（1）受理客户的信贷申请，收集有关信贷的信息，对申请人进行贷前调查；

（2）开发新客户，维护老客户；

（3）负责在权限范围内办理客户信贷业务，如按规定与客户签订有关协议和其他法律文本，或是审查信贷附加条件，保证合同、借据等一切法律文本的真实性、准确性、完整性和有效性；负责放款并确保放款手续的合法性与合规性，负责信贷管理系统数据、信息的录入和维护工作；

（4）客户监督及贷后检查；

（5）风险预警和应急处理，对出现风险预警信号的信贷客户，应及时向营销经理、风险管理部门汇报，并采取相应的应急处理措施；

（6）对信贷资产进行风险分类；

（7）具体实施不良信贷资产的收回、处置、呆账认定和核销的基础工作；

（8）负责信贷业务发放之前档案的整理、保管，信贷业务发放之后档案的移交，

并及时补充后续管理的最新资料；

（9）负责信贷管理信息系统数据、信息的维护和更新；

（10）作为信贷风险的第一责任人，严格执行各项规章制度，切实防范风险，确保信贷资产安全。

3. 助理客户经理岗位

助理客户经理的职责包括以下几个方面。

（1）协助主办客户经理受理客户信贷申请，完成贷前调查工作；

（2）协助主办客户经理调查、收集、核实信贷基础资料和信息；

（3）按规定核实主办客户经理提交的借款客户或担保人的营业执照、财务报表、有关决议、法人签章等有关资料；

（4）协助主办客户经理办理并复核本行放款手续的合法合规性；

（5）协助主办客户经理对分管客户到期信贷业务和利息进行催收，按规定及时通知客户落实还款资金，按时归还贷款本息；

（6）自觉执行"双人调查"和"双人面签"制度；

（7）负责协助主办客户经理具体实施不良信贷资产的收回、处置等措施。

4. 内勤岗位

内勤岗位的主要职责包括以下几个方面。

（1）每天完成各项业务的部门台账登记工作；

（2）负责及时将本部门相关业务信息录入中国人民银行信贷咨询系统和信贷登记系统；

（3）协助客户经理做好部门各项业务放款前的准备工作；

（4）负责核对本部门客户经理办理业务前的额度；

（5）协助客户经理检查每笔业务的放款资料是否齐全；

（6）领取包括开户申请书、信贷业务合同文本等常用的空白文本资料，保证部门供给；

（7）负责编制、校对本部门每笔业务的合同编号，确保无重复；

（8）负责本部门信贷决策意见单的登记、编号、归档及管理；

（9）负责本部门各客户经理信贷业务的汇总表的登记；

（10）协助客户经理整理贷后管理资料等。

（二）信贷管理部门的岗位

信贷管理部门主要设立信贷经理岗位、信贷审查岗位、信贷管理岗位等。各个银行的岗位设立根据银行具体部门的不同有所差别。管理规范成熟的银行对于信贷管理的岗位职能分工更细。

1. 信贷经理岗位

信贷经理岗位是指信贷管理部门的主管岗位，其主要职责包括以下几个方面。

（1）组织实施国家、总行和分行的各项信贷政策和制度；

（2）制定并组织落实本行有关信贷风险审查的规章制度；

（3）组织信贷管理部门人员完成正常类信贷业务的尽职审查，并对授信分析报告的质量情况、各分支机构的授信结论、审查员的审查意见进行审查，提出明确的审查意见及建议；

（4）制定、修改授信额度使用的管理规定和实施办法；

（5）负责辖区内各分支机构各类信贷业务总额度的控制与管理；

（6）组织实施本行信贷业务人员的培训和考核等。

2. 信贷审查岗位

信贷审查岗位是信贷管理部门负责信贷评审或信贷审查审批的岗位，其主要职责包括以下几个方面。

（1）对辖区内各分支机构上报的正常类信贷客户的授信申请进行尽职调查，提出明确的独立审查意见并向上报批，全面揭示所审查信贷业务的风险，对出具的审查意见负责；

（2）参与制定信贷业务的审查管理制度和操作流程；

（3）从事相关行业研究、发布行业风险报告，为信贷决策提供行业分析意见；

（4）参与制定本行信贷投向政策；

（5）参与银行目标客户市场、银行大额授信客户及地域经济发展等的调研工作；

（6）登记受理信贷业务报审材料并对项目进行基本情况统计；

（7）审查信贷业务报审材料的完整性，复测信用登记和最高可授信额度，出具完整性、合规性的审查意见；

（8）对授信补充材料进行审查；

（9）协助客户经理办理放款手续，落实放款前提条件；

（10）审核客户经理对授信客户的信用等级评定；

（11）对授信资产进行五级分类的初评；

（12）负责对贷后风险的分析与监控，针对可能出现的资产风险，提出化解和处置措施，并监督客户经理落实。

3. 信贷管理岗位

信贷管理岗位的职责包括以下几个方面。

（1）贯彻执行国家和本行信贷政策、制度工作；

（2）研究拟订授信工作规划，研究分析当地经济形势和行业发展趋势，调查分析信贷业务投向；

（3）拟订并组织实施有关信贷管理的实施细则；

（4）检查和督导本行正常类信贷客户定期和不定期监控工作；

（5）收集汇总分支行信贷审查情况上报资料与统计报表，并撰写分析报告；

（6）具体实施对本行信贷人员的业务培训与考核；

（7）检查和考核各分支机构信贷规章制度的执行情况，提出相应的管理建议及整

改要求;

（8）协助各分支机构发现或识别授信客户的特殊预警信号，并提出预警措施建议;

（9）收集、整理和上报在信贷审查、检查过程中或通过其他途径采集的风险信息。

实训活动

活动：认知银行的信贷业务部门及岗位情况

1. 模拟情境

小王计划应聘××银行（如广发银行、建设银行、招商银行）等几家银行的信贷客户经理助理岗位。小王通过对银行信贷业务部门及岗位设置情况的学习，结合实际，在应聘前，对这几家银行的如下情况进行了调研：

（1）银行的基本情况;

（2）银行的信贷部门设置情况;

（3）银行的信贷客户经理岗位情况。

2. 活动设计

（1）将学生分成小组，每组5人，每组选择一家银行针对上述三方面情况进行调查;

（2）整理相关资料，小组讨论，并撰写不少于1000字的调查报告。

3. 活动评价

学生提交调查报告，进行小组汇报。针对汇报情况及调查报告展示情况进行打分，其中小组互评成绩占总分的40%、教师点评成绩占总分的60%。

任务二　信贷客户经理

【学习目标】

知识目标
- 熟悉银行的客户经理制度安排；
- 熟悉信贷客户经理的主要工作职责；
- 掌握信贷客户经理应具备的素质、知识和技能。

能力目标
- 能够模拟实施网点或支行信贷客户经理的信贷工作；
- 能够在信贷工作中运用信贷客户经理应具备的素质、知识和技能。

职业素养目标
- 使学生具有客户经理应具备的敬业精神和诚信意识；
- 使学生具有良好的以客户为中心的服务理念。

【知识准备】

客户经理是指直接面对市场，以客户为中心，负责营销客户，推介金融产品，提供金融服务的工作人员。银行客户经理根据其从事工作内容的不同，包括负责引导客户的大堂经理、从事银行理财产品推介的理财客户经理，以及负责贷款业务的信贷客户经理。信贷客户经理主要对应的是信贷营销部门或信贷业务部门的客户经理或助理客户经理岗位。

一、客户经理制

客户经理制是以客户经理为主体所进行的组织结构设计和管理制度安排，是银行等金融机构推行的以向客户提供高品质、全方位金融服务为内涵的业务拓展模式。客户经理制下的客户经理专指在商业银行客户部门和客户岗位工作的人员。作为银行等金融机构中直接面向市场、面对客户的一线工作人员，客户经理是联系银行和客户的纽带，是了解客户需求，向客户提供满足客户需求的金融产品的销售人员，是帮助客户办理信贷业务的工作人员，是监控客户信贷风险的监管人员。

二、信贷客户经理的工作职责

信贷客户经理的工作职责主要包括以下几个方面。

1. 市场调研

客户经理是银行的"市场信息员"。客户经理处于银行的第一线，要及时了解市场情况、行业情况，掌握辖区内客户结构，了解金融市场的发展变化、同业的营销措施等一切影响银行内外部环境的重要信息。

2. 发现需求

客户经理要加强与辖区内目标客户的联系，及时掌握客户的信息，从中发现并挖掘客户的潜在需求。

3. 开发客户

客户经理应通过多种方式和渠道寻找目标客户，收集目标客户的信息并加以分析，制订针对客户的营销计划。客户经理要积极引导客户需求，营销银行的产品和服务，开拓发展贷款业务。

4. 贷款办理

客户经理要受理客户的申请，根据银行的有关要求，对客户提交的资料进行初审；对客户进行贷前调查，根据调查结果对客户的信贷申请提出初步评价，将客户的信贷申请情况反馈给信贷经理，并负责准备报批材料；审批通过后负责与客户签订借款合同和担保合同；负责协助贷款发放部门相关工作。

5. 贷后管理

客户经理要负责跟踪所负责客户的后续贷款使用情况、经营情况、信用变动情况，关注其可能发生的风险；定期或不定期地走访客户；对问题类信贷客户，协助有关部门进行贷款催收或清收等工作。

三、客户经理应具备的条件

客户经理应具有丰富的知识储备、全面的职业技能和良好的职业素养。

1. 丰富的知识储备

客户经理必须具备丰富的知识储备，包括经济学知识、金融学知识、法律知识、管理学知识、会计学知识、统计学知识等。

2. 全面的职业技能

客户经理应该具备的职业技能可以分为基本技能和专业技能。

客户经理应该具备的基本技能包括有效沟通技能、理性思维技能、持续学习技能和自我解压技能。

客户经理需要具备的专业技能包括营销技能、调查技能、财务分析技能、品质分析技能、风险识别与控制技能、展业技能、撰写分析报告技能。

3. 良好的职业素养

客户经理是联系银行与客户的纽带，对外代表着银行的形象，而银行具有依赖信用、服务社会以及高风险的特性，因而客户经理在工作中必须具备忠于职守、诚实守信、尽心服务的优良品质。

实训活动

活动：列示客户经理一天的主要工作日程

1. 活动资料

案例1.1

一个基层信贷员的一天

李团伟是河南省洛阳市新安县农村信用合作联社城关信用社信贷员，记者对他进行了一天的跟踪采访。

10点前：开会、接待客户

李团伟既是城关信用社的副主任，又是一名基层社的信贷员，穿梭于大街小巷、城市乡村是他工作生活的重要组成部分。记者见到他时，时钟还没有指向8点，他正在准备材料，参加城关信用社组织的工作例会，还未动身，一位申请贷款的农户便敲开了他的门。李团伟热情地迎上去，简单询问了情况，一边给客户倒水，一边向他介绍贷款种类，并递给他几张宣传材料，对他说："大哥，您先在我办公室等一下，喝点水，等我开会回来，再向您详细介绍，保准您能选到适合的信贷品种。"

按照例会的议程，与会人员在主任张新强的主持下，首先学习了县联社近日下发的有关文件，接下来每位信贷员汇报了近几天的工作进度，并对拟发放的贷款进行调查陈述和集体表决。当表决到某企业的200万元贷款时，李团伟说："该企业的信用记录没问题，根据我们的调查了解，企业确实需要用钱，但为其担保的一家公司目前经营状况不佳，且有逾期还款的信用记录，为降低信贷风险，建议此笔贷款缓批，更换或追加担保。"与会人员听了李团伟的发言后，也提出了相同的意见。根据规定，此笔贷款延缓发放。短短40分钟，10多笔贷款得到逐一表决，涉及金额700多万元。

回到办公室，屋里多了几个客户，有来申请贷款的，有来咨询贷款的，还有来还款的。见到他们，李团伟格外高兴，一边和他们打招呼，一边给他们倒水。

按照当天工作安排，李团伟还要到洛阳枫航电器公司和磁涧镇进行调查走访，并对两笔贷款担保单位的有关手续进行查验。在和客户进行短暂的交谈和沟通后，李团伟记下了申请客户的电话，并将两个客户的贷款资料交给包点信贷员，请他们尽快上门落实办理。李团伟对记者说："每个客户都是上帝，我们的服务理念就是让客户来到信用社就像进了自己家一样，冬天有杯热茶，夏天有丝清凉。我办公室纸杯用得最快，因为客户多，要给他们倒水。"

10点后：上门办理贷款

10点，送走全部客户后，李团伟和同事驱车前往洛阳枫航电器公司，上门办理一笔贷款的调查面签担保手续。按照规定，无论是贷前调查还是贷后检查，都必须双人面签完成。车刚开出大门，他便拿出手机，与申请人和担保人联系，请他们准备好相关的资料、公章。李团伟说："贷款的大多是生意人，平时都比较忙，能给客户节省些时间，就是给他们创造利润，所以，我把所有客户的电话都存在手机里，以便随时与他们联系；如果有新的信贷政策和信贷品种，我也好及时通过短信告知他们。"

见到贷款人和担保人后，李团伟和另外两名信贷员对有关事宜向贷款人作了说明，并向担保人介绍了担保须知，请他慎重考虑。在确定双方无异议后，李团伟拿出了贷款文本，请双方签字盖章。整个过程用了20分钟。临走时，他还把自己的办公电话和手机号码告诉了对方，让对方有疑问时打电话咨询。李团伟说："当信贷员就像当保姆，人家没想到的你得想到，人家想到的你得干好，这是搞好服务的前提。"走出枫航电器公司，时针已指向11点10分。因为上午还有一个客户追加贷款的调查，担保人张先生的住址在县关镇，李团伟便利用去磁涧镇的机会，来到担保人家中了解其是否有担保能力。李团伟走进张先生家，掏出笔记本，开始了解情况。他还特意到楼下张先生的门市房看了看租赁户的经营状况，连门市里机器设备的名称等有关资料也都一个不落地记下。调查结束后，李团伟的笔记本上密密麻麻记了好几页。

中午：在路边吃面条，在车上打盹

到了中午吃饭的时候，张先生想招待李团伟在家吃顿便饭，被他礼貌地拒绝了："贷款有消息了，我会及时跟您联系。"记者注意到，一上午时间，李团伟和他的同事忙着调查，一口水也没喝。离开张先生的家，李团伟和同事一起在路边一家面食店要了一碗面条，喝了杯饮料。吃饭间，李团伟不时接到客户的电话，有的询问贷款批了没有，有的咨询贷款程序，无论谁打的电话，他总是很耐心地回答。吃完饭已经是下午1点多了，李团伟与同事考虑到调查对象中午需要休息，不便打扰，便开车来到厂门口，在车上打了个盹，3点钟才联系企业老总。

下午：一边搞调查，一边搞宣传

王先生在磁涧镇经营一家玻璃石厂，效益逐年提升，这次他为侯某担保贷款200万元。走进工厂办公室，李团伟认真查验企业早已准备好的各种证照、往年及当年上半年的经营报表。据了解，该企业的产品主要销往周边县区。李团伟一边记录，一边向王先生询问。调查结果显示，该企业各种手续齐全，实力较强，效益良好，具备担保条件。回城的路上，李团伟还把车开到城关镇辖区的居民点，拿出一大摞宣传材料，介绍贷款服务项目。他说："很多农村人想贷款，但对政策又不了解，不知道贷款的程序，我经常利用下乡的机会宣传宣传信用社的优惠政策，让农信社贷款深入人心。"

晚上：加班整理资料，方便面当晚饭

晚上6点，回到办公室，李团伟拿出笔记本，对当天走访的客户和担保人的情况进行整理。他说："今天的工作只有整理后写在纸上，才算真正意义上的完成，因为客户在等着用钱呢，加班到晚上8点甚至10点是常有的事儿，我曾经为了赶手续加班到凌晨2点多。"记者粗略地算了一下，当天，李团伟驱车行程100多公里，走访客户8家，办理贷款手续两笔，发放宣传材料100多份，贷款申请金额累计达500万元，而他自己的晚饭却是一桶方便面。

晚上9点16分，记者的手机收到短信："我已到家，感谢你一天的采访，谢谢。"

资料来源：河南日报农村版，2012年8月27日。

2. 活动设计

（1）将全班同学分成小组，每组5人；

（2）通过阅读，讨论：客户经理的主要工作、客户经理应具备哪些素质、对客户经理的工作有哪些新的认识；

（3）撰写实训报告，上交小组报告，并进行汇报。

3. 活动评价

以PPT形式进行小组汇报，对汇报情况进行评价，其中小组互评成绩占总分的40%、教师点评成绩占总分的60%。

思政案例

信贷人员必备的职业素养：责任意识

案例1.2

把责任心摆在最前面

宿迁邮储最美乡村信贷员胡正保总能先人一步做出成绩。2015年他从事信贷工作以来，分别成功办理了邮储银行宿迁市分行第一笔小额循环贷联保贷款、第一笔家庭农场专业大户贷、第一笔富农贷、第一笔省农担贷。

胡正保最初只是邮储银行宿迁市分行的一名柜台工作人员。在柜台的那段工作经历，让胡正保认识到，要把一份工作高效做好、做漂亮，摆在最前面的不是勤奋，不是认真，而是责任心。后来，因工作表现优异，胡正保被选为信贷客户经理。成为信贷客户经理的他牢记"把责任心摆在最前面"，实现了个人各项贷款净增超3700万元的好成绩。

胡正保作为客户经理，总是把对银行负责、对客户负责放在第一位。例如，养殖大户侍某某想从邮储银行申请贷款。胡正保在对该客户走访过程中，得知其在他行还有存量抵押贷款50万元，利息还比较高。胡正保认为贷款利息过高，很有可能使侍某某忙完一年也挣不到什么钱。如果挣不到钱他也没有钱还贷款。胡正保从贷款风险、客户收益、工作成效等方面慎重考虑后，立即建议该客户把他行的抵押贷款转为利率较低的邮储银行50万商务贷款，并再授信50万富农贷用于该客户企业经营周转。经过几年发展，因规模扩大和设备改造，客户侍某某向邮储银行申请增加贷款额度。胡正保在调查中发现，该客户把赚到的钱又投到购买新的鸡舍和新设备中去，并未购置新的个人固定资产。面对原贷款产品条件不符这一情况，胡正保并没有放弃，他及时主动向客户推荐了邮储银行与省农担合作的农业贷款。同样的抵押物外加担保人最终给客户侍某某授信发放了200万元的省农担贷款。客户侍某某由原来的10栋地养鸡舍，年销售额1 000余万元，转变到现在拥有20栋养鸡舍（地养改造成现代化笼养），年营业额近5 000万元。正是因为胡正保心系客户，高度负责，贷款资金才切实有效地发挥了助力三农、普惠金融的作用。

胡正保为客户张某做过一笔29万元的商务贷款，虽然金额不大，但胡正保负责任的服务和积极的工作态度给张某留下深刻印象。后期张某连续为胡正保介绍五六笔业务。这样的例子还有很多。银行贷款业务竞争越来越激烈，这个时候信贷员的责任心和工作态度，往往起到至关重要的作用。胡正保凭借高度的责任心以及敬业精神获得了众多客户肯定的同时，也给邮储银行积攒众多好口碑。

在谈到如何才能把工作做好时，胡正保说："要正确树立起对客户、对自己的责任心，要认识到自己工作的重要性；要把单位要实现的目标当成自己的目标，要为单位目标的实现而贡献出自己百分百的力量；要严格执行贷款业务的操作流程和相关制度规定，扎实做好准入及贷后风险管理工作；要正确面对工作压力和困难，认真积极主动完成工作。"

在谈到如何看待能力时，胡正保说："能力必须以责任心为承载。社会经济不断发展，信贷员不学习不进步，能力止步不前，就会很难跟上工作节奏。有责任心的信贷员会不断检视自己和所负责的工作，不断加强学习和进步，进而提升自身能力，更好地为客户服务。"

走上信贷客户经理岗位以来，胡正保始终"把责任心摆在最前面"，工作认真努力，富有成效。截至目前，其个人经营贷管户金额上亿元，个人经营贷不良率为零。

资料来源：新华报业网. 把责任心摆在最前面：记2020"宿迁邮储最美乡村信贷员"胡正保[EB/OL].（2020-09-11）[2022-07-11]. https://www.163.com/dy/article/FM8STIFH0514TTJI.html.

责任就是承担应当承担的任务，完成应当完成的使命，做好应当做好的工作。责任意识，就是清楚地知道什么是责任，并自觉、认真地履行职责，在实际工作过程中把责任转化到行动中去的心理特征。只有具备了责任意识，才能勇于面对困难和挑战，才能及时规避风险。

从上述案例可以看出，胡正保正是始终"把责任心摆在最前面"，不断检视自己所负责的工作，本着对工作负责，对客户负责的态度，才获得了众多客户及银行的认可。信贷客户经理只有具备责任意识，才能时刻为银行着想，为客户着想，在涉及防范银行风险，保全银行资产、维护客户利益、捍卫法律尊严的情况时，信贷人员才会主动地、积极地、勇敢地承担责任。

银行信贷人员需要有勇于负责的责任意识，需要有承担责任的勇气。凡是在涉及防范银行风险、保全银行资产、维护客户利益、捍卫法律尊严的情况时，信贷人员都要主动地、积极地、勇敢地承担责任。

知识点考核

一、单选题

1. （　　）是商业银行最重要的业务，是商业银行收入的主要来源。

A. 信贷业务　　　　　B. 存款业务　　　　　C. 中间业务　　　　　D. 表外业务

2. 按照商业银行（　　），可将授信业务分为资金授信和非资金授信。

A. 是否给客户提供信用　　　　　　B. 是否给客户提供资金支持

C. 是否贷款给企业　　　　　　　　D. 是否给客户提供担保

3. 商业银行的后台部门不包括（　　）。

A. 财务会计部门　　　B. 稽核部门　　　C. IT部门　　　D. 合规部门

4. （　　）部门是银行的"利润中心"。

A. 前台　　　　　　　B. 中台　　　　　C. 后台　　　　　D. 前台与中台

5. 对客户进行贷前检查是银行（　　）的职责。

A. 信贷管理部门　　　　　　　　　B. 信贷业务部门

C. 合规部门　　　　　　　　　　　D. 稽核部门

6. 客户经理的工作内容不包括（　　）。

A. 开发客户，营销产品　　　　　　B. 信贷业务审批

C. 内部协调　　　　　　　　　　　D. 监测客户

7. 根据（　　）的不同，可将银行信贷业务分为公司信贷和个人贷款。

A. 信贷产品　　　B. 信贷要素　　　C. 信贷对象　　　D. 信贷部门

8. 个人贷款指银行向符合条件的（　　）发放的用于个人消费、生产经营的本外币贷款。

A. 企业　　　　　　　B. 个体户　　　　C. 公司　　　　　D. 自然人

9. 直接给客户办理信贷业务的银行称为（　　）。

A. 经办行　　　　　　B. 管理行　　　　C. 审查行　　　　D. 区域支行

10. 公司信贷的借款人应当是经（　　）核准登记的企（事）业法人。

A. 司法机关　　　B. 财政部　　　C. 商务部　　　D. 工商行政管理机关

11. 商业银行最主要的资产业务为（　　）

A. 存款　　　　　　　B. 贷款　　　　　C. 投资　　　　　D. 中间业务

二、多选题

1. 广义的信贷，根据授信主体不同，分为（　　）。

A. 商业信贷　　　　　B. 银行信贷　　　C. 国家信贷

D. 个人信贷　　　　E. 组织贷款

2. 银行信贷是指银行利用自身实力和信誉为客户提供（　　　）和（　　　）的行为。

A. 资金融通　　　　B. 承担债务　　　　C. 金融服务

D. 金融产品　　　　E. 信用产品

3. （　　　）是银行不通过出借资金，而仅凭借自己的信用，发挥资金融通或担保的作用。

A. 担保　　　　　　B. 承兑　　　　　　C. 贷款

D. 信贷承诺　　　　E. 贴现

4. 信贷管理部门的主要职责包括（　　　）。

A. 对有权审批行（人）审批后的信贷业务，同客户签订借款合同和担保合同

B. 对客户部门提供信贷政策制度的咨询和法律援助

C. 对信贷政策和管理制度执行情况进行检查

D. 负责信贷资产质量检测考核、金融债券的管理和风险资产的出资

E. 对客户进行尽职调查

5. 信贷业务的贷款对象是（　　　）。

A. 具有中国国籍且具有完全民事行为能力的自然人

B. 依法登记领取营业执照的独资企业

C. 依法登记领取营业执照的合伙企业

D. 经民政部门核准登记的以公益为目的的社会团体

E. 不具有居留许可的外国人

6. 信贷客户经理应具备的基本素质包括（　　　）。

A. 知识储备　　　　B. 专业技能　　　　C. 沟通能力

D. 心理素质　　　　E. 公关能力

7. 属于信贷管理部门岗位的有（　　　）。

A. 内勤岗位　　　　B. 信贷经理岗位　　　C. 信贷审查岗位

D. 信贷管理岗位　　E. 客户经理岗位

三、判断题

1. 信贷业务的中台部门，主要负责信贷业务风险的管理和控制。　　　　　　（　　　）

2. 商业银行的资金授信业务主要是指商业银行的贷款业务。　　　　　　　　（　　　）

3. 客户经理隶属于银行的后台部门。　　　　　　　　　　　　　　　　　　（　　　）

4. 客户经理应该以银行的利益为主，兼顾客户的利益。　　　　　　　　　　（　　　）

四、名词解释

1. 银行信贷

2. 授信

五、简答题

1. 信贷业务部门和信贷管理部门的主要职责是什么？

2. 怎样才能成为一名优秀的客户经理？

项目二
信贷业务基础

【情境导入】

　　小王经过充分准备后，成功地应聘到振兴银行的信贷业务部门。作为新入职的员工，首先要经过培训，通过相关内容的考核后才可入职工作。培训主要内容包括银行的内部管理制度、信贷制度以及员工操守。近年来，银行间竞争加剧，由于不遵守银行的规章制度而导致的风险案例时有发生。为杜绝风险，振兴银行严格进行内部管理，内控制度越来越完备，员工在业务操作过程中要严格遵守操作规范。银行要求新入职员工认真学习《商业银行内部控制指引》《商业银行合规风险管理指引》等重要规章制度文件。

小王通过了考核，成为信贷业务部门的一名助理客户经理。作为一名助理客户经理，小王的工作主要是协助部门主办客户经理营销信贷产品，为客户提供信贷咨询，以及协助客户经理办理贷款业务。为了尽快进入工作状态，客户经理小李让小王尽快熟悉振兴银行的主要信贷产品，把握信贷要素，熟悉信贷业务的操作流程。小王要从以下几个方面进行准备：

■ 银行的基本信贷制度有哪些？

■ 银行的信贷产品主要有哪些？

■ 如何针对具体客户确定贷款产品要素？

■ 信贷业务的办理流程是什么？

【知识导航】

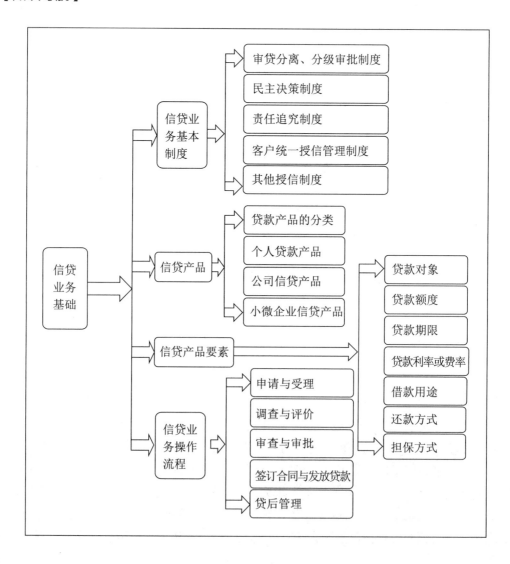

任务一　信贷业务基本制度

【学习目标】

知识目标

- 理解信贷业务的基本原则；
- 熟悉信贷业务的基本制度。

能力目标

- 能够分析信贷业务的基本经营原则；
- 能够解释信贷业务的基本制度在具体信贷工作中的体现。

职业素养目标

- 培养学生具有合法合规的规范意识；
- 培养学生的道德行为操守。

【知识准备】

为控制风险，保障银行自身资产和客户资产的安全，银行必须按照《中华人民共和国商业银行法》《商业银行内部控制指引》以及《商业银行合规风险管理指引》等法律法规，建立信贷业务的基本制度。

一、审贷分离、分级审批制度

《中华人民共和国商业银行法》第三十五条第二款规定："商业银行贷款，应当实行审贷分离、分级审批的制度。"审贷分离、分级审批制度是按照横向制衡和纵向制约的原则，将信贷业务办理过程中调查、审查、审批、经营管理等环节的工作职责进行科学分解，由不同层次和不同部门承担，并规范信贷业务各环节经营管理者的行为，实现信贷部门相互制约的制度。

（一）审贷分离

审贷分离具体体现为信贷业务部门（岗位）和信贷管理部门（岗位）分离。信贷业务部门直接面对客户，为客户提供服务，营销并管理银行信贷业务。信贷管理部门依据法律和银行的信贷政策与条件，对客户部门提供的客户材料进行审查，将审查评估意见报贷审会审议，提交有权审批人审批。

审贷分离制度实现了信贷前后台业务的分离，即信贷业务的调查与经营管理职能由前台部门承担，信贷业务的审查、审批和决策由后台部门负责。前台面对客户但没有决

策权，后台不接触客户但有决策权，从而形成了部门间的相互制衡和流程中各环节的相互制约。

（二）分级审批

分级审批体现了信贷管理中的授权管理原则。信贷授权管理是银行控制和管理信用风险的重要手段。银行根据信贷部门有关组织和人员的工作能力、经验、职务、工作实绩以及所负责贷款业务的特点和贷款额度，决定每位有权审批贷款的人员或组织的贷款审批品种和贷款限额。分级授权的依据主要是贷款的金额。因为贷款给银行带来的风险直接反映在贷款金额上，金额越大，风险越大，对有权审批人的贷款专业知识和经验的要求也就越高。

审贷分离、分级审批制度要求严格实行授权管理，各级行必须在权限范围内办理信贷业务。权限范围内的信贷业务的基本流程为信贷业务部调查、信贷管理部审查、贷审会审议、有权审批人审批、信贷业务部实施经营管理。超权限信贷业务的基本流程为经营行信贷业务部调查，信贷管理部初审；行长审核同意后，由信贷管理部报有权审批行信贷管理部复审，上级行贷审会审议，有权审批人审批，经营行客户业务部实施经营管理。

二、民主决策制度

信贷业务的决策实施民主讨论、集体审批的原则。银行设立贷款审查委员会（以下简称"贷审会"）对需要审议的事项进行研究、审定。贷审会一般由行长、主管信贷业务的副行长、与信贷业务相关的部门负责人及其他有评审能力的人员构成。贷审会一般根据授信业务种类和额度大小采取全体委员审议方式或审批人会签方式。贷审会采取民主讨论、集体审批的原则，以多数同意的决策意见为主，以投票和举手的方式进行表决。此外，按照审批表决权的有关规定，贷审会同意的信贷业务，有权审批人可以否决；贷审会不同意的信贷业务，有权审批人不能同意。

三、责任追究制度

责任追究制度是指在实行审贷分离的基础上，对违规、违纪和违法行为造成的贷款损失或难以收回的贷款，视信贷资产损失情况，根据有关规定追究责任。

对于哪些情况会被追究贷款责任，《商业银行授信工作尽职指引》第五十一条规定："商业银行应根据授信工作尽职调查人员的调查结果，对具有以下情节的授信工作人员依法、依规追究责任：（一）进行虚假记载、误导性陈述或重大疏漏的；（二）未对客户资料进行认真和全面核实的；（三）授信决策过程中超越权限、违反程序审批的；（四）未按照规定时间和程序对贷款和担保物进行贷后检查的；（五）信贷客户发生重大变化和突发事件时，未及时实地调查的；（六）未根据预警信号及时采取必要保全措施的；（七）故意隐瞒真实情况的；（八）不配合信贷尽职调查人员工作或提供虚假信息的；（九）其他。"

贷款责任主要分为违法违规责任和风险贷款责任（即失职责任）。违法违规责任是指因出现违法违规问题对相关人员追究的责任。失职责任是指因失职形成不良贷款或造成贷款损失对相关人员追究的责任。

贷款责任认定主要有权限认定和岗位分配认定两种形式。贷款责任人包括主责任人和经办责任人。在信贷业务办理过程中，调查、审查、审批、经营管理各环节的有权责任人为主责任人，具体承办的信贷人员为经办责任人。

四、客户统一授信管理制度

客户统一授信管理是指银行对单一法人或企业集团客户统一确定最高综合授信额度，实施集中统一控制客户信用风险的信贷管理制度。商业银行对其提供的贷款、贴现、承兑、信用证、担保等授信金额之和不可超过其最高综合授信额度。

商业银行对客户的最高综合授信额度是在对单一法人客户或集团的风险和财务状况进行综合评价的基础上，依据自身实力的风险偏好确定的银行在一定期限内能够和愿意承担的信用风险总量。

综合授信和单项授信是相对的概念。单项授信是对客户某一方面信贷业务核定的信用控制额度，如流动资金贷款额度、贴现授信额度、承兑授信额度；综合授信则包括各类信用额度。

五、其他授信制度

（1）授信业务报备制度，即在有权审批人审批后实施前，要按规定的范围向上一级报备，上一级对报备审查不同意的授信业务不得同意。

（2）信贷人员稽核制度，即稽核部门在信贷人员在岗和即将离任时对其相关责任履行情况进行检查的制度。

（3）贷款回避制度，即商业银行不得向关系人发放信用贷款，或以优于其他借款人的条件向关系人发放担保贷款。关系人是指银行的董事（理事）、监事、管理人员、信贷人员及其近亲属，以及以上人员投资或担任管理职务的公司、企业或其他经济组织。

实训活动

活动一：根据审贷分离原则，确定银行各个部门的岗位职责

1. 模拟情境

一笔贷款业务从客户提出申请到银行将资金发放给客户，再到银行安全收回，要经历贷前、贷中和贷后多个环节。请按照贷款的流程模拟各个岗位对贷款的处理，并分析其如何体现审贷分离原则。

2. 活动设计

（1）将全班同学分成2组，按照营销、经办、评审、审议、审批、监督、出账、研发和维护等信贷工作的职能要求和审贷分离制度，确定模拟信贷工作部门的各岗位及其责任；

（2）小组讨论并撰写实训报告；

（3）上交报告，并进行汇报。

3. 活动评价

以PPT形式进行小组汇报，对汇报情况进行评分，其中学生评分占比40%，教师评分占比60%。

活动二：贷款责任认定

1. 活动资料

某农村信用社形成不良贷款的具体情况如下：

（1）贷前调查不实，考查不力，导致决策失误而贷款的；

（2）未严格办理评估、登记手续，以及抵押率超过规定比例发放违规抵押贷款的；

（3）贷款对象不符合贷款条件和法律程序，该担保未担保或条件不具备而违规办理贷款的；

（4）贷款评审组未采纳贷前调查信贷员的正确意见，错误决策发放贷款的；

（5）因贷款评审组审查不严、错误决策发放贷款的；

（6）未经贷款集体评审委员会评审，用行政命令、指令发放贷款的；

（7）越权放款的；

（8）因贷款手续不合法、不合规，包括合同要素不全、借款契约内容填写不完整、印章不合法、担保（抵押）手续无效，发放贷款的；

（9）因贷后检查不到位，导致贷款发生风险的；

（10）对逾期贷款催收不及时，导致贷款失去诉讼时效的；

（11）贷后检查发现有危及贷款安全的情况，信贷员未及时采取有效措施造成贷款损失的；

（12）贷款到期后，未及时采取有效措施处置抵（质）押物，因此造成担保、抵押合同失去追索时效，贷款形成风险的。

2. 活动设计

5人一组，每组同学根据贷款责任追究制度，设定不良贷款责任的认定标准，并根据形成不良贷款的具体原因划分清收责任级次，列出贷款责任的具体责任人。

示例：贷前调查不实、考查不力，导致决策失误而贷款的，贷前调查客户经理为第一责任人。

未严格办理评估、登记手续，以及抵押率超过规定比例发放违规抵押贷款的，贷前调查信贷员为第一责任人，贷中审查的信贷会计人员为第二责任人。

3. 活动评价

撰写实训报告，对实训报告进行评价。

任务二　信贷产品

【学习目标】

知识目标

- 了解信贷产品的种类；
- 熟悉各类信贷产品的基本概念。

能力目标

- 能够向目标客户介绍不同类型的信贷产品；
- 能够区分消费性贷款与经营性贷款；
- 能够解释不同信贷产品的主要特征。

职业素养目标

- 培养学生热情、耐心、对客户以诚相待的服务态度；
- 培养学生以客户为重、努力为客户提供专业服务的奉献精神。

【知识准备】

信贷产品是银行为满足目标客户的融资需求，在客户符合规定的条件并承诺按期偿还信贷资金及利息或按期履约和支付手续费的前提下，提供给客户的信贷服务。

信贷产品按照银行是否提供信贷资金可分为资金类产品和非资金类产品。资金类产品，即贷款和贴现。非资金类产品，包括担保性业务、票据承兑业务及贷款承诺业务等。

一、贷款产品的分类

信贷产品主要以贷款产品为主。按照不同的标准，贷款产品可以分为不同的产品种类。

（1）按偿还期限不同，贷款产品可分为短期贷款产品、中期贷款产品和长期贷款产品。贷款期限在1年（含1年）以内的贷款为短期贷款产品，也称为流动资金贷款产品，其特点是流动性强、风险较小，一般用于短期周转和临时拆借性质，审批手续相对简单，办理周期短。中期贷款产品指贷款期限在1年以上5年（含5年）以下的贷款。贷款期限在5年以上的贷款为长期贷款产品。中长期贷款产品的特点是流动性差，风险大，审批手续严格，办理周期相对较长。

（2）按是否提供担保，贷款产品可分为信用贷款产品和担保贷款产品。信用贷款产品是指没有担保，完全以借款人的信誉发放的贷款。这种贷款方式往往用于期限短、金额少、信用高、经常与银行合作的客户。担保贷款产品是由借款人或第三方依法提供担保而发放的贷款。按照担保方式不同，担保贷款又可分为抵押贷款、质押贷款和保证贷款。其中抵押担保和质押担保属于财产担保，即物的担保；保证担保属于人的担保。

（3）按贷款人承担经济责任的不同，贷款产品可分为自营贷款产品、委托贷款产品和特定贷款产品。自营贷款产品是指银行以自有资本金、吸收的存款等合法方式筹集的资金自主发放的贷款。委托贷款产品是指由政府部门、企事业单位及个人等委托人提供资金，由银行根据委托人确定的贷款对象、用途、金额、期限、利率等代为发放、监督使用并协助收回的贷款。特定贷款产品是指按国务院批准并对贷款可能造成的损失采取相应的补救措施后责成银行（一般为国有商业银行）发放的贷款。

（4）按照借款对象的不同，贷款产品可分为个人贷款产品、公司信贷产品和小微企业信贷产品。商业银行一般根据贷款对象的不同把信贷业务区分为对公业务和对私业务，同时按照借款对象的不同设立个人业务部（零售业务部）、公司业务部和小微企业业务部。下面以这种分类方式展开叙述。

二、个人贷款产品

个人贷款是指贷款人向符合条件的自然人发放的用于个人消费、生产经营等用途的本外币贷款。按照借款用途的不同，个人贷款产品可分为个人消费类贷款和个人经营类贷款，如图2.1所示。

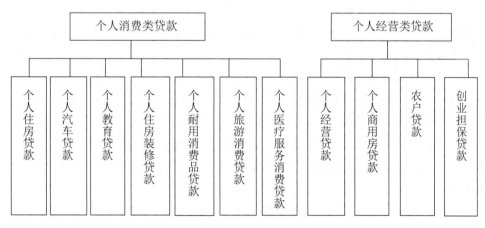

图2.1　个人贷款产品分类

（一）个人消费类贷款

个人消费类贷款是指银行向申请购买"合理用途的消费品或服务"的借款人发放的个人贷款。具体来说，个人消费类贷款是银行向个人客户发放的有指定消费用途的贷款业务。个人消费类贷款包括个人住房贷款、个人汽车贷款、个人教育贷款、其他个人消费贷款等。

1. 个人住房贷款

个人住房贷款是指银行向自然人发放的用于购买、建造和大修理各类型住房的贷款。个人住房贷款包括自营性个人住房贷款、公积金个人住房贷款和个人住房组合贷款。

自营性个人住房贷款，也称商业性个人住房贷款，是指银行运用信贷资金向在城镇购买、建造或大修理各类型住房的自然人发放的贷款。公积金个人住房贷款也称委托性住房公积金贷款，是指由各地住房公积金管理中心运用个人及其所在单位缴纳的住房公积金，委托商业银行向购买、建造、翻建、大修自住住房的住房公积金缴存人以及在职期间缴存住房公积金的离退休职工发放的专项住房贷款。住房公积金贷款不以营利为目的，实行"低进低出"的利率政策，带有较强的政策性，贷款额度受到限制，是一种政策性个人住房贷款。个人住房组合贷款是指按时足额缴存住房公积金的职工在购买、建造或大修住房时，可以同时申请公积金个人住房贷款和自营性个人住房贷款，从而形成特定的个人住房贷款组合，简称个人住房组合贷款。

2. 个人汽车贷款

个人汽车贷款是指银行向自然人发放的用于购买汽车的贷款。个人汽车贷款所购车辆按用途可分为自用车和商用车。自用车是指借款人申请汽车贷款购买的、不以营利为目的的汽车。商用车是指借款人申请汽车贷款购买的、以营利为目的的汽车。根据所购车辆的用途不同，个人汽车贷款产品可分为自用车贷款和商用车贷款。严格地说，商用车贷款属于经营类贷款，但部分商业银行把其纳入消费类贷款。

个人汽车贷款所购车辆按注册登记情况可以划分为新车和二手车。二手车是指从办理完机动车注册登记手续到规定报废年限一年之前进行所有权变更并依法办理过户手续的汽车。

3. 个人教育贷款

个人教育贷款是银行向在读学生或其直系亲属、法定监护人发放的用于满足其求学资金需求的贷款。根据贷款性质的不同，个人教育贷款分为国家助学贷款、生源地信用助学贷款、商业助学贷款和个人留学贷款。

（1）国家助学贷款是由政府主导、财政贴息、财政和高校共同给予银行一定风险补偿金，银行、教育行政部门与高校共同操作的，帮助高校家庭经济困难学生支付在校学习期间所需的学费、住宿费的银行贷款。它是运用金融手段支持教育，资助经济困难学生完成学业的重要形式。国家助学贷款实行"财政贴息、风险补偿、信用发放、专款专用和按期偿还"的原则。

（2）生源地信用助学贷款是商业银行向符合条件的家庭经济困难的普通高校新生和在校生发放的，在学生入学前户籍所在县（市、区）办理的助学贷款。生源地贷款为信用贷款，学生和家长（或其他法定监护人）为共同借款人，共同承担还款责任。

（3）商业助学贷款是指银行按商业原则自主向自然人发放的用于支持境内高等院校学生学费、住宿费和就读期间基本生活费的商业贷款。商业助学贷款实行"部分自筹、有效担保、专款专用和按期偿还"的原则。

（4）个人留学贷款是指银行向个人发放的用于留学所需学杂费、生活费或留学保证金的个人贷款。个人留学贷款不仅可以满足留学人员在留学签证过程中所需要的一切资金需求，还可以为留学人员解决在境外求学所需的各种学杂费用。

4. 其他个人消费贷款

除上述用途的个人消费类贷款外，根据个人的借款用途不同，银行还提供包括住房装修、购买大额耐用消费品、旅游消费以及医疗服务消费的专项用途等其他个人消费类贷款。随着居民消费多元化，个人消费贷款用途日趋综合化。

（二）个人经营类贷款

个人经营类贷款是指银行向从事合法生产经营的自然人发放的，用于满足个人控制的企业（包括个体工商户）生产经营流动资金需求和其他合理资金需求以及用于购买商用房的贷款。个人经营类贷款包括个人经营贷款、个人商用房贷款、农户贷款和创业担保贷款等。

1. 个人经营贷款

个人经营贷款是指用于借款人合法经营活动的贷款。

2. 个人商用房贷款

个人商用房贷款是指贷款人向借款人发放的用于购买商业用房的贷款。

3. 农户贷款

农户贷款是指银行业向符合条件的农户发放的用于生产经营、生活消费等用途的贷款。其中，农户是指长期居住在乡镇和城关镇所辖行政村的住户、国有农场的职工和农村个体工商户。

4. 创业担保贷款

创业担保贷款是指通过政府出资设立担保基金，委托担保机构提供贷款担保，由经办银行发放，以解决符合一定条件的待就业人员从事创业经营自筹资金不足的一项贷款。创业担保贷款的对象包括城镇登记失业人员、就业困难人员（含残疾人）、复员转业退役军人、刑满释放人员、高校毕业生（含大学生村官和留学回国学生）、化解过剩产能企业职工和失业人员、返乡创业农民工、网络商户、建档立卡贫困人口。

三、公司信贷产品

公司信贷是指银行给法人和其他经济组织等非自然人提供的资金信贷或信用支持活动。公司信贷产品主要包括流动资金贷款、固定资产贷款、项目融资、银团贷款、并购贷款、贸易融资、票据贴现业务和担保业务等。

（一）流动资金贷款

流动资金贷款是指用于满足借款人在生产经营过程中临时性、季节性的资金需求，保证企业生产经营活动正常进行而发放的贷款。如企业为维持生产经营周转需要储存各类存货、季节性物资储备所需要的资金，或由于季节性和临时性原因而需要向银行申请

的贷款。流动资金具有贷款期限短、手续简便、周转性较强、融资成本较低的特点。

（二）固定资产贷款

固定资产贷款是指为满足借款人在生产经营过程中基于新建、扩建、开发、购买、技术改造、基础设施建设和更新项目等固定资产投资活动而产生的资金需求而发放的贷款。固定资产贷款是满足借款人固定资产投资的资金需要，用途具体明确。固定资产贷款具有贷款期限长、贷款金额大、风险大、收益高的特点。

固定资产贷款按照所支持固定资产投资性质差异主要分为基本建设贷款和技术改造贷款两类。基本建设贷款用于支持以外延扩大再生产为主的新建或扩建固定资产项目建设。技术改造贷款用于支持借款人以内涵扩大再生产或扩大产品品种、提高产品品质及生产效率为目的对原有固定资产设施进行更新和技术改造。

（三）项目融资

项目融资是银行向特定的工程项目提供的贷款协议融资，对于该项目所产生的现金流量享有偿债请求权，并以该项目资产作为附属担保的融资类型。它是一种以项目的未来收益和资产作为偿还贷款的资金来源和安全保障的融资方式。

与企业流动资金贷款业务和一般固定资产贷款业务相比，项目融资因其融资过程中的不确定性和还款对项目建设收益的依赖性，风险较大。这些风险包括政治风险、法律风险、完工风险、生产风险和环保风险等。为了更好地加强对项目融资风险的管理，中国人民银行颁布的《项目融资业务指引》对项目融资所面临的风险及项目融资业务的风险评估的原则、方法和要求都进行了明确的规定。

（四）银团贷款

银团贷款又称辛迪加贷款，是由获准经营贷款业务的一家或数家银行牵头，多家银行或非银行金融机构参加而组成的银行集团采用同一贷款协议，按商定的期限和条件向同一借款人提供融资的贷款方式。国际银团是由不同国家的多家银行组成的银行集团。各贷款银行按各自贷款比例承担贷款风险，贷款对象为有巨额资金需求的大中型企业、企业集团和国家重点建设项目。

银团贷款主要由牵头行、代理行和参加行等成员组成。牵头行是银团贷款的组织者和安排者，单家银行担任牵头行时，其承贷份额原则上不少于银团融资总金额的20%，分销给其他银团贷款成员的份额原则上不低于50%。代理行是在贷款期内，由银团成员推选及借款人同意下选定其中一家银行作为代理行。在贷款协议签订后，代理行按照贷款协议内所列条款代表银团成员办事，负责提款、还本付息、贷后管理等贷款管理事宜，负责借款人和银团成员之间的信息沟通并处理违约事件等。参加行是指接受牵头行要求参加贷款银团，并按照协商确定的份额提供贷款的银行。

银团贷款的特点是贷款项目金额大，期限长；涉及的当事人多，包括借款人、牵头行、代理行和参加行等，出资银行至少有3家方可成为银团；筹备时间长；贷款协议订立过程比较复杂；成本比一般贷款高，借款企业除了支付利息外，还要支付管理费、代理费、承担费以及进行贷款活动的其他杂费。

（五）并购贷款

并购贷款是指商业银行向并购方或其子公司发放的，用于支付并购交易价款的贷款。并购贷款可以分为同行业并购、上下游并购和跨行业并购。银行办理并购贷款需合理评估并购目标企业价值及并购交易价格的合理性，并购交易价款中并购贷款所占比例不应高于60%，并购贷款期限一般不超过7年。

（六）贸易融资

贸易融资是基于商品交易买卖双方信用需求提供的融资，主体可以是买方，也可以是卖方。贸易融资分为国内贸易融资和国际贸易融资两大类。国内贸易融资包括国内保理业务、国内信用证以及信用证下的打包贷款。国际贸易融资包括信用证、打包贷款、押汇、保理和福费廷。

（七）票据贴现业务

票据贴现是收款人或持票人将未到期的银行承兑汇票或商业承兑汇票向银行申请贴现，银行按票面金额扣除贴现利息后将余款支付给收款人的一项银行授信业务。票据一经贴现便归贴现银行所有，贴现银行到期可凭票直接向承兑人收取票款。

票据贴现是一种高效实用的融资手段，可以为客户快速变现其所有的未到期的商业票据，手续方便，融资成本低，可以加速公司的短期资金周转，提高资金利用效率。

（八）担保业务

银行担保业务，是指银行作为担保人，应被担保人的申请，以保函或备用信用证等书面形式向受益人承诺，当被担保人未按其与收益人签订的合同约定偿还债务或履行义务时，由银行代其履行偿付责任的法律行为。

按照基础交易合同性质划分，担保业务可分为融资类担保和非融资类担保。

融资类担保是指银行为被担保人在融资性交易项下的责任或义务提供的担保。融资类担保包括借款担保、发行有价证券担保（有价证券包括企业普通债券、可转换债券及其他形式的有价证券，但不包括股票）、透支担保、延期付款担保、融资租赁担保、以现汇偿还的补偿贸易担保和其他融资类担保。

非融资类担保是指银行为被担保人在非融资性交易项下的责任或义务提供的担保。非融资类担保包括贸易或工程项下的担保，如投标担保、履约担保、预付款担保、质量及维修担保、付款担保、留置金担保、海事担保、关税担保等；还包括以实物偿还的补偿贸易担保和其他非融资类担保。

四、小微企业信贷产品

随着普惠金融的日益推进，现在很多金融机构都设立了专门针对小微企业的贷款机构或部门，一些信贷从业人员也专职从事小微企业的贷款业务，尤其是一些中小银行将客户主要定位在本地的中小微企业。

小微企业贷款产品主要针对具体的小微企业。根据小微企业所处的行业，其发展的不同阶段、其所处的供应链的位置以及具体的借款用途来设计信贷产品。下面我们以中国建设银行为例，介绍其主要的小微企业信贷产品，如表2.1所示。

表2.1　中国建设银行小微企业系列信贷产品

系列名称	产品名称	产品内容
成长之路	一般授信业务	一般授信业务是专为企业信息充分、信用记录良好、持续发展能力较强的成长型小企业在进行客户信用等级评定并经授信后提供金融支持的业务品牌，其最高贷款额度为3000万元，期限以1年内为主，最长期限为3年
	外保内贷	外保内贷是以境外金融机构开具的、以建设银行为受益人的备用信用证/保函作为保证，向境内小微企业办理的信贷业务，其最高贷款额度为3000万元或等值外币，最长期限为1年
	政府采购贷	政府采购贷实为签订政府采购合同的小微企业办理的，以财政性资金作为还款来源的人民币流动资金贷款业务，其最高贷款额度为3000万元，最长期限不超过6个月；以订单融资或应收账款质押作担保，其最高贷款额度不超过3000万元，最长期限为6个月
	助保贷	助保贷实为与政府合作，在企业提供一定担保的基础上，由企业缴纳一定比例的助保金和政府提供的风险补偿资金共同作为增信手段的信贷业务，其最高贷款额度为3000万元，最长期限为1年
	供应贷	供应贷是指为特定优质客户的上游供应商——小微企业办理的，并以两者之间具有真实交易且无争议的应收账款作质押的贷款业务，单户最高贷款额度为1000万元，最长期限为1年
	置业贷	置业贷是向小微企业发放的，专门用于购置商业用房、办公用房、标准厂房、仓储用房、机器设备等固定资产以及装修商业用房、办公用房的人民币贷款业务，其最高贷款额度为3000万元，最长期限为7年
	保贷通	保贷通是向投保"小企业贷款履约保证保险"的小企业办理的信贷业务，其最高贷款额度为2000万元，最长期限为1年
	商盟贷	商盟贷是向联盟体中的企业发放，每个企业均对其他所有借款人因向建设银行申请借款而产生的全部债务提供连带保证责任的信贷业务，单户最高贷款额度为2000万元，最长期限为1年
	额度抵押贷款	额度抵押贷款是向小企业发放的、采取抵押方式、可在贷款额度有效期间内一次抵押、循环使用的贷款，最长期限为3年
	租贷通	租贷通是卖场内的若干小企业商户向建设银行申请贷款，由卖场提供连带责任保证的流动资金贷款业务，卖场包括百货商场、专业市场、小商品市场、商业街和商贸楼等，其最高贷款额度为300万元，最长期限为1年
	诚贷通	诚贷通是建设银行为小企业客户发放，由企业主或企业实际控制人提供个人连带责任保证，无须抵（质）押物，用于小企业客户生产经营资金周转的人民币循环额度贷款，其最高贷款额度为100万元，最长期限为1年

（续表）

系列名称	产品名称	产品内容
成长之路	法人账户透支	法人账户透支是同意小企业客户在约定的账户、额度和期限内进行透支以满足临时性融资便利的授信业务，透支额度有效期最长不超过1年，透支账户持续透支期限不超过90天，最高透支额度为300万元
	资贷通	资贷通是建设银行向具有上市潜力的中小企业客户发放贷款并提供选择权投资等综合性金融服务业务，流动资金贷款最长期限为3年，固定资产贷款按照中国建设银行相关规定执行
	影视贷	影视贷实指电视剧制作企业将其与电视台订立的《电视剧播放许可合同》所产生的应收账款作为质押，并追加相应版权质押、电视剧项目投资方控股股东或实际控制人承担连带保证责任等担保措施，向建设银行申请贷款的业务，其最长期限为1年
速贷通	"速贷通"一般业务	"速贷通"一般业务是指建设银行为满足小企业客户快捷、便利的融资需求，对财务信息不充分的借款人不进行信用评级和一般额度授信，主要依据提供足额有效的抵（质）押担保而办理的信贷业务，单户最高贷款金额为2000万元，最长期限为3年
	快捷贷	快捷贷是指建设银行为满足小微企业生产经营周转的融资需求，对于能够提供建设银行认可的金融质押品的借款人，通过低风险信贷业务流程办理的短期信贷业务，最高贷款额度为3000万元，最长期限为1年
小额贷	小额贷	小额贷是针对单户授信总额人民币500万元（含）以下小微企业客户办理的信贷业务，最长期限为1年
信用贷	税易贷	税易贷是对按时足额纳税的小微企业发放的，用于短期生产经营周转的可循环的人民币信用贷款业务，最高额度不超过300万元，最长期限为1年
	POS贷	POS贷是根据小微企业特约商户银行卡收单交易情况，向其发放的用于短期生产经营周转的可循环的人民币信用贷款业务，最高额度为200万元，最长期限为1年
	信用贷一般业务	信用贷一般业务是中国建设银行在综合评价企业及企业主信用的基础上，对资信好的小微企业发放小额的，用于短期生产经营周转的人民币信用贷款业务，一般客户单户贷款金额为200万元；企业主为私人银行客户的，最高额度为1000万元，最长期限为9个月
	善融贷	善融贷是建设银行对结算稳定并形成一定资金沉淀的小微企业发放的，用于短期生产经营周转的可循环的人民币信用贷款业务，最高贷款额度为200万元，最长循环额度有效期为1年
	结算透	结算透是建设银行依据企业的交易结算记录，对结算频繁并形成一定资金沉淀的小微企业发放的人民币小额透支业务，最高透支额度为50万元，最长透支额度有效期为1年，在核定的有效期内可随时申请支用
	创业贷	创业贷是建设银行对"有业、有责、有信"的小微企业发放的用于短期生产经营周转的可循环的人民币信用贷款业务，最高贷款额度为100万元，最长循环额度有效期为1年

资料来源：根据中国建设银行的网站整理。

 实训活动

活动一：认知各家商业银行的个人贷款产品情况

1. 活动资料

资料1：中国建设银行的个人贷款业务（见表2.2）

表2.2 中国建设银行个人贷款产品

贷款产品	个人住房贷款业务	个人住房贷款特色产品	个人消费类贷款业务	建行快贷（快e贷）
产品内容	√ 个人住房贷款 √ 个人再交易住房贷款 √ 公积金个人住房贷款 √ 个人住房组合贷款 √ 个人商业用房贷款 √ 个人住房抵押额度贷款	√ "房易安"资金托管 √ 固定利率个人住房贷款 √ "存贷通"个人贷款增值账户业务 √ 合力贷 √ 等额递增还款服务 √ 宽限期还款方式	√ 个人消费贷款 √ 个人汽车贷款 √ 个人权利质押贷款 √ 国家助学贷款 √ 下岗失业人员小额担保贷款 √ 学易贷 √ 善融商务个人小额贷款 √ 善融商务个人权利质押贷款 √ 家装贷	√ "快贷"是建行推出的个人客户全流程线上自助贷款，客户可通过建行电子渠道在线完成贷款，包括实时申请、审批、签约、支用和还款 √ 客户可通过建行手机银行、网上银行、智慧柜员机进行自助办理，按提示操作即可轻松完成贷款，无需通过任何中介和他人办理 √ 金额：1000～200 000元 √ 期限：最长1年 √ 利率：以签约为准

资料来源：根据中国建设银行网站整理。

资料2：光大银行的特色产品

阳光普惠云：以"云计算、大数据"等金融科技手段，以"场景化、数据化"的运营方式、结合丰富的SaaS服务模块，为普惠金融客户提供"在线融资+金融科技"的云端服务平台。

阳光薪：面向用工企业和农民工客户群体，整合农民工工资支付所涉及的工资支付担保、专用账户、工资代发等公司业务和农民工个人所涉及的工资支付担保、专用账户、工资代发等公司业务和农民工个人所涉及的支付结算、储蓄、理财等零售业务于一体的农民工工资综合金融服务。

阳光e保通：通过线上平台、平台对接、银企直连等电子手段，面向公共资源交易类客户，提供涵盖保函担保、现金管理及供应链融资等全流程、线上化的综合金融解决方案。

2. 活动设计

将学生分组，每组4人，每组选择一家银行，调查该家银行的个人贷款产品情况，包括个人贷款产品分类、具体产品、产品定义、面向的客户群体、产品特色等。最后撰写调查报告，并进行小组汇报。

调查的银行包括中国工商银行、中国银行、交通银行、兴业银行、广发银行、盛京银行、中国农业银行、中国邮政储蓄银行、渣打银行、北京银行等。

3. 活动评价

学生提交实训报告，进行小组汇报。针对汇报情况及实训报告展示进行打分，其中小组互评分数占比40%、教师评分占比60%。

活动二：公司信贷产品认知

1. 活动资料

中国建设银行针对公司信贷客户推出了一系列特色信贷产品，如表2.3所示。

表2.3　中国建设银行的特色公司信贷产品

产品名称	产品简介	产品特色
人民币额度借款	人民币额度借款是建设银行为客户核定可循环使用的借款额度，在约定的期限、约定的额度内为客户提供短期流动性融资的贷款	额度循环使用、随借随还
法人账户透支	法人账户透支指建设银行同意客户在约定的账户、约定的额度内进行透支以满足临时性融资便利的授信业务	获得一定额度提款权、手续方便快捷、资金使用效率高
海绵城市建设贷款	海绵城市建设贷款，指中国建设银行向承担海绵城市建设和运营的企事业法人发放的，用于海绵城市建设运营和检测管理的贷款	专用产品、全面覆盖海绵城市建设各类建设
PPP贷款	PPP贷款是针对PPP项目运作模式及特点量身定制的贷款产品，用于满足O&M、MC、TOT、ROT、BOT、BOO等模式PPP项目建设、改造	整体性方案、贷款期限长、担保方式多样
综合管廊建设贷款	综合管廊建设贷款，是用于综合管廊建设项目的新建、改扩建、运营维护和日常管理等相关资金需求的贷款	专属产品、覆盖各类项目、全周期
海洋经济建设贷款	海洋经济建设贷款是建设银行向承担海洋经济相关项目建设的企事业法人发放的用于支持海洋经济建设的贷款	专属产品、针对性的担保方式
节能贷	节能贷指建设银行向承担节能项目改造的节能服务公司或用能单位发放的，用于合同能源管理项目建设与运营的贷款	覆盖范围广、针对性的担保措施

资料来源：根据中国建设银行网站整理。

2. 活动设计

将学生分组，每组4人，每组选择一家银行，调查该家银行的公司信贷产品情况，包括公司信贷产品分类、具体产品、产品定义、面向的客户群体、各家银行的优势产品和产品特色等。最后撰写实训报告，并进行小组汇报。

调查的银行包括中国工商银行、中国银行、交通银行、兴业银行、广发银行、盛京银行、中国农业银行、中国邮政储蓄银行、渣打银行、北京银行等。

3. 活动评价

针对汇报情况及实训报告展示情况进行打分，其中小组互评分数占比40%、教师评分占比60%。

任务三　信贷产品要素

【学习目标】

知识目标

- 掌握7个信贷产品要素的基本含义；
- 了解贷款对象需要具备的基本条件；
- 了解影响贷款利率的主要因素；
- 了解主要的贷款还款方式和担保方式。

能力目标

- 能够解释贷款要素；
- 能够判断某一客户是否具备贷款申请条件；
- 能够针对不同的客户进行具体贷款要素的设计。

职业素养目标

- 培养学生踏实严谨的工作作风；
- 培养学生认真的职业态度；
- 使学生具有高超的业务技能。

【知识准备】

信贷产品的基本组成部分即信贷产品要素，或称贷款要素，不同的贷款要素的设定形成了不同的信贷产品。信贷产品要素主要包括贷款对象（借给谁）、贷款额度（借多少）、贷款期限（借多久）、贷款利率或费率（价格）、借款用途（为什么借）、还款方式（怎么还）和担保方式（如何担保）。

一、贷款对象

贷款对象必须满足国家和银行有关授信政策和管理规定。借款人应当是经国家行政管理机关（或主管机关）核准登记的企业（事业）法人、其他组织、个体工商户或具有中华人民共和国国籍的具有完全民事行为能力的自然人，还要满足银行的各项具体规定。银行对贷款对象的一般规定如下所述。

1. 贷款客户为企（事）业法人和其他组织

根据客户申请信贷业务品种的不同，企（事）业法人和其他组织在银行申请信贷业务应当具备下列基本条件。

（1）从事的经营活动合规合法，符合国家产业、环保政策和社会发展规划要求。

（2）企业法人应提交工商行政管理机关颁发的合法有效的法人营业执照，如图2.2

所示；事业法人应持有有权机关颁发的合法有效的事业单位登记证；其他组织应持有有权机关的核准登记。

图2.2 企业法人营业执照

（3）无不良信用记录，或虽然有过不良信用记录，但不良信用记录的产生并非由于主观恶意且申请本次用信前已全部偿还了不良信用或落实了银行认可的还款计划。

（4）实行公司制的企业法人申请信用必须符合法律法规和公司章程的规定。

（5）有固定的生产经营场所和符合规定比例的自有资金，有稳定的经济收入，具备到期偿还本息的能力。

（6）在银行开立基本存款账户或一般存款账户，自愿接受银行信贷监督和结算监督（银团贷款可根据银团贷款协议在代理行统一开户，接受代理行统一信贷监督和结算监督）；申请贷款时，需要提供开户许可证，如图2.3所示。

图2.3 开户许可证

（7）申请信用用途合法合规。

（8）未经有权行批准可采用信用方式用信的，应提供符合规定条件的担保。

2. 贷款客户为自然人

自然人客户申请贷款，一般应具备以下条件。

（1）具有完全民事行为能力的自然人，年龄在18周岁（含）～65周岁（含）。

（2）具有合法有效的身份证明（居民身份证、户口簿或其他有效身份证明）及婚姻状况证明等。

（3）遵纪守法，没有违法行为，具有良好的信用状况。

（4）具有稳定的收入来源和按时足额偿还贷款本息的能力。

（5）具有还款意愿。

（6）贷款具有真实合法的使用用途等。

除上述基本条件外，不同的贷款产品对借款人的具体条件要求不同。

二、贷款额度

贷款额度是指银行向借款人提供的、以货币计量的信贷产品数额。

对于企业贷款，银行需要在对企业的资信进行充分评估的基础上，充分考虑企业的资质、经营情况、收入情况、盈利能力、偿债能力、现金流情况，以及企业所提供的担保情况，在贷款人可以承受的风险范围内确定该企业的贷款额度。

对于个人贷款，银行一般根据借款人的收入情况，所提供的抵押担保、质押担保和保证担保的额度以及资信等情况确定贷款额度。

三、贷款期限

贷款期限是指每一笔信贷业务的具体起止期限，即从贷款发放到贷款全部收回为止的时间。贷款期限可分为短期、中期和长期。短期期限在1年以内（含1年），中期期限在1至5年（含5年，其中中期流动资金贷款的期限为1至3年），长期期限在5年以上。银行对公贷款业务最长期限一般为7年。不同的个人贷款产品的期限各不相同，个人住房贷款的最长期限可达30年。

贷款展期，是指借款人因故未能按合同约定期限偿还贷款本息而要求继续使用贷款的行为。贷款展期视同贷款发放，应按程序报批；否则，按逾期贷款处理。对于贷款展期的期限，短期贷款的最长可展期为原期限，中期贷款的最长可展期为原期限的一半，长期最长可展期为3年。

四、贷款利率或费率

1. 贷款利率

对于资金类信贷业务，贷款利率是信贷资金的价格，是一定时期投入本金数额与同期所获得利息数额的比率。银行办理的各类信贷业务的利率，要根据市场资金的供求状况和金融产品的风险程度由市场来决定。目前市场基准利率为LPR利率。

确定贷款利率时，必须考虑如下因素。

（1）国家金融政策。

（2）贷款的风险。银行应根据"高风险、高收益"的原则，依据贷款风险的大小确定利率的高低，银行将要且愿意承担的风险越大，利率水平就应越高。

（3）同业竞争。同一资金市场上同业利率水平是制约利率确定的重要因素。

（4）与客户的关系。考虑到与客户的长远合作和银行的综合效益，在利率的确定上可在政策允许范围内表现出适当弹性，以追求银行长远和综合效益的最大化。

（5）银行向客户所能提供的贷款品种和服务质量（服务网络、资金划拨速度等）。

（6）银行的资金筹集成本。

利率分为三种：即年利率，以%表示；月利率，以‰表示；日利率，以‰₀表示。

月利率=年利率÷12

日利率=月利率÷30=年利率÷360

2. 费率

针对非资金信贷业务，费率是一定时期收取费用数额与同期所提供的担保、承诺或服务金额的比率。费率的类型较多，包括承诺费、承兑费、银团安排费、开证费等。

五、借款用途

不同种类的信贷业务有不同的用途规定。在办理信贷业务时，银行工作人员要密切注意其用途是否真实，是否按照合同约定使用。贷款的审批和发放是以合理用途为前提和基础的，信贷资金的挪用，就意味着信贷审批基础的改变，也就意味着信贷风险。所以，挪用信贷资金是一种非常危险的信号，必须予以密切关注，及时采取有效措施予以制止和纠正。

六、还款方式

还款方式包括一次性还款和分次还款。

一次性还款主要适用于金额少、期限短（一般贷款期限不超过1年）的贷款。一次性还款方式又可分为到期一次还本付息法、按月还息法、到期一次性还本还款法。

分次还款可分为定额还款和不定额还款。定额还款可分为等额还款和约定还款。等额还款还可分为等额本金还款和等额本息还款。不定额还款主要考虑到借款人的偿还能力的变化，有多种类型，如等比累进还款法、等额累进还款法、组合还款法等。

七、担保方式

担保是保证借款人还款和履行责任的第二来源。在办理信贷业务时，首先要关注的是借款人的偿还能力，因为借款人的正常收入才是第一还款来源，不能因为有担保而放松对借款人的审查和管理。目前，我国商业银行授信担保主要有抵押、质押和保证等方式。

（1）抵押担保是指借款人或第三人不转移对法定财产的占有，将该财产作为贷款的担保。在抵押担保下，借款人不履行还款义务时，贷款银行有权依法以该财产折价或者以拍卖、变卖财产的价款优先受偿。抵押物主要是不动产和动产。

（2）质押担保是指借款人或第三人转移对法定财产的占有，将该财产作为贷款的担保。质押担保物又称为质物，主要以动产和权利为主。

（3）保证担保是指保证人和贷款银行约定，当借款人不履行还款义务时，由保证人按照约定履行或承担还款责任的行为。

实训活动

活动一：设计个人贷款要素

1. 模拟情境

情境一：小王，未婚，27岁，某国企员工，月薪5000元，计划在阳光地产购买一套面积70平方米，总价42万元的住房，已经支付了首付款14万，其余的计划向中国建设银行申请贷款，用所购住房作抵押。请针对小王的情况为其设计个人贷款要素。

情境二：小张，已婚，37岁，某外企员工，月薪9000元，计划在阳光地产购买一套面积100平方米，总价66万元的住房，已经支付了首付款26万，其余的计划向中国建设银行申请贷款，用所购住房作抵押。请针对小张的情况为其设计个人贷款要素。

2. 活动设计

（1）全班分成10组，每组针对模拟情境中申请人的具体情况确定适合的个人贷款产品要素。

（2）小组讨论并撰写实训报告。

（3）制作PPT，并进行汇报。

3. 活动评价

针对汇报情况及实训报告展示进行打分，其中小组互评分数占比40%、教师评分占比60%。

活动二：认识具体公司信贷产品的贷款要素

1. 活动资料

案例2.1

广发银行的流动资金循环贷款

【产品介绍】

企业与广发银行一次性签订借款合同后，在合同规定的额度和有效期内，可多次提款、逐笔归还、循环使用的流动资金贷款业务。

【贷款对象】

贷款对象应具备如下申请条件：生产经营活动符合国家产业政策、外汇管理政策和广发银行的信贷政策；生产经营正常，有健全的组织机构、经营管理制度和财务管理制度；拥有法定的资本金，合法、合理的自有营运资金；信誉良好，具有按时偿付贷款本息的能力，无不良违约记录；已在广发银行开立基本账户或一般结算账户；申请外汇流动资金贷款的借款人必须拥有进出口经营权、外汇收支合理，具有一定的抵御外汇风险（汇率风险、利率风险）的能力；广发银行要求的其他条件。

【提交资料】

（1）借款申请书。

（2）经年审的借款人营业执照、法人代码证、税务登记证、法定代表人证明文件。

（3）有效的贷款卡。

（4）借款人公司章程、验资报告。

（5）经会计（审计）师事务所审计的近三年的财务报表（资产负债表、利润表和现金流量表）及申请借款近期的财务报表。借款人成立不到3年的，原则上须提供自成立以来经会计（审计）师事务所审计的每年度及近期的财务报表。

（6）借款人或保证人、抵（质）押人应根据公司章程出具同意申请借款或提供担保的董事会决议，或股东会决议、上级主管部门的批准文件和授权书。

（7）流动资金贷款按其采用的担保形式，还需提供以下资料：①经年审的担保人营业执照、法人代码证、税务登记证、法定代表人证明文件以及有效的贷款卡。②担保人公司章程、验资报告。③担保人经会计（审计）师事务所审计的近三年财务报表（资产负债表、损益表和现金流量表）和近期的财务报表。担保人成立不到3年的，原则上须提供自成立以来经会计（审计）师事务所审计的每年度及近期的财务报表。④抵（质）押物清单、价值评估报告、权属证明文件。⑤依照有关法律规定须经有权机关批准同意设定抵（质）押的有效文件。

（8）广发银行要求的其他材料。

贷款期限：一般不超过1年（含1年），最长期限为3年（含3年）。

贷款额度：根据公司的资产、收入情况以及抵押物价值确定具体的贷款额度。

贷款利率：针对企业的具体风险情况在市场利率的基础上浮动。

【还款方式】

可分期还款或一次还款。

【担保方式】

抵押、质押。

资料来源：广发银行网站.

2. 活动设计

（1）全班分成10组，每组选择某家银行的一种具体的公司信贷产品。

（2）分析这种信贷产品的贷款要素。

（3）小组讨论并撰写实训报告，并进行汇报。

3. 活动评价

针对汇报情况及实训报告展示进行打分，其中小组互评分数占比40%、教师评分占比60%。

任务四　信贷业务操作流程

【学习目标】

知识目标
- 熟悉贷款的基本操作流程；
- 了解贷款操作流程中的操作要点。

能力目标
- 能够按照贷款操作流程的相关要求办理信贷业务；
- 能够针对具体的信贷业务分析其信贷办理流程中的关注点。

职业素养目标
- 培养学生规范的操作意识；
- 培养学生踏实严谨的工作作风。

【知识准备】

信贷业务办理需要遵循严格的操作流程，基本的操作流程包括客户申请、受理、贷前调查、客户信用评价、信贷审查、信贷审批、签订合同、发放与支付、贷后管理（不良贷款管理）、贷款回收等基本过程。简单来说，贷款操作分为贷前、贷中和贷后三个环节，一般强调"贷款三查"，即贷前调查、贷中审查和贷后检查。为了更明确贷款操作各环节的基本内容，可将商业银行的贷款基本操作流程分为5个环节：申请与受理、调查与评价、审查与审批、签订合同与发放贷款、贷后管理。

一、申请与受理

商业银行信贷业务部门的经办客户经理具体负责信贷业务的受理工作。此阶段包括以下7个环节。

1. 客户申请

客户主动到商业银行申请信贷业务，或商业银行客户经理在主动向客户营销基础上，客户向商业银行提出信贷申请。

2. 与客户面谈

面谈是商业银行甄别客户的第一步。通过面谈，银行工作人员可以确定是否需要开展后续贷款调查工作。如果客户需求明显不符合银行的信贷政策，信贷人员则无须进行面谈，可以直接拒绝顾客。

面谈中需要了解的信息包括以下几项。

（1）关于客户基本情况的问题。对于企业客户，包括公司类型、经营情况、主要股东、员工、供货商和客户、在所属行业中的地位等；对于个人客户，包括客户的家庭情况、收入情况、工作情况等。

（2）关于信贷业务情况的问题。如贷款用途、金额、未来的融资需求情况、贷款条件等。

（3）关于客户还款能力的问题。现金流情况、偿债来源、贷款担保人情况、公司收益情况等。

（4）关于抵押品的问题。抵押品的所有权情况、抵押品的价值评估是否准确、抵押品的价值是否稳定。

（5）关于目前客户与银行之间关系的问题。是否向其他银行提出过贷款申请、与其他债权人之间是否存在未清偿贷款。

3. 资格审查

商业银行通过资格审查确定客户是否符合商业银行规定的基本条件、限制性条件以及相应授信业务所需满足的条件。

4. 内部意见反馈

银行业务部门人员与客户面谈进行资格审查后，应进行内部意见反馈，及时、全面、准确地向上级领导汇报了解到的信息，必要时可以通过其他渠道，如人民银行信贷咨询系统，对客户资信情况进行初步查询。

5. 准备申请材料

对符合资格要求的客户，受理人员向客户发送《商业银行信贷业务申请书》和《商业银行信贷业务申请材料清单》。客户按照申请材料清单准备相应的申请材料。

6. 客户经理初步审查

受理人员收到客户申请材料后，按《商业银行信贷业务申请材料清单》清点材料是否齐全，对材料的完整性、合法性、规范性、真实性和有效性进行初步审查。

7. 资料移交

经初步判断符合授信业务申请条件的，受理人应在收齐资料后当日将贷款申请材料移交信贷业务经办行调查人进行调查。不符合贷款条件的，将申请资料退还借款申请人，并向借款申请人说明情况。

二、调查与评价

商业银行信贷业务营销部门的经办人员具体负责信贷业务的调查与评价工作。此阶段包括以下4个环节。

1. 资料接收

信贷业务受理人员将申请人提交的全部资料整理归类后，交予调查人。

2. 贷前调查

信贷业务调查人员应独立行使尽职调查职能，调查可采取现场或非现场的方式进行。必要时，银行可聘请外部专家或委托专业机构开展特定的信贷尽职调查工作。信贷业务调查包括法律文书的规范和严谨性调查、偿债能力调查、偿债意愿调查、信贷业务效益性调查以及其他方面（如借款人的资产状况、客户与银行关系等）的调查。

3. 撰写调查评价报告

客户经理通过资料核查、现场调查、面谈以及通过其他外部渠道对借款人进行了解等方式，对客户进行全面分析，然后按照规定的格式与内容撰写调查评价报告，为审批人员决策提供可靠依据。

4. 资料移交

客户经理按照银行的要求针对具体贷款产品的申请要求整理信贷材料报送信贷审批部门，并在信贷管理系统中录入授信申请资料信息、调查意见和授信方案。对于通过贷前调查，但不符合银行贷款申请条件的信贷申请，客户经理向借款申请人说明情况，并将信贷资料退回申请人。

三、审查与审批

商业银行信贷业务审查部门和贷款审查委员会具体负责信贷业务的审查与审批工作。此阶段包括以下4个环节。

1. 资料接收

信贷审批部门接收信贷业务经办行授信业务资料，按移交清单逐一核对并当面登记签收，按照信贷审批部门内部分工将授信业务资料分派给信贷业务审查审批人。

2. 合规性审查

信贷材料经信贷业务部门同意后报审批部门，信贷审批部门受理人员负责合规性审查，具体审查报批材料齐全性、信息充分性、内容一致性、格式规范性。

3. 审批

信贷业务审批是由贷款评审委员会集体评审和有权审批人审批来完成的。贷款评审委员会依据国家有关方针、政策、法规和本行信贷政策，从本行利益出发审查信贷业务的经济、技术和商业可行性，分析申报项目的主要风险点及风险规避和防范措施，依据该笔信贷业务预计给银行带来的效益和风险决定是否批准该笔信贷业务。最后有权审批人以业务发起报告、尽职调查结论、贷审会决议为主要判断依据，对是否批准此笔项目做出决策。对于贷审会同意的项目，有权审批人有权否决。对于贷审会否决的项目，有权审批人不能同意，但可以要求做一次重议。

4. 反馈审批结论，资料移交

审批结束后，信贷业务审批部门负责整理归纳审批结论及全体审批人意见，并将结论及审批意见及时通知申报行。

审批结论为同意，经办行可直接进入授信环节；审批结论为不同意的，申报行可申请复议。一笔授信业务只能复议一次。

四、签订合同与发放贷款

商业银行信贷业务执行部门具体负责此阶段的工作。具体包括如下4个环节。

1. 签订合同

信贷业务申请经审查批准后，银行与借款人就可以签订《借款合同》；若为担保方式，银行与担保人还要签订保证合同或抵（质）押合同。

2. 落实用款条件

落实用款条件主要包括落实担保手续，开立基本结算户，增加结算量，开立授信专用账户，专户管理等。

3. 贷款支付

按照借款合同约定，通过贷款人受托支付或借款人自主支付的方式对贷款资金的支付进行管理与控制。

4. 信贷登记

信贷人员将信贷业务相关信息录入人民银行信用信息数据库系统和本银行的信贷管理系统。

五、贷后管理

商业银行信贷业务部门的经办人员、信贷业务管理部门具体负责贷后管理阶段的工作。此阶段包括如下6个环节。

（一）贷后检查

贷后检查包括非现场检查与现场检查。贷后检查按照检查的时间及检查内容的不同，又可分为首次检查、全面检查和重点检查三种。贷款发放后15日内，客户经理要进行首次检查，重点检查贷款的使用用途是否符合合同的约定用途。除了首次检查外，每个月或每个季度还要进行全面检查，主要检查客户的基本情况，包括客户行业状况、经营状况、内部管理状况、财务状况、融资能力和还款能力等方面的变化情况，信贷业务风险变化情况和授信担保的变化情况。贷后一旦发现客户出现新的或实际已经影响贷款偿还的重大风险事项时，银行从发现之日起2日内要进行重点检查。上述每种检查后，最终都要形成贷后检查报告。

贷后检查之后要针对借款客户的具体情况进行贷后处置。信贷客户经理首先要根据贷后检查的情况，判断贷款总体风险状况，提出和上报预警，然后要针对贷后检查情况及风险预警情况制定相应的风险防范措施。

（二）信贷资产质量分类

贷款发放后，商业银行的信贷业务、管理人员要按照规定的标准、方法、程序对信贷资产质量进行全面、及时和准确的评价，并将信贷资产按风险程度划分为不同的类别。

（三）贷款收回

1. 正常回收

短期贷款到期前一周，中长期贷款到期前一个月，客户经理要发送到期还款通知书。到期收回贷款后，信贷人员要进行会计账务处理，登记贷款卡，退还抵押物权利凭证，登记信贷台账。

2. 提前还款

提前还款分为借款人申请和贷款人要求两种情况。

（四）贷款展期

贷款到期前，如果不是因为借款人本身的原因，客户可申请贷款展期。一般情况下，一笔贷款只能展期一次。凡符合下列条件之一的，银行可受理借款人提出的贷款展期申请：国家调整价格、税率或贷款利率等因素影响借款人经济效益，造成其现金流量明显减少，还款能力下降，不能按期归还贷款的；因不可抗力影响偿还的；受国家宏观经济政策影响，贷款人原应按借款合同发放贷款未到位影响借款人正常生产经营的；借款人生产经营正常，原贷款期限过短的。

（五）贷款逾期和问题贷款的管理

对于到期未能收回的贷款，信贷人员要按照规定加紧催收。对于问题贷款和不良贷款，信贷人员要采取相应的措施，积极进行处置。

（六）档案管理

为提高贷款业务管理水平，切实保障债权人的权益，商业银行要加强信贷业务档案管理，信贷业务档案主要内容包括营业执照（复印件）、贷款调查报告、借款申请书及贷款审批书、借款合同、结算户和专用基金户存款余额登记簿、贷款发放回收余额登记簿、主要经济指标、财务活动登记簿、自有资金增减变化表等。

实训活动

活动：按照信贷业务的操作流程模拟操作一笔贷款业务

1. 模拟情境

情境1：个人贷款客户小王要申请个人住房贷款50万元，到银行申请贷款。

情境2：某医疗器械公司注册资金1000万元，因接到一笔订单，急需流动资金500万元，向银行申请贷款。

2. 活动设计

（1）全班同学分成5个小组，按照信贷业务的操作流程模拟操作一笔贷款业务的5个环节；

（2）每个小组负责一个环节的相应操作；

（3）撰写实训报告，并进行汇报。

3. 活动评价

学生提交实训报告，进行小组汇报。针对汇报情况及调查报告展示情况进行打分，其中小组互评分数占比40%、教师评分占比60%。

思政案例

信贷人员必备职业素养：合规经营意识

案例2.2

建行客户经理胡逸鹏合规经营纪实

在建行常德市分行有这样一位客户经理，他为了弄清客户真实生产经营状况，深夜一人骑着自行车来到企业厂房了解实际情况；他在接触企业老板时，凭借其手上的刀疤，便毅然决然地放弃贷款投放；他为了支行能够创新发展，开拓新领域，抢占新市场，每天坚持学习到深夜；他一人身兼数职，风里来、雨里去，不计得失，不求回报……他就是建行常德紫菱路支行客户经理胡逸鹏。"将合规经营进行到底"是胡逸鹏的一句口头禅，也是他从事客户经理10多年来坚持合规经营的真实写照。

1. 信"实"不信"虚"：把好贷款准入关

胡逸鹏在贷款准入上的信条就是：信"实"不信"虚"，一切按原则办事。

"我就八个字评价胡经理，真诚、真实、敬业、廉洁！"常德金德镭射科技股份有限公司财务总监黄文斌提起胡逸鹏，赞不绝口。

常德金德镭射科技股份有限公司因为业务发展，在2013年上半年向建行申请4500万元贷款。胡逸鹏作为客户经理很快对企业进行实地调查，并完成了项目申报材料，评估、勘察、抵押都相当顺利。然而，为了验证企业在申报材料中的一句"公司产品供不应求，每天加班加点生产"的真伪，胡经理不辞辛劳，在没有通知任何人的情况下，晚上9点多钟独自一人骑着自行车，来到近10公里外的公司厂房，查看公司实际生产情况。

"说句实话，第一次合作，不谨慎不行。我最看重的就是'诚实'二字。那天夜里见到公司如火如荼的生产场面，印证了你们申报材料的真实性，作为项目经办人，我便完全放心了！"回忆当时的情景，当着黄总监的面，胡经理坦率地说道。

"我们公司能够发展壮大，得益于建行常德市分行的雪中送炭。当年建行为我们贷款4500万元，胡经理作为项目调查人，心系客户，排忧解难，加班加点，热情服务，贷款从报送到审批到最终发放只用了短短7天时间，办事效率特别高，而且没有在我们这里吃过一餐饭，收过一根烟。"

除常德金德镭射科技股份有限公司外，他还重点参与营销了常德市土地储备中心1亿元贷款，常德德力公司1300万元贷款，张家渡水电站5000万元固定资产贷款，湖南华纬水电工程公司1亿元表外业务、湖南兴禹建设公司6000万元表外业务及3000万元贷款。所有这些项目他最看重的就是贷款需求方的"真"字，在风险防控上狠下功夫，在确保安全的情况下，解了很多企业的燃眉之急。得益于他的执着敬业，所有他经办的贷款无一形成不良，甚至没有一笔贷款出现逾期。

2. 认理不认人：底气源于素质高

"银行业务要发展，风险防范就必须加强。合规操作便是客户经理必须坚持的，否则后患无穷！"谈到合规经营，胡逸鹏斩钉截铁地说。

胡逸鹏是这样说的，在实际工作中，专业细心的他也是这样做的。

在贷前调查中，除了按一般调查方式对申请人进行必要的调查外，他还坚持摸清申请人真实背景，审查企业是否具备贷款条件，查看企业法人营业执照有效性、真实性，同时还会想方设法了解企业法人代表的社会关系、爱好、生活习惯，甚至品行、年龄、健康状况，企业职工人数及构成人员情况，特别是管理人员、科技人员的专业技能、经验。

2012年12月，当地有一家地产商，在外吹嘘经济实力强，有意到其所在的支行申请房开贷款。一次，胡逸鹏和客户对贷款项目进行商谈时，从客户的言谈之中，细心的胡逸鹏判断该客户无能力驾驭该大型楼盘，同时看到客户手上大面积的刀疤，强烈的责任感提醒他果断选择了退出。事后那位地产商在另一家机构贷款，果然出现了严重问题，至今贷款本息无法归还。

对于每一笔贷款，胡逸鹏都清醒地意识到：经营调查尽职与否，关系到是否能正确、客观地反映借款人生产经营状况。对于所有项目，他首先调查生产经营主体的可行性。看其是否符合国家产业、当地政府有关政策，是否有违法行为，是否属于国家限制或明令禁止项目，并做好行业前景预测；其次看经营管理的可靠性。看借款人的经营管理能力，对于法人客户还会审查其劳资关系、银企关系、税企关系，然后对经营管理中的风险作出客观评价，测评风险度；最后他还要看企业的盈利能力。调查产品市场前景，了解产品销售利润率，掌握获利能力，测算贷款期限与产品生产周期匹配程度，以此预测还贷能力。

常德市富斯特液压油缸有限公司是三一重工的一家配套企业，在机械制造业不景气的情况下，他便从保理业务果断退出，采用常德财鑫投融资担保集团有限公司担保的方式来发放流动资金贷款，在有效解决企业需求的同时，成功化解转移了风险。如今客户订单稳定，还款有了充足的保证。

3. 重放更重管：抓住关键控风险

"贷后管理体现信贷全程风险管理的最终成果，如果贷后管理不到位，前期的

贷前调查、贷中管理的所有努力都将归于零。"这是胡逸鹏对贷后管理的理解。

一直以来，在如何加强信贷管理的精细化运作，防范信贷风险，保证资金按期按量回收，他按照自己的理解，一步一个脚印地予以完善。

他充分利用人行征信系统、银监会客户风险监控系统、信贷管理系统、经营决策系统、身份查询系统等，及时掌握客户信用状况，充分利用当地政府、税务、工商、技术监督、环保、土地、房产等部门发布的信息，掌握企业管理动态。

常德市土地储备中心是建行常德市分行的重点客户，客户资金量大。当时的土地拍卖款是建行常德市分行重点关注的对象，他每天都会上网关注各类有关土地拍卖的信息，掌握大量第一手资料，力争土地保证金和拍卖款回笼建行。

他以动态理念看待客户，为贷后管理赢得时间。对于客户，因为经营财务状况不断变化，可能在审批授信时客户经营财务状况良好，但由于行业政策、客户投资、上下游等因素会引起客户经营财务状况发生较大变化。对此他始终坚持跟踪客户所属行业、客户上下游和客户本身经营财务状况包括其商业信用的变化，及时发现可能不利于贷款按时归还的问题，并提出解决问题的措施，防患于未然，减少损失甚至避免损失。

常德市新宇建设机械有限公司前几年主要为创元铝业提供配套服务，效益非常好，但创元铝业因为改造项目接近尾声，客户效益有所下滑，得知这一信息后，联系当时央视新闻对创元铝业污染环境的曝光事件，他及时提请行领导及上级行，果断选择压缩信贷规模，直到完全退出。

4. 融入新常态：不忘初心向未来

工作之余，他坚持学习新业务新知识，不断提升自己的专业水准，为了钻研一项新业务，他自学到深夜，直到完全弄懂；为了搞清创新业务的原委，他多方请教，直到融会贯通。今年，紫菱路支行开出了第一笔国际信用证，发放了常德市分行首笔"住房抵押分期通"业务，就与他不断学习、不断提升密不可分。

当然，在做所有这些工作的同时，他依旧坚定地选择以合规为前提。在他看来，银行要想发展，合规才是根本，合规经营任重道远！

资料来源：尹津辉，伍大忠. 建行常德紫菱路支行客户经理胡逸鹏合规经营纪实[EB/OL]. (2016-08-25) [2022-07-11]. https://www.toutiao.com/article/6322581111377838338/?channel=&source=search_tab

通过以上案例可知，信贷人员一定要具备合法合规的规范意识。常言道："不以规矩，不能成方圆。"各项法律法规制度都是大量实践经验的总结。信贷人员必须要具备合法合规的规范意识，才能贯彻执行国家的信贷政策，合理运用资金，才能严格遵守与业务相关的各项规章制度、信贷原则，才能有效控制风险。

案例中的胡逸鹏在办理信贷业务时，严格以合规为前提，将信贷风险防控放在第一位，在贷前调查过程中严把准入关，贷后管理的过程中时刻关注客户经营状况的变化，防患于未然。信贷人员的规范意识反映其职业操守，关系到银行运营过程的每一个环节。信贷工作是一个规范化的流程，每个环节都规范操作才能保证整个信贷流程的规范化，从而最大限度地规避风险。

知识点考核

一、单选题

1. 下列不属于商业银行的基本原则的是（　　）。

A. 安全性　　　　　　B. 流动性　　　　　C. 无形性　　　　　D. 盈利性

2. 盈利性是指商业银行要尽可能地追求（　　）。

A. 风险最小化　　　　　　　　　　B. 利润最大化

C. 客户利益最大化　　　　　　　　D. 股东利益最大化

3. 商业银行为了弥补个人经验不足，同时防止个人操纵贷款现象的发生，一般采取（　　）。

A. 民主集中机制　　　　　　　　　B. 核准审批机制

C. 贷款集体审议决策机制　　　　　D. 自主决策机制

4. 常用的授权形式中，（　　）信贷授权可授予总部授信业务审批部门及其派出机构、分支机构负责人或独立授信审批人等。

A. 按信贷品种划分　　　　　　　　B. 按行业进行授权

C. 按受权人划分　　　　　　　　　D. 按客户风险评级授权

5. 贷款期限在（　　）的贷款为流动资金贷款。

A. 1年　　　　　　　　　　　　　B. 6个月

C. 1年（含1年）以内　　　　　　 D. 3年（含3年）以内

6. 中期贷款指贷款期限在（　　）的贷款。

A. 1年以上3年以下　　　　　　　 B. 1年以上3年（含3年）以下

C. 1年以上5年以下　　　　　　　 D. 1年以上5年（含5年）以下

7. 商业贷款一般指银行的（　　）。

A. 委托贷款　　　　B. 公司贷款　　　　C. 自营贷款　　　　D. 特定贷款

8. 个人住房公积金贷款属于（　　）。

A. 自营贷款　　　　B. 委托贷款　　　　C. 商业贷款　　　　D. 特定贷款

9. 个人消费类贷款是指银行向申请购买（　　）的借款人发放的个人贷款。

A. 消费品　　　　　　　　　　　　B. 服务

C. 生活用品　　　　　　　　　　　D. 合理用途的消费品或服务

10. 国家助学贷款实行（　　）的原则。

A. 财政贴息、风险补偿、信用发放、专款专用和按期偿还

B. 部分自筹、有效担保、专款专用和按期偿还

C. 财政贴息、有效担保、风险补偿和专款专用

D. 部分自筹、风险补偿、信用发放、专款专用和按期偿还

11. 个人商用房贷款属于（　　）。

A. 个人消费贷款　　　　　　　　　B. 个人经营贷款

C. 公积金住房贷款　　　　　　　　D. 综合消费贷款

12. 创业担保贷款的资金来源于（　　）。

A. 创业基金　　　　　　　　　　　B. 居民存款

C. 政府出资设立的担保基金　　　　D. 担保公司

13. 下列关于审贷分离的说法，错误的是（　　）。

A. 审查人员与借款人原则上不单独直接接触

B. 审查人员不接触贷款人是为了杜绝人为因素的干扰

C. 确需审查人员接触借款人的，应在客户经理的陪同下实地进行调查

D. 在完成合规的审查手续后，审查人员即可行使最终决策权

14. 某银行最近推出一种新的贷款品种，该品种的利率每年根据通货膨胀率调整一次，则该贷款属于（　　）品种。

A. 固定利率　　　B. 行业公定利率　　　C. 市场利率　　　D. 浮动利率

15. 我国中长期贷款属于_____品种，采用的贷款基准利率为_____。（　　）

A. 固定利率；市场利率　　　　　　　　B. 浮动利率；法定利率

C. 固定利率；法定利率　　　　　　　　D. 浮动利率；市场利率

16. 下列有关贷款期限的说法，错误的是（　　）。

A. 自营贷款期限最长一般不超过10年，超过10年应当报中国人民银行备案

B. 票据贴现的贴现期限最长不得超过6个月

C. 不能按期归还贷款的，借款人应当在贷款到期日之前，向银行申请贷款展期，是否展期由监管部门决定

D. 短期贷款展期期限累计不得超过原贷款期限；中期贷款展期期限累计不得超过原贷款期限的一半；长期贷款展期期限累计不得超过3年

17. （　　）是指贷款人向企（事）业法人或国家规定可以作为借款人的其他组织发放的用于借款人日常生产经营周转的本外币贷款。

A. 流动资金贷款　　　　　　　　　B. 个人消费贷款

C. 固定资产贷款　　　　　　　　　D. 个人信用贷款

18. （　　），通常将计息方式分为按日计息、按月计息、按季计息、按年计息。

A. 按照计息的周期　　　　　　　　B. 按是否计算复利

C. 按货币种类计息　　　　　　　　D. 按贷款用途计息

19. 提款期是指从（　　）开始，至合同规定贷款金额全部提款完毕之日为止，或最后一次提款之日为止，期间借款人可按照合同约定分次提款。

A. 第一次提款之日　　　　　　　　B. 借款合同规定的第一次还款日

C. 借款合同生效之日　　　　　　　D. 借款合同签订完毕之日

20. 从经营贷款业务的中资金融机构取得贷款的法人、其他经济组织、个体工商户和自然人统称为（　　　）。

A. 借款人　　　　　B. 贷款人　　　　　C. 保证人　　　　D. 委托人

21. （　　　）是指银行应当尽量避免各种不确定因素对其资产和贷款等方面的影响，保证银行稳健经营和发展。

A. 贷款的收益性　　　B. 贷款的流动性　　C. 贷款的安全性　　　　D. 贷款的变现性

二、多选题

1. 商业银行经营的基本原则是（　　　）。

A. 服务性　　　　　B. 安全性　　　　　C. 流动性

D. 盈利性　　　　　E. 无形性

2. 《中华人民共和国商业银行法》第三十五条第二款规定："商业银行贷款，应当实行（　　　）的制度。"

A. 审贷分离　　　　B. 逐级授权　　　　C. 贷放分离

D. 分级审批　　　　E. 分层审批

3. 审贷分离具体体现在（　　　）。

A. 客户分离　　　　B. 部门分离　　　　C. 岗位分离

D. 职责分离　　　　E. 人员分离

4. 审贷分离的核心是将负责贷款调查的＿＿＿＿与负责贷款审查的＿＿＿＿相分离，以达到相互制约的目的。（　　　）

A. 业务部门；监控部门　　　　　　B. 调配部门；稽核部门

C. 业务部门；管理部门　　　　　　D. 管理部门；调配部门

E. 管理岗位；业务岗位

5. 下列情况会被追究贷款责任的是（　　　）。

A. 进行虚假记载、误导性陈述或重大疏漏的

B. 未按照规定时间和程序对授信和担保物进行授信后检查的

C. 未根据预警信号及时采取必要保全措施的

D. 因客户不符合贷款对象要求拒绝客户申请贷款的

E. 客户经理未履行尽职调查的

6. "金融机构不得向关系人发放信用贷款，或以优于其他借款人的条件向关系人发放担保贷款。"这里的"关系人"是指（　　　）。

A. 金融机构的董事　　　　　　　　B. 金融机构的监事

C. 金融机构信贷人员　　　　　　　D. 金融机构管理人员投资的公司

E. 金融机构信贷人员近亲属

7. 按照商业银行是否提供信贷资金，信贷产品可分为（　　　）。

A. 担保类产品　　　B. 资金类产品　　　C. 非资金类产品

D. 信用产品　　　　E. 担保产品

8. 按偿还期限不同，贷款产品可分为（　　　）。

A. 短期贷款　　　　B. 中期贷款　　　　C. 项目贷款

D. 长期贷款　　　　E. 固定资产贷款

9. 流动资金贷款具有（　　　）的特点。

A. 流动性强　　　　B. 风险较小　　　　C. 审批手续相对简单

D. 办理周期短　　　E. 期限短

10. 中长期贷款的主要特点包括（　　　）。

A. 流动性差　　　　B. 风险大　　　　　C. 审批手续严格

D. 办理周期短　　　E. 办理周期长

11. 按是否提供担保，贷款产品可分为（　　　）。

A. 信用贷款　　　　B. 抵押贷款　　　　C. 保证贷款

D. 担保贷款　　　　E. 质押担保

12. 按担保方式不同，担保贷款可分为（　　　）。

A. 抵押贷款　　　　B. 信用贷款　　　　C. 质押贷款

D. 保证贷款　　　　E. 担保贷款

13. 信用贷款一般用于（　　　）的客户。

A. 借款期限短　　　B. 借款金额少　　　C. 信用高

D. 经常与银行合作　E. 新客户

14. 按贷款人承担经济责任的不同，贷款可分为（　　　）。

A. 自营贷款　　　　B. 委托贷款　　　　C. 特定贷款

D. 商业贷款　　　　E. 经营贷款

15. 个人消费贷款包括（　　　）。

A. 个人住房贷款　　B. 个人汽车贷款　　C. 个人教育贷款

D. 流动资金贷款　　E. 固定资产贷款

16. 个人住房贷款是指银行向自然人发放的用于（　　　）的贷款。

A. 装修住房　　　　B. 购买住房　　　　C. 建造住房

D. 大修理住房　　　E. 转让住房

17. 根据贷款性质的不同，个人教育贷款分为（　　　）。

A. 国家助学贷款　　B. 生源地信用助学贷款　　C. 商业助学贷款

D. 个人留学贷款　　E. 银行教育贷款

18. 农户贷款中的农户是（　　　）。

A. 长期居住在乡镇和城关镇所辖行政村的住户

B. 农村居民　　C. 国有农场的职工　　　D. 农村个体工商户　　　E. 城市职工

19. 下列关于贷款用途和还款来源的说法，正确的是（　　　）。

A. 信贷资金不能挪用

B. 还款来源不必说明

C. 不得使用虚假信息骗取银行业金融机构的信贷资金

D. 一般情况下，通过正常经营所获取的现金流量是贷款的首要还款来源

E. 借款人的其他收入也可以作为还款来源

三、判断题

1. 银行业金融机构要按照"审贷分离、分级审批"的原则由有权审批人员对信贷资金的投向、金额、期限、利率等贷款内容和条件进行最终决策，签署审批意见。

（　　）

2. 银行为公司并购提供的并购贷款属于固定资产贷款。（　　）

3. 贷款承诺就是商业银行在贷款意向阶段向客户提供的书面承诺。（　　）

4. 在审贷分离实施中，我国商业银行一般采取贷款集体审议决策机制，多数银行采取设立各级贷款审查委员会的方式行使集体审议职能。（　　）

5. 借款人希望提前还款的，必须向银行申请并在被批准后才能进行。（　　）

6. 浮动利率的特点是可以灵敏地反映金融市场上资金的供求状况，借贷双方所承担的利率变动风险较大。（　　）

7. 信贷额度是指银行向借款人提供的以货币计量的信贷产品数额。（　　）

8. 年利率也称年息率，以年为计息期，一般按本金的千分比表示。（　　）

四、名词解释

1. 最高综合授信额度

2. 单项授信

3. 分级授权

4. 审贷分离

五、简答题

1. 商业银行信贷管理的基本制度内容是什么？在实际业务中各商业银行是如何贯彻执行这些制度的，请举例说明。

2. 简述商业银行贷款的具体操作流程。

3. 商业银行信贷业务的基本要素有哪些？

项目三
信贷产品营销

【情境导入】

小王成为振兴银行信贷业务部的一名实习助理经理。振兴银行是一家中型规模的银行，信贷业务部门包括公司信贷业务岗位和个贷业务岗位，客户经理既负责客户的营销，也负责贷款业务的办理。营销是客户经理工作的重中之重，直接与其收入挂钩，而且决定着职称的晋升。客户经理小李告诉小王，营销工作没有那么简单，既要把握国家宏观政策的大方向，又要了解银行的经营战略；既要了解你的竞争对手，又要了解银行的目标客户，这样才能做到有的放矢。不同银行实力不同，规模不同，因此经营战略和所要选择的目标市场都不同，尤其是中小型银行，资金实力和人力资源都不如大银行，

因此一定要集中优势资源到细分的目标市场上。客户经理还必须掌握一定的营销策略和方法，必须具备一定的专业性和职业素养，才能让客户认同你，从而树立起银行的品牌形象。听了这番话，小王认识到，营销不仅仅是拉客户，还是一门大学问。要成为一个称职的信贷产品营销人员，小王从以下几个方面进行了知识准备：

- 如何进行目标市场定位？
- 如何运用营销策略？
- 一般的信贷营销流程是什么？

【知识导航】

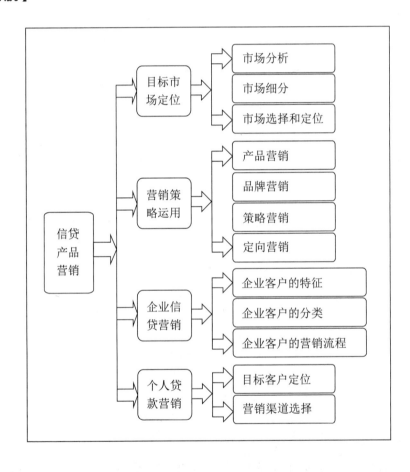

任务一 目标市场定位

【学习目标】

知识目标

- 了解信贷产品营销的市场环境及其变化；
- 了解信贷产品目标市场选择及其定位；
- 了解营销策划书和营销执行计划的工作及其重要性。

能力目标

- 能对信贷市场进行初步的市场细分；
- 能判断和选择目标市场。

职业素养目标

- 培养学生在工作中尽职尽责的责任意识；
- 培养学生踏实严谨的工作作风。

【知识准备】

随着银行之间的市场竞争日趋激烈，市场份额获取成本也越来越大。如何选择目标市场和进行客户定位，找到自己的核心客户群对银行至关重要。通过细分市场找到目标客户，在产品全面的基础上推出符合目标客户需求的具有高黏性的信贷产品，更有利于银行在竞争中胜出。

一、市场分析

市场环境是影响商业银行市场营销活动的内外部因素，可以分为外部环境和内部环境。银行始终会受到市场环境的制约和影响。在信贷营销做出决策之前，全面分析其所处市场环境显得尤为重要。

对于商业银行来说，外部环境主要包括银行所处国家或地区的政治环境、经济环境、社会环境、客户的需求和竞争对手的战略等。内部环境则主要包括银行自身的战略目标、实力以及银行内部可支配的资源。

（一）传统的市场分析方法

在实践中，传统的商业银行在进行市场分析的时候，主要侧重于区域经济结构分析、商户商圈分析、社区居民分析以及消费层次分析，也就是对银行开设网点附近市场总体情况进行一个概括，为银行在该区域的市场产品定位和客户组合提供一个框架性的

指导。银行现在采用的比较传统的方法包括以下3种。

（1）利用现有客户的服务情况"顺藤摸瓜"，收集当地区域关联企业和行业的具体运营情况，进行统计分析，了解当地企业和商户的经济发展潜力和信贷需求。

（2）利用银行的客户经理和支行其他员工对本区域或者其他区域的市场摸底情况，组织相关客户，进行市场需求情况的摸底访谈。

（3）借助外部第三方咨询公司，对拟设网点或者已开设网点的周边市场进行全面的客户、市场和产品的调研分析，并结合调研分析进行本行业务的开发。

（二）SWOT分析方法

商业银行等金融机构主要用SWOT分析方法来对其面临的内外部环境进行综合分析。其中，S（strength）表示优势，W（weakness）表示劣势，O（opportunities）表示机会，T（threats）表示威胁。SWOT分析方法就是从上述4个方面对银行所处的内外部环境进行分析，并结合机遇与威胁的可能性和重要性，制定出符合银行实际的经营目标和战略。

二、市场细分

市场细分是指将一个整体市场（按照某种标准）划分为若干个子市场，为目标市场选择提供依据。市场细分有多种标准。例如，对于企业客户，按照客户的规模，可分为大型企业市场、中型企业市场和小企业市场，不同类型的企业对资金需求的规模是不同的；也可按区域、产业或行业、规模、所有制等来细分。对于个人贷款客户，可按照客户对银行的贡献度、客户的生命周期、客户的需求来进行市场细分。如光大银行将个人客户分为基础客户、财富客户、私人银行客户、零售信贷客户、信用卡客户五大特色客群，针对各个细分的客户群开展专项营销活动。

市场细分后的子市场比较具体，银行可以比较容易了解客户的需求，可根据自身的经营战略和营销力量，确定服务对象，即目标市场。银行针对较小的目标市场，便于制定特殊的营销策略。同时，在细分市场上，一旦客户的需求发生变化，银行可迅速了解，进而改变营销策略，制定相应的对策，以适应市场需求的变化，提高其应变能力和竞争力。市场细分也有利于集中银行的人力、物力、财力以及其他资源，发挥竞争优势去争取局部市场上的优势，从而带动全局发展。

三、市场选择和定位

（一）市场选择

目标市场是银行的信贷部门打算进入并实施相应营销组合的细分市场，或打算满足的具有某些共同需求的顾客群体。目标市场的选择取决于企业的经营战略和经营目标，也与银行的经营状态直接相关。目标市场选定后，银行可以对这些客户选择有针对性的营销策略，包括设计产品、制定价格、运用对其有吸引力的促销手段，建立合适的营销渠道。目标市场的选择是建立在对细分市场的充分考察与评估之上的，需要综合考虑以下几个因素。

1. 银行的发展目标和能力

细分市场要符合银行的发展目标和能力。细分市场一定要能够推动银行实现发展目标，另外还要考虑银行的资源条件是否适合在某一细分市场经营。只有选择那些银行有条件进入且能充分发挥其资源优势的市场作为目标市场，银行才会立于不败之地。

2. 细分市场的规模和潜力

细分市场需要具有一定的规模和潜力。银行进入某一市场是期望能够有利可图的，银行拟选择的目标市场应该有充足稳定的购买力和畅通的分销渠道，并尽可能地与银行整体金融产品的开发和创新方向一致。如果市场规模狭小或者趋于萎缩状态，银行进入后很可能难以获得发展。因此，对细分市场的评估首先要进行市场容量分析，即潜在细分市场是否具有适当的规模和发展潜力。

3. 细分市场的吸引力

一个具有适度规模和良好潜力的细分市场，如果存在壁垒很高、竞争者很容易进入等问题，它对银行的吸引力也会大打折扣。因此，对细分市场的评估除了考虑其规模和发展潜力之外，还要对其吸引力做出评价。波特认为有5种力量决定整个市场或其中任何一个细分市场的长期的内在吸引力。这5种力量是同行业竞争者、潜在的新加入的竞争者、替代产品、购买者和供应商。细分市场的吸引力分析就是对这5种决定银行长期盈利的主要因素做出评估。

4. 获利状况

分析获利状况即分析细分市场能给银行带来多少利润。银行经营的目的最终要落实到利润上，因此，细分市场应能够使银行获得预期的和合理的利润。

5. 风险分析

银行在选择细分市场之前，还要对每个细分市场的风险进行分析。以房地产市场为例，银行要分析的风险包括政策风险、经济风险、市场风险等。

对目标市场进行科学、合理的分析评价后，即可选择一个细分市场作为银行信贷的目标市场，也可同时选择多个细分市场作为目标市场，但银行必须针对每一个目标市场分别设计出满足不同客户需求的差异化的银行产品和服务。

（二）市场定位

市场定位是指银行根据面临的环境和所处的位置，考虑当前客户的需求特点，设计表达银行特定形象的服务和产品，展示银行的个性，从而在目标市场上确立恰当的位置。市场定位应符合其目标客户的价值，即为目标市场提供合适的产品、服务和渠道组合。银行市场定位应当遵循围绕目标、发挥优势、突出特色的原则。

　　根据市场定位的原则和银行发展的需要，银行可实行多种定位策略，主要包括以下3种。

　　（1）市场领导型定位。银行可以凭借某方面的优势将自己定位于细分市场的"领导者"。处于市场领导地位的商业银行一般在金融市场上占有最大的市场份额，控制着其他商业银行的行为，并且在战略上有多种选择权，因此处于市场领导者定位的商业银行一般采取第一位的定位策略，以此来向公众宣传自身的优势和市场领导地位。

　　（2）市场竞争型定位。银行选择与竞争对手重合的市场位置，争取同样的目标顾客，彼此在产品、价格、分销、供给等方面稍有差别。

　　（3）市场补缺型定位。银行选择某个市场"空挡"，不与竞争对手直接对抗，发展区别于目前市场上的特色产品或服务，借助于产品或服务的差异化开拓新的市场领域。

实训活动

活动：利用SWOT分析方法进行市场定位

1. 活动资料

运用SWOT分析方法对我国中小银行的分析如图3.1所示。

内部优势（S）
资产总额呈上升趋势
财务状况明朗
定位明确，经营灵活，富于创新精神
较注重科技发展，有较合理的组织架构

内部劣势（W）
资金实力和市场份额不足
市场规模相对不大
客户基础较差

外部机会（O）
个人零售业务市场的崛起
金融服务需求的多样化
业务经验的累积
宏观政策的支持

外部威胁（T）
竞争的加剧
不公平竞争的形成
监管政策的不平衡

图3.1　我国中小商业银行SWOT矩阵

2. 活动设计

（1）将学生分成小组，每组5人，每组选择一家中小银行查找相关资料；

（2）参照活动资料，每组对所选择的银行运用SWOT分析方法进行分析；

（3）通过分析，绘制SWOT分析矩阵，确定所选择银行的目标市场定位；

（4）撰写实训报告，实训报告包括该银行的SWOT分析矩阵、目标市场定位。

3. 活动评价

学生提交实训报告，进行小组汇报。针对汇报情况及实训报告展示情况进行打分，其中小组互评分数占比40%，教师评分占比60%。

任务二　营销策略运用

【学习目标】

知识目标

- 掌握银行主要的营销策略；
- 理解产品营销的内涵；
- 熟悉品牌营销的策略；
- 熟悉银行的策略营销方式；
- 了解定向营销的方法和步骤。

能力目标

- 能够运用银行的营销策略；
- 能够区分不同的产品含义并进行针对性的营销；
- 能够认知银行的品牌营销策略；
- 能够辨别银行的低成本营销、差异化营销等策略。

职业素养目标

- 培养学生爱岗敬业的工作意识；
- 培养学生高超的业务能力。

【知识准备】

随着银行竞争的加剧，银行所采取的营销策略也在不断创新。由于信贷产品具有同质性和易模仿等特征，银行要在竞争中立于不败之地，需要综合运用多种营销策略，并且随着市场的发展变化进行不断创新。

一、产品营销

产品营销的对象是信贷产品。同其他企业销售商品一样，银行经营、销售的各种信贷产品是银行为满足目标客户的特定经济业务需要而制定的标准化作业程序组合，在客户符合银行规定的条件并承诺偿还信贷资金或履约的前提下，银行就按预定程序向客户提供信贷支持，在为客户创造价值的同时实现自身经营的效益。

1. 信贷产品的定义要点

（1）信贷产品是特定产品要素组合下的信贷服务方式。所谓"组合"有两方面含义：一是指一笔信贷业务操作不是由一个人或一个岗位自始至终包揽下来的，是分工协

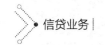

作的过程，例如，业务的受理、审批、放款、办理抵押等分别由不同的岗位人员来完成，银行把多岗位的工作"打包"在一起提供给客户；二是指银行根据一个客户，提供"一揽子"银行产品，满足客户融资、理财、支付等一系列金融需求。

（2）信贷产品是"对症下药"的服务。每一种信贷产品都有专门的用途和适用对象，不同的信贷产品在操作要求和程序上也都有所区别。

（3）信贷产品是规范产品。在信贷产品背后是银行的统一操作规程，包含了风险管控原则、定价原则、岗位职责、审批程序等内容。信贷产品的原则是不能违反的，信贷产品的程序是不能打乱的。

（4）信贷产品是对客户的明确要约。只要客户能够满足并接受银行对信贷产品所规定的条件，银行就会按照既定的程序与申请企业开展业务合作。

2. 产品营销的创新

银行的产品营销是提供适合目标客户的差异化服务和产品。商业银行想在日趋激烈的竞争中取得成功必须不断创新。创新不仅仅是产品创新，同时也应采取措施来改善客户体验。信贷产品创新可以来自全新产品、改进型产品和现有产品。全新产品创新，是指银行以前从未提供过的产品或服务；改进型产品创新，是指在现有产品基础上进行改进；现有产品创新，是指在条件差别较大的新市场、新地区推广现有产品。

信贷产品经历了从银行自发形成到有组织开发的渐变历程。以往许多信贷产品是"自下而上"产生的，即由最贴近客户的银行基层单位率先提出，然后试点办理，上级单位总结这些"先进经验"向全系统推广，最终形成主流产品。随着银行业发展到了新阶段，银行开始积极实施"自上而下"的产品开发。一些银行设立了产品开发部门，对信贷产品进行有计划、分行业、分客户类型、分区域的系统开发，然后推动全行营销。

二、品牌营销

品牌营销是指将产品或服务与其竞争对手区分开的名称、术语、象征、符号、设计或它们的综合运用，通过运用各种营销策略使目标客户形成对企业品牌和产品、服务的认知过程。"银行品牌"是指银行在长期的市场营销活动中，在产品的开发、管理、销售过程中，逐渐形成的被客户熟悉、与其他同类商品在标志上有显著区别，为客户接受和认同的某一银行产品，以及使客户对其所属银行本身形成偏好、信任感和依赖感的银行本身。对于银行业来说，品牌营销更加重要，因为一方面多数消费者对金融产品的认知不深；另一方面，金融产品同质化严重，各家银行的产品差异不大，导致消费者不愿意花费太多精力去比较，往往凭直观和朋友的推荐来选择。在这种情况下，品牌美誉度对吸引顾客和留住顾客起着非常重要的作用。银行的品牌营销可以从以下几方面入手。

（1）明确品牌定位，培养客户品牌忠诚。就像明确市场定位一样，商业银行要明确品牌定位，要在客户心目中留下别具一格的银行形象，使自己成为某一细分市场中提供最适合目标市场的金融产品的银行。定位的目的在于帮助客户了解竞争银行与竞争产品之间的真正差异，以便于客户清晰地辨认出最适合他们、能为其提供最大利益的商业银行。重要的品牌识别及其具有启发性的联想物是所有有效品牌创建的基础。例如"向日葵"是招商银行比较突出的品牌标识。

金融品牌的品牌忠诚主要体现在客户对该业务的高度信任和排他心理，让客户觉得只有这一品牌的金融产品让人放心、让人舒心、让人省心，这样就会树立银行的核心产品形象，为银行赢得竞争优势。

（2）增强品牌经营意识，建立高效的品牌管理体系。商业银行要准确认识品牌的内涵，要善于经营金融品牌，强化品牌管理，实施品牌延伸，利用品牌发展品牌，不断对品牌产品进行开发和改进。银行应该将品牌作为运作的核心，各部门都要通晓品牌的策略和发展方向，不再局限于市场营销部门，使每一个员工都是品牌的造就者，每一个客户都是品牌的传播者。

三、策略营销

银行为了能在激烈的市场竞争中获得商机，寻求更大的生存发展空间，必须努力提高营销活动的效率和效益，制定有效的营销策略，以适应不断变化发展的市场需要。银行营销策略是指银行在复杂的、变化的市场环境中，为了实现特定的营销目标以求得生存发展而制定的全局性、决定性和长期性的规划与决策。根据美国著名管理学家迈克尔·波特的竞争战略理论，商业银行可以通过以下几种策略来达到营销目的。

1. 低成本策略

低成本策略强调降低银行成本，使银行保持令人满意的边际利润，同时成为一个低成本竞争者。然而，低成本并不一定等同于低价格。银行在成本领先基础上的竞争旨在取得产品的效益，增加大额交易的客户，并减少银行在销售费用和服务上的投资，从而使预算和总体成本得到非常严格的控制。在客户对价格十分敏感的情况下，竞争基本上是在价格上展开的，此时成本领先战略特别奏效。

2. 产品差异策略

以差异性为基础的营销策略力求在客户的心目中树立一种独特的观念，并以这种独特性为基础，将它运用到市场竞争中。银行可以通过诸如形象设计或特殊服务等多种途径来实现差异化。

3. 专业化策略

专业化策略要求银行在所选的一个或几个市场中加强竞争力度。从根本上来说，专业化策略建立在对产业内一个狭窄的竞争范围的选择上。当一家银行的实力范围狭窄、资源有限，或是面对强大的竞争对手时，专业化策略可能就是它唯一可行的选择。专业化策略专注于某个服务领域，瞄准特定细分市场，针对特定地理区域。

4. 大众营销策略

所谓大众营销策略是指银行的产品和服务是满足大众化需求，适宜所有的人群，但其特点是目标大、针对性不强、效果差。

5. 单一营销策略

单一营销策略，又称一对一的营销。单一营销策略针对每一个客户的个体需求而设计不同的产品或服务，有条件地满足单个客户的需要。这种营销策略的特点是针对性强，适宜少数尖端客户，能够为客户提供需要的个性化服务，但营销渠道狭窄，营销成本太高。

6. 情感营销策略

情感营销策略是在单一营销的基础上注入人性化的营销理念，不再局限于满足客户的一次性需要，而是用情感打动客户的心，把客户套牢，使其成为银行的忠实客户。如中国银行（香港）有限公司根据人的生命周期设计了从婴儿开始到老年每个生长阶段的金融产品，有"安儿保""置业理想按揭""全方位投资""业主万用钱""积富之选""幸运星""期权宝"等系列金融产品，使客户从小到大自觉接受银行的营销理念，主动选择适合自己的金融产品。

7. 分层营销策略

所谓客户分层，是指银行依据客户需求的差异性和类似性，把整个市场划分为若干客户群，区分为若干子市场。分层营销策略是现代营销的基本方法，它把客户分成不同的细分市场，为客户提供不同的产品和不同的服务，但又不同于一对一的营销，研究的是某一层面所有的需求，介于大众营销和一对一营销之间，用相对少的资源最大限度地满足这一批客户的需求。

8. 交叉营销策略

交叉营销是基于银行同客户的现有关系，向客户推荐银行的其他产品。交叉营销的立足点不是争取新客户，而是挽留老客户，因为一个客户拥有银行的产品越多，被挽留的机会就越大。

交叉营销在于银行帮助客户寻求下一个需要的最佳产品。首先要了解客户拥有什么产品；接着对客户的资产、负债、年龄组和职业等进行认真分析和研究，得出他们可能需要哪些产品；然后分析判断他们购买每个产品的可能性；最后推算出客户购买后银行可能的盈利。

四、定向营销

为保证共赢，银行与客户之间需要建立一个长期友好的关系，构建有效的交流渠道，这就是银行的定向营销。

银行应及时了解客户，了解市场的动态需求变化，设计和发展满足客户需求的产品和服务，从而激发客户的消费行为；客户同样需要了解银行，及时得知银行提供的产品和服务信息。因而，定向营销强调银行要建立起与客户之间的动态交流机制。比如，有很多银行会向中介机构购买信息，进行筛选，进而建立自己的数据库，定期给客户发送信件、E-mail，或者直接致电给客户，为他们推荐有针对性的贷款产品。

银行应重点营销优质客户，加大对优质客户的定向营销力度，对优质客户要开辟绿色通道，在办理业务时做到区别对待，争取在定向营销上取得更大的突破。

实训活动

活动：营销策略分析

1. 活动资料

● 案例3.1

以数赋能，系统布局"微银行"营销新模式

金融科技的迅猛发展推动了商业银行由传统的营销模式向数字化营销模式的转化。辽宁沈阳农商银行全面推动企业微信银行（即"微银行"）建设工作，积极探索尝试以数字化之力实现"获客""留客""活客""悦客"营销全流程，构建了"1234"模式的"微银行"建设架构，即"依托一个平台、连通两大系统、部署三个功能、实现四个目标"，实现了"常规私域流量向数字化公域流量"的有效转化。

沈阳农商银行打造的"微银行"项目集合了一整套全新的智能化、自动化、数字化的客户经营体系，依托"企微+个微"的连通属性及腾讯生态体系架构，全面整合"线上+线下"各个业务渠道功能，建立起海量"新客+老客"的私域流量池。同时，通过与一个平台、两大系统的有机融合与多方联动，完整构建了"全量"客户的线上"旅程"，将金融服务融入更多的具体生活场景、送达到客户身边，并通过高频、持续的有效触达形成入池客户的标签体系，有效实现"客户分级管理和差异化运营"，完成了对全行前台业务的全面赋能。

不同于银行传统的营销体系，沈阳农商银行"微银行"体系通过"AI数字员工""会话存档"与"智能外呼"三大功能全面提供营销支撑，重点围绕存量客户资产流失严重、新客及潜力客户资产提升之力的问题，有力实现沈阳农商银行存量客户的挖潜与维护、新增客户的拉新与促活，快速构建起行内私域流量池，全面达成获客、经营、变现及营销产能裂变的目标。

"AI数字员工"功能可有效建立自有的数字化渠道，为客户提供一体化、全方位的数字化主动服务，满足"全时段、全自动、拟人化、无接触"要求，辅助客户经理做好海量客群特别是长尾客群的营销与维护工作，并根据客户标签与产品的

匹配自动化完成对客户的营销过程，实现一个"AI数字员工"服务"万"级客户规模，促进对长尾客户无人化、规模化与智能化的服务，挖掘广大客群的潜在需求。针对符合评级标准的客户，"AI数字员工"将辅助客户经理完成业务提醒等工作，进一步提升业务产能和服务质效。

"会话存档"可实现两方面功能：一是有效提升管理者对全行员工营销过程精准识别和管理的效率。"会话存档"支持任务发布、行为采集、状态跟踪等管理，可按时间维度查询员工的聊天数量、员工与客户的聊天数量、员工是否有发送、客户是否有回复、同意存档的人数等，并具备完整的权限控制、冗余备份、操作日志记录等功能。二是保障客户合法权益，辅助员工规范化开展业务。"微银行"通过会话存档记录进行精准跟踪，支持会话解析、查阅、敏感词匹配等相关功能，实现微信聊天内容可追溯、营销动作可识别。未来，随着"会话存档"中底层数据模型的进一步建立，客户的线上"旅程"将会更加个性化、规模化。

"智能外呼"在以上两项功能的基础上，通过"AI智能外呼+企微运营"和"大数据（陌生拜访）+人工坐席外呼+企微运营"两种联动运营模式，实现对域内更广大新客户的拉新、促活、挖潜。AI智能外呼与企业微信添加客户功能联动，实现客户的营销触达与转化，借助数据标签实现客户的精准画像，挖掘较高潜力客户，助力激活存量。配合稳定、可控的"人工坐席陌拜"，联动企业微信添加客户功能，可有针对性地实现各类产品的精准触达与定向营销。

资料来源：王淼. 以数赋能，系统布局"微银行"营销新模式[J]. 中国农村金融，2022（13）：101-102.

2. 活动设计

（1）分析沈阳农商银行的"微银行"营销模式是如何实现对客户精准营销的？

（2）查找并整理成功的银行营销案例；

（3）分享营销案例；

（4）小组讨论。

3. 活动评价

针对汇报情况进行打分，其中学生互评分数占比40%，教师评分占比60%。

任务三　企业信贷营销

【学习目标】

知识目标
- 理解企业客户的含义及特征;
- 熟悉企业客户的分类;
- 掌握企业客户的营销流程。

能力目标
- 能够对不同企业客户进行分类营销;
- 能够按照企业营销流程进行客户营销。

职业素养目标
- 培养学生自律自制的个人修养;
- 培养学生踏实严谨的工作作风;
- 培养学生谦虚认真的服务态度。

【知识准备】

企业信贷属于商业银行的公司银行业务之一,即对公业务的一种,包括公司信贷和小微企业贷款。有些银行会根据企业规模的大小将对小微企业贷款专门划到银行的小企业部,归属于普惠金融的范围,如光大银行的公司银行业务包括公司信贷、普惠金融等;中国建设银行的公司银行业务包括公司机构和小微企业。有些银行则将对中小企业的贷款统一归属于公司信贷业务。

一、企业客户的特征

企业客户是指依法设立的在生产、流通、服务等领域中,从事某种相对固定的商品经济活动,通过提供某种满足社会需要的商品或劳务来实现盈利,进行自主经营,实行独立经济核算的经济组织。商业银行的企业客户通常具有以下一些主要特征。

1. 依法成立

企业是依法成立的社会经济组织,得到国家法律的认可和保护。我国的企业法律体系主要由《中华人民共和国公司法》《中华人民共和国全民所有制工业企业法》《中华人民共和国合伙企业法》《中华人民共和国乡镇企业法》《中华人民共和国中外合资经营企业法》《中华人民共和国私营企业暂行条例》等法律法规构成。这些法律法规根据企业的情况,对企业的经济性质、法律地位、设立条件、组织结构、活动要求等分别做出了细致全面的规定。

2. 以营利为目的

企业是从事生产经营活动的经济组织。所谓生产经营活动是指创造社会财富的活动，包括生产、交易、服务等经济活动，但并非所有从事经济活动的经济组织都是企业，如一些公益社团等，它们也从事一些生产活动或其他经济活动，也进行经济核算，然而并不都是以营利为目的，只有以营利为目的而进行生产经营活动的社会经济组织才是企业。

3. 实行独立核算

所谓独立核算是指要单独计算成本和费用，以收抵支，计算盈亏，对经济业务做出全面反映和控制。企业作为独立从事生产经营或服务性经济活动的组织，不仅具备自主经营的权利，还具有自己独立的经济利益。企业之间及企业与其他独立的社会经济组织之间的关系，是平等的、独立的生产经营者之间的商品交换关系，遵循的是等价交换的原则，不受任何一方的限制或管制。企业在成立前，必须筹措到进行经济活动、法律规定的最低数额的资本，如公司的股东可以分别以货币、有形资产或无形资产来组成一个公司的独立财产。

4. 是一种社会经济组织

企业客户是从事商品生产或流通，进行经营和管理，有直接经济利益的组织，这点区别于行政事业组织和其他社会组织。企业客户都有一个组织体，有自己的驻地以及固定的生产经营场所，这是开办企业的必备条件之一；有必要的资金和生产经营必备的设备，这是进行经营所必要的物质基础；有与其经营规模相适应的从业人员和专业人员；有专门的财会人员和健全的财务制度。

二、企业客户的分类

从法律形态划分，企业主要有三种基本的组织形式，即个体企业、合伙制企业和公司制企业。

1. 个体企业

个体企业是由个人出资并直接经营的企业。在个体企业，收入归个人所有，风险由个人承担。个体企业是企业的最初经营形式，主要适用于小型企业。个体企业是数量最多的企业组织。

2. 合伙制企业

合伙制企业是由两个以上的人或业主通过签订合伙协议共同经营的企业。合伙人对企业负债要承担无限责任；企业经营寿命是有限的；企业所有权转移非常困难，不容易筹集大额资本。

3. 公司制企业

公司制企业是依法定程序设立的，以营利为目的的法人组织。公司是企业最重要的组织形式。首先，公司作为一种特殊的企业组织形式，有区别于其他组织形式存在的企业的特征，即公司具有法人地位。其次，公司是以股东投资行为为基础而设立的集合体性质的经济组织。根据股东的财产责任和股份的形式划分，公司可分为有限责任公司、股份有限公司、两合公司、股份两合公司和无限公司。

三、企业客户的营销流程

1. 确定目标客户

商业银行通过分析自己所处的内外部环境，对所面对的市场进行分析，选择符合银行经营目标的细分市场，确定目标客户。对于企业客户，银行可按照企业所处的行业、企业的规模来划分市场。

2. 选择营销方式

银行可以选择柜台营销、客户经理上门营销、网上银行销售，或依托其他载体的销售，包括通过政府机构、专业担保公司、其他中介机构、厂商会、行业协会、台商协会、商业信函、营销推介会、亲戚或朋友、现有客户等来营销。

3. 拜访客户

客户经理在拜访客户前，要收集并熟悉有关客户及其所在行业的基本资料，制订访谈计划，预约拜访时间。在拜访时，要在了解客户的基本情况和需求的基础上，根据实际情况向客户推介适合的信贷产品。

4. 提供方案

营销方案分为对内和对外两种。对内的营销方案主要是为制定营销策略服务，简单而言就是在银行内部对客户进行统一的定位和目标、确定营销手段，主要包括以下内容：方案名称；要达到的目标；目标市场的选择；营销策略的确定；营销手段的选择；实施本营销方案所需经费预算；本营销方案的实施步骤和时间安排；营销方案的实施者及相关责任等。对外的营销方案是正式提供给客户的文本，包括对客户的需求的理解、银行介绍、银行产品介绍等具体内容。

5. 内部业务办理

了解客户的业务需求后，客户经理需要在对客户需求的充分理解和分析后完成银行内部的流程，主要包括撰写信贷业务调查报告，对押品或项目进行评估，将业务提交有权审批部门或机构进行审查、审批。

6. 客户关系维护

客户经理在营销客户成功后，要继续做好客户关系维护工作，加强与客户的联系沟通，收集分析研究客户对银行业务的新的需求，根据客户的要求改进服务内容，进一步巩固与客户的关系。

实训活动

活动：企业客户的营销分析

1. 活动资料

案例3.2

一个信贷员的陌生拜访

"上海和台州的情况不一样，我们得提前了解和熟悉市场。"距离嘉定支行开业还有一个多月，浙江泰隆商业银行上海分行的信贷员周继明已经提前开始客户拜访。个体工商户等"小微"企业占了泰隆银行客户总数的80%以上，他们有怎样的融资需求？他们希望银行对小企业服务有哪些改进？日前，记者跟随泰隆银行信贷员来到嘉定国际五金机电城，一探究竟。

"门开着就得进。"上午9时，结束晨会的周继明和同事驱车来到10多公里外的国际五金机电城。"我们的任务是，开业前期要把这个市场走访两遍，目前第一遍的覆盖率才80%，任务还是比较重的。"嘉定国际五金机电城目前有1600多家个体工商户，9时多，大多数刚开始一天的营业。道路两侧不断有人将店内的货物挪到门外零散摆放。"这就是我们的目标客户群，一个门店夫妻开，一堆货物到处摆。这些人虽然也是老板，但衣着并不光鲜，很难让人将'老板'两个字和他们联系在一起。"周继明说着走进了一家名为"华东劳动车"的小店。轮毂、车轴、车斗，一堆零件散乱地堆放在20多平方米的店内。周继明曲折地绕过货堆，一名满手油污的中年男人正蹲在角落里忙着安装车轮。"您好，老板在吗？""我就是。"中年男人只是抬头看了一眼，显然对身着正装的来客并不在意。周继明刚刚提到自己的身份，报出"家门"。中年男人就抬起黑糊糊的左手摆了两下。"老板，我放张名片在这里，有什么需要可以直接给我打电话。"周继明双手将名片放在了店主面前的车斗上，微笑着转身离开。而记者注意到，周继明一转身，店主就将名片扔进了垃圾堆。

"陌生拜访被冷落甚至拒绝很正常，这样的态度还算是好的。"周继明解释说。作为全国第一家民营银行，泰隆银行从浙江台州起家，进入上海才一年多。时间短、名头小，客户不知道在所难免。这一点对于从泰隆成立就在台州做客户经理的周继明而言，已有心理准备。"台州民营银行发达，又是熟人社会，客户自然会主动上门。上海市场上，全国各地的客户都有，彼此之间不熟悉，客户需求也有一定差异，所以行里在上海采用的是陌生拜访。只要是店门开着，哪怕店再小，店主的脸色再难看，我们也得迈进去。否则怎么了解他们的真实需求呢？"

"跟你说了，不需要。"

"不需要"是记者跟随周继明拜访中听到客户重复率最高的三个字。"银行能贷款给我们？"是记者听到最多的疑问。"银行也要转变观念，越是拒绝的客户越应该重点关注。'拒绝'证明他们目前经营状况良好。"周继明说。泰隆银行从台州起家就专做小客户，贷款几十万元甚至十几万元的客户大有人在，小微客户占比80%以上，但上海市场对泰隆银行的认识还太少。他也承认，门槛依然是消磨中小企业客户融资"勇气"的最大因素。不过，他认为，"银行完全有能力做到更灵活。"他分析说，能够在国际五金机电城正常经营五六年以上的商户，根已经在周边市场扎得很深，身家资产都在这里，子女读书也在周边，不太会出现违约的情况。银行不应该那样死板，真实的工程合同、自有车辆等都是银行可以考虑的融资条件。

直到下午3时，记者随周继明一共拜访了15家客户。记者离开时，周继明和他的团队还在继续一家一家地拜访、递名片、讲解服务项目。

截至2011年6月，上海有1/3的贷款投向了小企业。上海银监局日前也出台了"新政"，将新设网点审批与银行小企业业务相挂钩。银行业有句名言：了解你的客户。这种了解，并不是停留在纸面上的报表和数据，而是存在于活生生的市场现实之中。客户的真实意愿和困境，是无法通过书面的报告表达的，也不是银行通过数据系统能够量化的。银行只有从办公楼里走出来，贴近市场，才能了解到远比数据更可靠的信息。

资料来源：张乐. 一个信贷员的陌生拜访[EB/OL].（2020-09-05）

[2022-07-11]. https://news.sina.com.cn/o/2011-09-05/065523105585.shtml.

2. 活动设计

（1）将学生分成小组，每组5人，针对案例进行讨论；

（2）分析银行的市场定位、目标客户、营销流程和营销方法；

（3）小组讨论，并撰写不少于1000字的案例分析报告。

3. 活动评价

学生提交案例分析报告，进行小组汇报。针对汇报情况及案例分析报告展示情况进行打分。其中，小组互评分数占比40%，教师评分占比60%。

任务四　个人贷款营销

【学习目标】

知识目标

- 理解个人贷款客户的含义及特点；
- 掌握合作单位准入需审查的六项内容；
- 掌握并学会运用个人客户的营销策略。

能力目标

- 能够针对一笔个人贷款业务选择合适的合作单位；
- 能够有针对性地对合作单位运用一定的营销策略进行营销；
- 能够运用营销策略对个人客户进行营销。

职业素养目标

- 培养学生踏实严谨的工作作风；
- 培养学生谦虚认真的服务态度。

【知识准备】

个人贷款客户是指在信贷业务中直接以个人身份出现，在法律关系上以自然人为资格条件，与银行进行业务往来的客户。个人客户是金融市场中的基本单位，所以也被称为金融市场中的"终极客户"。与公司客户相比，个人客户数量庞大，个体差异大，普遍经济规模小，实力相对较弱，在生命的不同阶段具有不同的融资需求。由于个人客户数量庞大，商业银行往往针对不同需求的客户采取不同的渠道进行营销，有些客户主要通过合作单位推荐，如住房贷款客户、汽车贷款客户等；有些客户则通过对客户细分来获得，即深入了解客户的需求，进而向客户推介相关的信贷产品。

一、目标客户定位

对个人贷款客户的准确定位不仅是个人贷款产品营销的需要，也是个人贷款风险控制的需要。个人贷款客户定位主要通过合作单位定位来实现。

（一）个人住房贷款合作单位定位

1. 个人住房贷款合作单位

（1）一手个人住房贷款合作单位。对于一手个人住房贷款，商业银行较主要的合作单位是房地产开发商。目前，商业性个人一手住房贷款中较为普遍的贷款营销方式是银行与房地产开发商合作的方式。这种合作方式是指房地产开发商与贷款银行共同签订商品房销售贷款合作协议，由银行向购买该开发商房屋的购房者提供个人住房贷款，借款人用所购房屋作抵押，在借款人购买的房屋没有办好抵押登记之前，由开发商提供阶段性或全程担保。

（2）二手个人住房贷款合作单位。对于二手个人住房贷款，商业银行最主要的合作单位是房地产经纪公司，两者之间其实是贷款产品的代理人与被代理人的关系。

一般来说，资信度高、规模大的经纪公司具备稳定的二手房成交量，经手的房贷业务量也相应较大，往往能与银行建立起固定的合作关系。一家经纪公司通常是几家银行二手房贷款业务的代理人，银行也会寻找多家经纪公司作为长期合作伙伴。当一笔房产交易进入贷款环节时，经纪公司会提供几个候选银行名单供购房者选择，待其选定后，由业务员直接将交易房源信息、借款人证件等资料送交给银行业务部门相关人员审核，审核通过后，银行放贷和他项权证转移同步进行。在这一过程中，经纪公司起到阶段性担保的作用，确保整个房产权利和钱款交易转移的安全性。

2. 个人住房贷款合作单位准入

银行在挑选房地产开发商和房地产经纪公司作为个人住房贷款合作单位时，必须要对其合法性以及其他资质进行严格的审查，银行经内部审核批准后，方可与其建立合作关系。审查内容主要包括以下几项。

（1）经国家工商行政管理机关核发的企业法人营业执照；

（2）税务登记证明；

（3）会计报表；

（4）企业资信等级；

（5）开发商的债权债务和为其他债权人提供担保的情况；

（6）企业法人代表的个人信用程度和领导班子的决策能力。

（二）其他个人贷款合作单位定位

1. 其他个人贷款合作单位

除住房贷款之外，其他个人贷款产品大都与消费息息相关。因此，在消费场所开展营销，有利于获得客户，效率较高。在这方面银行的典型做法是与经销商合作，与其签署合作协议，由其提供客户信息或推荐客户，如银行与汽车经销商、电子城的合作。一方面银行与合作伙伴保持密切联系，一旦有信贷需求，银行人员即提供上门服务；另一方面银行与合作伙伴进行网络连接，经销商的工作人员可将客户的信息直接输入电脑，银行人员在线进行客户初评，还可进一步对客户提供在线服务。这一合作方式能够有效加强沟通、提高效率，可在合作密切、业务量大的合作方之间采用。由于客户在购买大宗商品，如汽车、家用电器时，越来越倾向于分期付款，经销商对个人贷款的依赖性日益加强，这种营销渠道日益为银行所重视。

2. 其他个人贷款合作单位准入

银行在挑选经销商作为合作单位时，必须对其进行严格的审查，通常要对经销商的资质进行调查，包括法人资格、注册资金情况、营业执照、经营状况、管理水平、资产负债率，以及近几年在银行有无违约等不良记录，有无重大诉讼案例等。只有经银行内部审核批准合格的经销商，方可与其建立合作关系。

二、营销渠道选择

营销渠道是指提供金融服务和方便客户使用金融服务的各种手段，即金融产品和服务从银行等金融机构流转到客户手中所经过的流通途径。由于分类的标准不同，各行对于个人贷款营销渠道都有不同的分类。例如，交通银行按照营销渠道与银行的隶属关系，将个人贷款营销渠道分为内部营销、外部营销和交叉营销；按照客户集中程度，将个人贷款营销渠道分为定向营销、现场营销、高位营销和媒体营销。定向营销又可分为电话、短信、直邮、网银、自助银行、网点机构等营销方式。现场营销是指银行营销人员到产品推介会、房展会、车展会、售楼经销商、汽车经销商、CBD 商圈和大市场商圈等现场展开营销的方式。高位营销的重点对象是公司总部、分公司、政府背景机构、经销商等。媒体营销则是指银行借助户外广告、平面媒体、电视、电台、网络等媒介开展营销的方式。从目前情况看，银行较常见的个人贷款营销渠道主要有合作机构营销、网点机构营销、互联网金融营销和大数据营销。

1. 合作机构营销

迄今为止，合作机构营销仍然是银行个人贷款产品最重要的营销渠道。对于一手个人住房贷款而言，较为普遍的贷款营销方式是银行与房地产开发商合作的方式。银行要根据开发商的资质及经营情况、开发的项目情况等方面，对开发商进行筛选，然后有针对性地进行营销。对于二手个人住房贷款而言，要选择资质和信用好的房地产经纪公司进行合作。对于其他消费类个人贷款，要充分了解消费场景，可以在消费场所开展营销。合作机构营销的关键在于选择资质好、信用好、经营实力强的合作伙伴。

2. 网点机构营销

网点机构是金融机构面向客户销售产品的场所，既是金融机构展示品牌形象的载体，也是其主要的营销渠道。

根据对客户定位的不同，网点机构的划分也不同，既包括为公司和个人提供各种产品和全面服务的全方位的网点，也包括有自己细分市场的专业性网点，以及为高端客户提供金融定制服务的高端化网点。网点机构是直接营销客户，是受理客户需求的主渠道。有些个人贷款客户希望能够自主选择贷款银行，如住房贷款客户，因为能直接接触银行，在贷款买房时可以享受一次性付款的优惠，主要包括房价折扣，保险、律师与公证的"一站式"服务，各类费用减免优惠，担保方式更灵活，就近选择办理网点，不受地理区域限制等。

网点机构营销是银行等金融机构展示品牌形象的窗口，是其提升个人贷款业务竞争力的重要手段。银行可以通过摆放宣传资料、播放电视宣传片等方式进行宣传。网点机构的大堂经理和客户经理可以直接回答客户的问题，受理客户的贷款申请。

3. 互联网金融营销

金融超市、网上银行、电话银行、手机银行、自助银行、网上货币、网上支付、网上清算等新的金融方式改变了传统的金融方式和理念，互联网金融营销的地位越来越不容忽视。很多有贷款需求的客户不再像过去直接到网点咨询，而是通过互联网获得有关信贷产品的信息，从而确定贷款需求及选择贷款渠道。

对于个人贷款营销而言，各银行可以通过以下方式来优化客户的体验，达到营销客户的目的。一是建立形象统一、功能齐全的银行网站；利用搜索引擎扩大网站的知名度；利用网络广告开展银行形象、产品和服务的宣传；利用信息发布和信息收集手段增强竞争优势；利用交互链接和广告互换增加银行网站的访问量；利用电子邮件推广实施主动营销和客户关系管理。

4. 大数据营销

大数据营销在个人贷款客户营销方面的应用越来越多。在大数据时代，静态和过去式的市场分析已经不能满足银行的定位需求，及时了解市场的变化情况和客户行为的迁徙情况，并及时对本银行的金融服务产品进行针对性的调整，以此来保持用户的服务黏性才能适应金融互联网化的发展趋势。大数据营销要求各银行综合利用现有的网络化业务渠道和其他互联网公司的优势平台服务，进行金融产品和一线的消费行为的具体结合，然后有针对性地进行营销。

实训活动

活动：个人住房贷款的合作单位营销

1. 模拟情境

小李作为银行新入职的个贷中心客户经理，首先要进行市场开发，寻找目标客户。银行个贷业务中房贷比重最大，小李也决定从房贷客户入手。

小李就职的银行位于沈阳市铁西区北二马路，附近住宅小区众多，既有上市公司开发商保利等开发的住宅，也有当地的开发商鑫丰地产和新湖地产开发的众多小区，还有众多的房地产中介，如何选择合适的开发商和二手房中介来进行合作是小李首要的工作。选择好目标合作单位后，小李开始展开对合作单位的调查，调查主要从开发商及中介的资质、项目的规模、开发商的实力等方面展开。最后小李确定了合作单位后，开始与合作单位联系签订合作协议。

假设你是小李，该如何进行房贷合作单位的开发？

2. 活动设计

（1）将学生分成4～5人一组，每组学生确定营销的区域，在区域内进行合作单位营销。

（2）撰写实训报告，详述寻找合作单位、对合作单位进行调查、对合作单位进行营销和与合作单位签约的过程。实训报告不少于500字，并制作PPT进行展示。

3. 活动评价

教师对学生的实训过程及实训报告进行评价。对实训过程的评分占比总成绩的30%，对实训报告的评分占比总成绩的30%，对实训汇报的评分占比40%。

思政案例

信贷人员必备职业素养：主动热情

案例3.3

中行郑州金水支行向优质服务要效益

"走出办公室，我就是一个跑街的。"初见武侃侃，这个"80后"的中行郑州金水支行下辖的经济技术开发区支行的行长向记者如是介绍。郑州经济技术开发区是河南省首个国家级经济技术开发区，在这块150多平方公里的土地上分布着10多家银行机构，中行经济开发区支行并不起眼，可就是这个小支行却是中行河南省系统的一个标杆机构：2014年全省441家单位考核排名第7名；2015年一季度，更是跃居全省中行系统首位。

小支行牵手大企业。河南省水利第二工程局是经开区支行服务的企业之一。该行为企业授信2亿元，开具无固定期限的保函，支持企业完成"南水北调"工程中的部分工段任务。说起"与大企业牵手"，武侃侃告诉记者8年前发生的故事。当时，武侃侃还是经开支行的普通柜员，他像以往一样热情地接待了两名"普通"客户，并且不厌其烦地回答客户的一些琐碎的问题。经过一番"折腾"，客户最后说要见见行长，并告诉武侃侃他们的真实身份：河南省水利第二工程局的财务部门负责人，该局准备从信阳迁至郑州经开区，这次，他们的"暗访"就是想找一个合作银行，经过10多家机构的比较，最终选择了中行郑州经开区支行。从此，银企紧握的双手就再也没有松开过。

小支行担当大责任。从2009年起，经开区支行承担起经开区内近万个村民保障金发放的工作。在人手紧张的情况下，该行指派专员为上门不便的老人到家到户进行社保卡的激活和用卡指导。双汇郑州分公司落户经开区之后，该公司每年工人的变更新增数量接近3000人，经开区支行积极对接，为公司代发工人工资，并在厂区内布放两台自助设备，让公司员工享受到了便捷的金融服务。

小支行洋溢着"家"文化。武侃侃是行伍出身，管理19人的团队，更像是一个"家长"。由于从事过柜员、理财经理、信贷经理等多个岗位，武侃侃深知每个岗位的业务特点，让每个行员都能在合适的岗位上实现自身的价值，使得团队保持良好的向心力和战斗力。经开区支行的大厅引导员是两位50岁左右的女行员，年龄虽然偏大，但是特别有亲和力和耐心，总是能让顾客有"宾至如归"的感觉，一些周边的商户私下里说他们就是奔着这两个"60后"的阿姨来的。

资料来源：叶松.中行郑州金水支行向优质服务要效益[EB/OL].（2015-03-24）[2022-07-11].
https://www.financialnews.com.cn/qy/qyjj/201503/t20150324_73119.html.

从案例3.3可以看出，信贷人员，尤其是信贷业务部门的人员必须树立为客户提供优质服务的意识。商业银行属于服务业，信贷人员就是以顾客为中心，为客户服务的人员。因而，信贷人员只有为顾客提供主动、热情、耐心、周到的服务，才能收获对银行忠诚的客户，让客户有如案例中所说的"宾至如归"的感觉。

信贷人员真诚为客户服务要做到以下几点。一是一视同仁。无论是大客户还是小客户，无论地位高低，信贷人员都要一视同仁，态度热情，服务周到。二是以诚相待。信贷人员要以诚信的形象、诚挚的态度对待每一位客户，才能获得客户的信任。三是深入了解客户。了解客户需求，才能更好地为客户服务，才能更好地和客户沟通。

知识点考核

一、单选题

1.（　　）是影响银行市场营销活动的内外部因素。

A. 区域环境　　　　　　　　　　B. 国家政策

C. 银行规章制度　　　　　　　　D. 市场环境

2. 银行选择与竞争对手重合的市场位置，争取同样的目标顾客，属于（　　）。

A. 领导型策略　　　　　　　　　B. 竞争型策略

C. 补缺型策略　　　　　　　　　D. 跟进型策略

3. 银行选择某个市场"空档"，发展区别于目前市场上的特色产品或服务，属于（　　）。

A. 领导型策略　　　　　　　　　B. 竞争型策略

C. 补缺型策略　　　　　　　　　D. 跟进型策略

4. 信贷产品可以通过在现有产品基础上改进形成（　　）。

A. 创新产品　　　　　　　　　　B. 全新产品

C. 改进型产品　　　　　　　　　D. 补缺产品

5. 下列选项中属于波特五力模型的是（　　）。

A. 经济周期　　　　　　　　　　B. 行业进入壁垒

C. 行业不良贷款变化率　　　　　D. 行业不良率

6. 银行产品营销的重点是（　　　）。

A. 价格低　　　　B. 服务好　　　　C. 广告投入　　　　D. 产品创新

7. （　　　）被称为金融市场中的"终极客户"。

A. 公司客户　　　　B. 机构客户　　　　C. 个人客户　　　　D. 企业客户

8. 下列属于银行企业客户的有（　　　）。

A. 非营利组织　　　　B. 股份公司　　　　C. 私企老板　　　　D. 未注册成立的食品厂

9. （　　　）是数量最多的企业组织。

A. 公司　　　　　　　B. 合伙企业　　　　C. 个体企业　　　　D. 集体企业

10. 公司是依法定程序设立的，以营利为目的的（　　　）组织。

A. 集体　　　　　　　B. 法人　　　　　C. 法律　　　　　　D. 经济

11. 对于一手个人住房贷款，商业银行较主要的合作单位是（　　　）。

A. 房地产公司　　　　　　　　　　B. 房地产中介

C. 房地产营销公司　　　　　　　　D. 房地产开发商

12. 对于二手房贷款，商业银行较主要的合作单位是（　　　）。

A. 房地产公司　　　　　　　　　　B. 房地产中介

C. 房地产营销公司　　　　　　　　D. 房地产开发商

13. （　　　）的选择实际上是一个市场定位问题。

A. 目标客户　　　　B. 市场细分　　　　C. 品牌战略　　　　D. 售后服务

二、多选题

1. 银行的外部环境包括（　　　）。

A. 国家或地区的政治环境　　　　　　B. 经济环境

C. 社会环境　　　　　　　　　　　　D. 竞争对手的战略

E. 银行的战略

2. 下列可作为细分个人贷款市场依据的是（　　　）。

A. 客户对银行的贡献度

B. 客户的生命周期

C. 客户的需求

B. 客户所在的区域

E. 客户的收入水平

3. 下列可作为细分公司信贷市场依据的是（　　　）。

A. 区域　　　　　　B. 行业　　　　　C. 规模

D. 所有制　　　　　E. 产业

4. 波特认为，决定整个市场或其中任何一个细分市场的长期的内在吸引力的5种力量是（　　　）。

A. 同行业竞争者

B. 潜在的新加入的竞争者

C. 替代产品　　　　D. 购买者　　　　　E. 供应商

5. 银行市场定位应当遵循（　　　）的原则。

A. 围绕目标　　　　B. 领先市场　　　　C. 发挥优势

D. 突出特色　　　　E. 确定目标

6. 下列对信贷产品的定义的理解正确的是（　　　）

A. 信贷产品是分工协作的过程

B. 信贷产品是标准化的产品

C. 信贷产品是规范化产品

D. 信贷产品是对症下药的产品

E. 信贷产品是市场开拓的过程

7. 银行市场细分的作用包括（　　　）。

A. 有利于选择目标市场和制定营销策略

B. 有利于全面提高银行经营效益

C. 有利于集中人力、物力投入目标市场，提高银行的经济效益

D. 有利于发掘市场机会、开拓新市场，更好地满足不同客户对金融产品的需求

E. 有利于战胜竞争对手

8. 下列情况下，意味着行业现有企业之间竞争加剧的有（　　　）。

A. 行业进入障碍较高

B. 市场趋于成熟，产品需求增长缓慢

C. 竞争者企图采用降价等手段促销

D. 行业退出障碍较低

E. 行业内企业规模较大

9. 品牌营销策略要求有（　　　）。

A. 培养客户品牌忠诚　　　　　　　B. 明确品牌定位

C. 营销围绕品牌价值　　　　　　　D. 建立品牌管理体系

E. 细分市场

10. 下列属于企业客户特征的是（　　　）

A. 依法成立　　　　　　　　　　　B. 不以营利为目的

C. 实行独立核算　　　　　　　　　D. 是一种社会经济组织

E. 以营利为目的

11. 企业的主要组织形式包括（　　　）。

A. 公司　　　　　　B. 个体企业　　　　　　　C. 合伙企业

D. 股份公司　　　　E. 事业单位

12. 公司信贷客户营销的方式包括（　　　）。

A. 柜台营销　　　　B. 客户经理上门营销　　　　C. 网上银行销售

D. 客户推介　　　　E. 直接营销

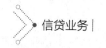

13. 对合作单位审查的内容主要包括（　　）。

A. 合作单位的经营情况和财务情况

B. 合作单位的资质

C. 合作单位的项目开发和销售情况

D. 合作单位的经营管理情况

E. 合作单位的合作意愿

三、判断题

1. 一个具有适度规模和良好潜力的细分市场，如果存在壁垒很高、竞争者很容易进入等问题，它对银行的吸引力也会大打折扣。　　　　　　　　　　　　（　　）

2. 信贷产品包含了风险管控原则、定价原则、岗位职责、审批程序等内容。信贷产品的原则、程序可以针对信贷产品来选择。　　　　　　　　　　　　（　　）

3. 银行的产品营销是提供适合目标客户的规范化的服务和产品。　　　（　　）

4. 商业银行不需要营销，只要做好自己的业务就可以。　　　　　　　（　　）

5. 客户是银行营销的中心，客户需求是银行开展营销活动的根本出发点。（　　）

6. 合伙企业的所有权转移非常困难，不容易筹集大额资本。　　　　　（　　）

7. 借款人用所购房屋作抵押，在借款人购买的房屋没有办好抵押登记之前，由开发商提供阶段性或全程担保。　　　　　　　　　　　　　　　　　　　（　　）

四、名词解释

1. 市场细分

2. 目标市场

3. 合作单位营销

五、简答题

1. 银行运用的营销策略主要包括哪些内容？

2. 如何对企业客户进行营销？

项目四
信贷业务的受理

【情境导入】

　　小王刚刚晋升为客户经理，开始负责为客户办理信贷业务。信贷业务的办理是客户经理的重要工作。受理客户的信贷业务申请，是银行开始办理信贷业务的第一步。不论是受理企业客户的申请还是受理自然人客户的申请，都要经历客户申请、资格审查、客户提交材料、资料初审等操作环节。

　　客户在向银行申请借款时，首先会向银行进行贷前咨询，如自然人想申请消费贷款、企业想满足流动资金周转或固定资产投资的需求。小王在办理信贷业务受理的过程中认识到，一定要能够根据客户的实际需求和银行的实际情况给客户确定合理的信贷业

务产品。首先客户经理要了解客户的融资需求，判断客户真实的借款用途。每一种贷款产品对借款人的资格都有一些具体的要求，客户经理在接受信贷申请的时候，一定要判断客户是否符合本行对借款人的资格要求。客户在进行贷款申请的时候需要填写借款申请表，并提供相应的借款申请资料。因为接触的客户形形色色，客户经理一定要指导客户进行借款申请表的填写，并从中获取客户真实的信息，指导并帮助客户准备贷款申请材料。在这一工作阶段，小王要从以下几个方面进行准备：

- 为客户提供贷款咨询，贷前咨询都包括哪些内容？
- 如何受理客户的申请及对客户的资料进行初审？
- 如何正确填写借款申请书？
- 如何正确运用信贷管理软件进行客户信息的录入？

【知识导航】

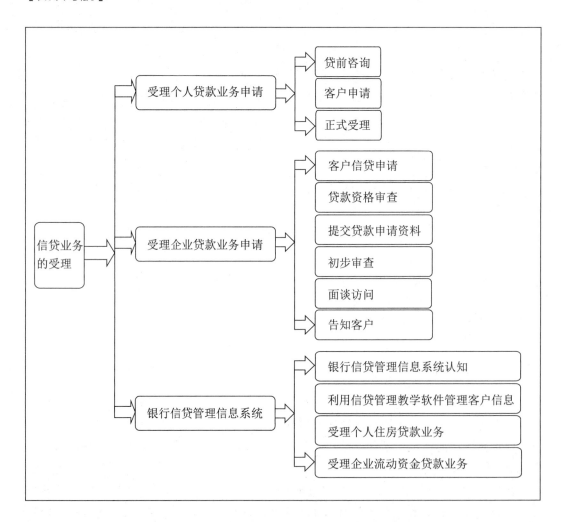

任务一　受理个人贷款业务申请

【学习目标】

知识目标
- 掌握贷前咨询的主要内容；
- 掌握个人贷款受理环节的主要操作流程。

能力目标
- 能够为不同需求的个人贷款客户提供咨询；
- 能够判断借款申请人是否具备借款资格；
- 能够根据借款人的融资需求为客户准备材料清单；
- 能够对客户提供的资料进行初审。

职业素养目标
- 培养学生勇于负责的责任意识；
- 培养学生以客户为重、努力为客户提供优质服务的工作意识。

【知识准备】

个人贷款业务的受理工作主要由银行个贷业务部门或客户营销部门负责。银行受理个人贷款业务一般经过以下几个阶段：首先客户有融资需求，会通过不同的渠道进行贷前咨询，提出信贷申请；然后，客户经理对客户进行贷款资格审查，要求被审查客户填写《信贷业务申请书》，并要求其按《信贷业务申请材料清单》提供申请材料；最后，客户经理对申请材料的完整性、合法性、规范性、真实性和有效性进行初步审查。

一、贷前咨询

银行通过现场咨询、网上银行、业务宣传手册等途径介绍银行信贷品种、申请人的条件要求、申请人需提供的材料、贷款程序、贷款利率和还款方式等主要条款及其他相关事宜。

二、客户申请

信贷业务申请需要客户以书面形式或其他有效方式由借款申请人向商业银行的客户部门提出。这一环节可以是客户主动到商业银行申请信贷业务，也可以是商业银行主动向客户营销信贷业务，请客户向商业银行提出信贷申请。有些风险低的信

贷业务客户可以直接通过网上银行或银行的App提出在线申请。贷款申请的内容包括客户的基本情况，还包括申请的信贷品种、金额、期限、用途、担保方式、还款来源及方式等。

客户提出申请后，客户经理要及时与客户进行沟通，认真了解客户的需求情况、贷款用途，同时要向客户介绍本银行有关的信贷产品、信贷规定，具体包括银行对借款人的资格要求，信贷业务的利率、费率、期限、用途、优惠条件及客户的违约处理等。

1. 申请贷款的个人客户应具备的基本条件

（1）具有合法的身份证明或本地有效居住证明；

（2）具有完全民事行为能力；

（3）有稳定、合法的收入来源或资产，有按期偿还贷款本息的能力；

（4）遵纪守法，品德优良，个人资信状况良好，没有不良信用记录；

（5）能够提供银行认可的担保或具备银行认可的信用资格。

2. 银行不接受贷款申请的条件

（1）在信用数据库内有不良信用记录或有恶意拖欠贷款行为，而被列入"黑名单"的；

（2）故意骗取、套取贷款的；

（3）有严重违法或危害银行信贷资金安全行为的。

经办人员应针对不同性质的个人客户（优质客户和普通客户、初次申请的新客户和已与本银行有过信贷业务往来的老客户），采取不同的资格审查方法。

经资格审查合格的，经办人员应向客户介绍银行信贷条件和有关规定，协商具体信贷业务事宜。对不符合规定的，应婉言拒绝其申请并做出解释。表4.1是沈阳某银行对个人贷款申请者的受理条件。

表4.1 沈阳某银行对个人贷款申请者的受理条件

年龄	20～60周岁
对象	工薪族、公务员、个体户和小企业主
贷款期限	1～24个月
信用状况	近5年内30天以内逾期10次以下，无60天、90天以上逾期。其他银行贷款逾期不超过两次
贷款用途	（1）贷款用途要明确，装修贷款要有房产 （2）汽车贷款要说明购买汽车用途 （3）其他用途也要贴近消费 （4）用于资金周转的客户（正规公司有实际经营要说明资金的去向）
负债情况	每月偿还贷款要在月收入的70%以下，申请人收入要在2000元以上，每月剩余可支配收入不能低于1000元

贷款所需资料	（1）贷款10 000元以下：身份证、银行卡、医保卡（有保险的情况）、信用报告、近6个月工资流水 （2）贷款10 000元以上必须资料：身份证、户口本、信用报告、房产证、银行卡、个人银行流水（近6个月）、结婚证或单身证明材料 （3）根据实际情况需要客户提供的资料： 工薪族需要提供工作证明（能查询到保险者不需要提供）、房产证（自己没有房产证，提供亲属的） 个体或小企业主需要提供营业执照（正副本）、税务登记证（国税、地税）、近半年税票、对公流水、房屋或土地租赁协议、购销合同等
贷款金额	2000～100 000元
担保人的提供	根据申请人的实际条件酌情考虑担保人提供的资料（身份证、信用报告、流水）
外访情况	（1）10 000元以下的，无须外访 （2）10 000～20 000元的，酌情考虑是否外访 （3）20 000元以上的全部外访
户口及工作地址	在沈阳居住并在沈阳工作
工作年限	工薪族：现工作6个月以上，在沈阳累计工作1年以上 个体或小企业主：实际经营两年以上 其他工作酌情处理
不受理客户明细	（1）军人、地摊商贩、农民工、娱乐场所工作人员 （2）逾期10次以上的 （3）年龄20周岁以下、60周岁以上的 （4）用于还信用卡或贷款的

三、正式受理

1. 提交材料

对符合资格要求的客户，受理人员邀请客户填写《××银行信贷业务申请书》，并提供给客户《××银行信贷业务申请材料清单》，要求客户提供的材料在《××银行信贷业务申请材料清单》（见表4.2）相关栏内清晰标示，如打"√"，一般具体包括以下几个材料：

（1）所申请贷款的借款申请书；

（2）申请人的身份证明材料，包括有效身份证件、户口簿、居住证明等。有配偶的，应同时要求申请人提交婚姻状况证明、配偶的身份证明材料；

（3）申请人的工作单位及收入证明材料，应结合当地情况，取得能反映申请人实际还款能力的凭据，如政府机关、事业单位、知名企业等人事制度管理规范，又如单位开具的个人工资收入证明、个人所得税完税凭证、缴有公积金证明，再如个体业主的营业执照及纳税凭证；

（4）所申请的贷款要求提供担保的，还应提交担保材料；

（5）银行要求提供的其他材料。

表4.2 XX银行个人信贷业务申请提交材料清单

序号	是否需要	材料清单目录	是否提交	序号	是否需要	材料清单目录	是否提交
		基本材料				**担保材料**	
		1. 一般客户需提供材料				□抵押物或质押权利权属证明文件原件	
		□有效的身份证件原件（如需要还包括配偶的）				□抵押物共有人同意抵押的书面声明原件	
		□户口簿或有效的居留证件复印件				□保证意向书	
		□婚姻状况证明材料复印件					
		□借款人经济收入或偿债能力证明原件（包括配偶的）					
		□学历证明、专业技术职称证书复印件					
		□工作证复印件					
		2. 一般商业性助学贷款					
		□借款人与学生的关系证明					
		□学生有关证明材料					
		3. 国家助学贷款					
		□学生证复印件					
		□两名见证人的身份证、学生证或工作证的复印件					
		□借款人所在学校出具的学生鉴定材料原件					
		4. 个人助业贷款					
		□营业执照、经营许可证复印件					
		□共同经营人的有效身份证明复印件					
		□经营纳税证明复印件					
		5. 个人汽车贷款					
		□购车首期付款证明复印件（首付款收款收据及银行交款凭证）					
		□商用车除自用车档案材料之外还需 （1）经营权证复印件 （2）营运挂靠协议、承包合同复印件					

2. 申请资料初审

经办人员收到客户申请材料后，应按清单所列内容清点材料是否齐全，对材料的完整性、规范性和真实性进行初步审查，具体审查要求包括以下几项：

（1）提交的材料是否齐全，要素是否符合银行的要求；

（2）客户及保证人、出质人、抵押人的身份证件是否真实、有效；

（3）担保材料是否符合银行的有关规定；

（4）客户提供的指定放款账户是否为本银行开立的账户。

所有材料均需由经办人员负责验证材料的原件，并确保所有复印件与原件一致。对于客户提交的材料存在不完整或不符合规范的，应要求其及时补齐材料或重新提供材料。

实训活动

活动一：完成贷前咨询工作

1. 模拟情境

张颖，未婚，博士毕业，在外企工作5年，月收入2万余元，2020年11月3日向上海浦发银行申请10年期个人住房贷款40万元，并签订借款合同，合同约定执行利率市场LPR利率4.65%，还款日为每月20日，并以其房产（价值60万元）做抵押，还款方式为分期等额还款。

2. 活动设计

将学生分为3人一组进行角色扮演，1人扮演客户经理小王，1人扮演张颖，一人扮演记录员，针对给定的活动情境，客户经理小王为张颖提供贷前咨询，纪录员撰写咨询记录。

3. 活动评价

根据学生撰写的贷前咨询记录和模拟演示情况进行打分。对模拟演示情况的评分占比50%，对贷前咨询记录的评分占比50%。

活动二：对借款申请人提交的资料进行初审

1. 模拟情境

张颖提交的申请资料包括以下几项：

（1）张颖本人的居民身份证件、户口本原件及复印件；

（2）张颖的工资收入证明；

（3）与阳光地产签订的购房合同原件；

（4）首付款收据；

（5）个人信用信息查询授权书。

客户经理小王对客户张颖提供的材料进行初审。

2. 活动设计

（1）将全班学生分组，2人一组，分别扮演客户经理小王和客户张颖；

（2）客户经理小王对客户提交的资料进行完整性审查，对照客户应提交的资料清单，找出客户需要补充的资料；

（3）对客户提交资料的合规性和有效性的审查，对于不合规的资料说明理由；

（4）每组撰写实训报告。

3. 活动评价

由教师对学生的实训活动及实训报告做出评价，对实训活动过程的评分占比50%，对实训报告的评分占比50%。

任务二　受理企业贷款业务申请

【学习目标】

知识目标

- 掌握企业贷款受理环节的主要操作流程；
- 熟悉企业借款人具备的贷款资格条件；
- 熟悉企业借款人申请借款需要提交的基本材料。

能力目标

- 能够为不同需求的企业贷款客户提供咨询；
- 能够判断借款申请人是否具备借款资格；
- 能够根据借款人的融资需求为客户准备材料清单；
- 能够对客户提供的资料进行初审。

职业素养目标

- 培养学生踏实严谨的工作态度；
- 培养学生热情为客户服务的工作意识；
- 培养学生严格约束自己、拒绝诱惑的自律精神。

【知识准备】

　　企业贷款业务的受理工作主要由银行的公司信贷业务部门负责。与自然人客户相同，银行受理企业贷款业务一般会经历客户申请——资格审查——客户提交材料——初步审查等操作环节。需要关注的是，在受理企业客户贷款申请之初，银行受理人员就要认真地甄别客户的借款意图，是满足流动资金周转，还是进行固定资产投资，抑或是贸易融资需求。只有真正了解了客户的资金用途，才能有针对性地向客户提供合适的信贷产品。

一、客户信贷申请

　　企业客户通常包括银行经常合作的老客户和通过营销获得或者主动上门的新客户。当客户有融资需求时，通常向客户经理咨询其所能够提供的满足其融资需求的信贷产品的情况，确定贷款后以书面形式或其他有效方式向商业银行等金融机构的公司业务部或小企业部提出信贷业务申请。

二、贷款资格审查

1. 企业借款人的基本条件

（1）从事的生产经营活动合法合规，符合国家产业发展政策和社会发展规划要求。

（2）企业法人依法办理工商登记，已经取得营业执照并连续办理了营业执照年检手续；特殊行业须持有权机关颁发的营业或经营许可证。

（3）借款人具有合法稳定的收入或补贴来源，具备按期还本付息的能力；已发放的贷款的到期本息均如数清偿，没有清偿的，已做出银行认可的还款计划。

（4）已在贷款行开立基本账户或一般账户（业务品种另有规定的除外）。

（5）按照中国人民银行的有关规定，应持有贷款卡的，必须持有中国人民银行核准并经过年检的贷款卡，以及技术监督部门颁发的组织机构代码证。

（6）借款人的财务和资信状况以及经营管理情况符合银行要求。

（7）借款人能如实提供银行所要求的资料，自愿接受银行信贷监督、财务监督和结算监督，能落实有关贷款条件，按借款合同约定的用途和进度使用贷款，并按期足额还本付息。

2. 限制性条件

借款人有下列情况之一的，商业银行不接受其贷款申请。

（1）企业连续三年亏损，或连续三年经营现金净流量为负。

（2）提供虚假或隐瞒重要事实的财务报表。

（3）违反国家相关规定贷款的。

（4）未按国家规定取得项目批准文件、环保批准文件、土地批准文件或其他按国家规定需具备的批准文件的。

（5）在进行承包、租赁、联营、合并（兼并）、合作、分立、产权有偿转让、股份制改造等体制变更过程中，未清偿、落实原有债务或未对其清偿债务提供足额担保的。

（6）有严重违法或危害信贷资金安全行为的，被列入银行不良信用记录"黑名单"的。

三、提交贷款申请材料

对通过资格审查的客户，银行受理人员向其发送《信贷业务申请书》（见表4.3）和《信贷业务申请材料清单》（见表4.4），要求客户提供所需材料。

表4.3　XX银行信贷业务申请书

编号（　　年）第　　号

客户全称				组织机构代码	
贷款证（卡）号		基本账户开户行		账号	
所有制性质		注册时间		注册资本	
法定代表人		电话		国籍	
授权代理人		电话		国籍	
财务主管		电话		传真	
经营范围					
主导产品					
总资产		净资产		是否上市公司	
申请信贷业务品种					
申请金额（币种、大写）		申请期限		年（月）	
申请原因及用途					
担保方式	□第三方保证　保证人： □抵押　抵押物： □质押　质物/权利凭证 □保证金（保证金比例　　）				
还款资金来源					

客户声明：

我公司特向贵行提出申请，并保证按照贵行的要求提供有关资料，根据合同的约定履行我方义务。

申请人：（公章）

法定代表人（授权代理人）：

年　月　日

表4.4　某银行的信贷业务资料清单

资料分类	序号	名称	资料说明（全部提供资料复印件加盖借款企业公章）
基本资料	1	企业法人营业执照	正、副本（已年检）
	2	企业法人代码证书	正、副本（已年检）
	3	企业税务登记证	正、副本
	4	银行开户许可证	基本户
	5	法定代表人身份证明书	载明姓名、性别、身份证号、现任职务、是否为企业法定代表人
	6	贷款卡	登记证、卡片正背面复印件
	7	会计师事务所出具的验资报告	
	8	企业章程	
	9	企业投资批准证书、备案登记表	外资企业
	10	全体董事会或股东会成员身份证	正、背面复印件
企业经营情况	1	企业简介（企业发展史介绍）	载明经营范围、现状、历史沿革、管理特色、拥有固定资产、技术水平、生产能力、工艺流程、产品特性、市场定位、销售网络、经营周期、主要产品近三年的销售情况等
	2	法定代表人及全体股东个人简历	载明姓名、性别、籍贯、身份证号、现住址、手机号码、家庭电话、办公电话、现任职务、最高学历毕业学校、所学专业、有无职称、工作经历（在什么单位、任何职务、负责什么工作）
	3	财务报表	近3年审计报告、最近一期的企业财报，及最近一期报表的资产负债表的科目明细
	4	企业与银行的往来记录	上年末及近3个月主要银行对账单、个人存折流水
	5	企业近期购销合同	主要上下游企业合同（近3个月或全年中较大额的）
	6	企业原材料采购凭证及汇总	近3个月收货单、提货单、发票等
	7	企业产品销售凭证及汇总	近3个月出仓单、发货单、发票等
	8	企业增值税、所得税纳税申报表	最近两年
其他资料	1	缴存水、电费的单据	近3个月
	2	近1个月企业员工工资表	
	3	生产产品工艺流程	产品种类简单介绍及工艺流程
	4	企业重大变更情况	包括增资，换法人、股东，合并，分立等情况
	5	行业证件	如企业产品生产、经营许可证，卫生许可证，进出口经营许可证，排污许可证等
	6	抵、质押物资料	房地产权证、国有土地使用证、设备发票、定期存单或存折
	7	股东个人名下资产情况	包括房产、车辆、存折、债券、股票等复印件

（续表）

资料分类	序号	名称	资料说明（全部提供资料复印件加盖借款企业公章）
其他资料	8	企业厂房租赁合同、支付租金的凭证	如土地、厂房为租赁的
	9	其他	如提供担保公司，资料等同于借款人资料

企业客户需要提供的资料主要包括以下几项。

（1）企业单位法人营业执照（副本及复印件）、税务部门年检合格的税务登记证明、法定代表人或负责人身份有效证明；信贷业务由授权委托人办理的，需提供法定代表人授权委托书（原件）。

（2）有权部门批准的企业章程或合资、合作的合同或协议，以及验资证明。

（3）中国人民银行颁发的贷款卡（原件及复印件）。

（4）技术监督部门颁发的组织机构代码证（副本及复印件）。

（5）实行公司制的企业法人办理信贷业务需要提供公司章程；公司章程对法定代表人办理信贷业务有限制的，需提供董事会同意的决议或授权书。

（6）特殊行业的企业还须提供有权批准部门颁发的特殊行业生产经营许可证或企业资质等级证书。

（7）近三年财务报告和审计报告及近期财务报表。成立不足三年的企业，提交自成立以来的年度及近期报表；新设法人主要股东如有三个年度财务报告和审计报告，则需提供相关材料，另外还有新设法人的验资证明等。

（8）根据信贷业务品种和信用方式需要提供的其他材料。如担保贷款需要提供相应的担保材料，包括抵押物权属证明、同意抵押证明、抵押物评估报告等。

需要注意的是与银行有过信贷往来的客户，如客户基本材料中的部分材料无变更的，可不要求客户重复提供。

四、初步审查

客户经理收到客户的申请材料后，按《信贷业务申请材料清单》清点材料是否齐全，对材料的完整性、合法性、规范性、真实性和有效性进行初步审查。

完整性审查是指根据银行提供的《信贷业务申请资料清单》审查客户资料是否齐全；合法性审查是指审查材料是否符合法律法规要求；规范性审查是指审查客户提供的资料是否为符合要求的规范资料；真实性审查是指分析判断客户财务报表、买卖合同、银行流水等资料是否与客户实际情况相符；有效性审查指的是分析判断客户提供的资料是否能证明相应的权利并拥有法律效力。

初步审查的具体内容包括以下几项。

（1）审查《信贷业务申请书》。审查申请书中填写的信贷业务品种、币种、期限、金额、担保方式、借款用途是否与协商的内容相符。另外，加盖的公章是否清晰，与营业执照和贷款卡上的企业名称是否一致。

（2）审查财务报表。审查报表上加盖的公章是否清晰，与营业执照和贷款卡（证）上的企业名称三者是否一致；是否有财政部门的核准意见或会计（审计）师事务所的审计报告。

（3）税务登记证是否年审。

（4）股东会或董事会决议内容是否包括申请信贷业务用途、期限、金额、担保方式及委托代理人等；是否达到公司合同章程或组织文件规定的有效签字人数。

（5）贷款卡是否在有效期内且年审合格。

（6）营业执照及其他有效证明是否年审合格。

（7）客户提供的信贷业务材料是否符合各信贷业务品种的规定。

客户申请材料初步审查不合格的，经办人员将申请材料退还客户，并做好解释工作，要求客户进一步完善资料；合格的，经办人员将正式受理客户的贷款申请，进入贷前调查阶段。

五、面谈访问

通过银行初步审查的客户，客户经理要与企业客户预约时间，双方进行面谈。面谈访问是了解企业情况、受理业务的关键一步。

1. 面谈准备

客户经理约见的面谈对象多是企业经理或财务负责人等相对比较重要的企业人员。因此面谈前，客户经理应当做好充分准备，拟订详细的面谈工作提纲，掌握好面谈内容。面谈应建立在如下工作基础之上。

（1）阅读企业客户提供的资料，了解企业总体情况。

（2）利用互联网收集企业信息，进一步了解企业历史及发展、社会影响、商业信誉等情况。

（3）通过《信贷业务申请书》了解企业信贷需求。

（4）根据企业需求选取合适的具体信贷产品，深入了解该信贷产品及该产品银行介绍资料。

2. 面谈内容

面谈中，客户经理应控制好面谈的节奏和内容，注意运用营销技巧，注意商务礼仪，使面谈在和谐愉快的环境中进行。客户经理在面谈中具体需要了解的内容包括以下几项。

（1）企业状况。企业状况包括历史背景、股东背景、股东构成、组织架构、产品情况及经营现状等（其中部分内容银行人员若通过企业资料及网络已经了解，此时应与客户沟通，求证资料是否属实，令客户感觉受到重视，且这样做容易得知确切的信息）。

（2）企业的资金需求状况。企业的资金需求状况包括企业授信背景、真实资金用途、额度需求、授信条件等。

（3）企业的还贷能力。企业的还贷能力包括企业现金流构成、经济效益、还款资金来源及担保人的经济实力等。

（4）担保的可接受性。担保的可接受性包括抵押品、质押品等的品种、权属、价值及变现难易程度等。

（5）企业与银行关系。了解企业与银行关系，即了解企业的主要合作银行，了解企业与本行及他行业务往来状况、信用履约情况等。

通过了解企业的具体情况，面谈后初步判断其贷款申请是否可以接受。如果客户经理通过面谈情况，能够判断企业信贷申请不予考虑，则应留有余地表明银行立场，不当场回绝，如回银行后通过电话沟通的形式告知客户，并向客户耐心解释原因，将收集资料退换客户，推荐其他融资渠道，或者寻找其他业务合作机会。

3. 面谈情况汇报

在面谈客户后，客户经理要及时撰写访客报告，并第一时间将面谈情况向直属信贷主管汇报。客户经理反映情况时应做到及时、全面、准确，避免直属信贷主管掌握信息出现偏差。访客报告应包括以下信息：企业基本情况介绍、信贷需求介绍、获取的企业重要信息、存在的问题与障碍，以及是否做该授信的倾向性意见或建议。访客报告的撰写应力求条理清晰、内容详尽、准确客观。访客报告样式如表4.5所示。

表4.5　访客报告样式

编　　号	
日　　期	
时　　间	
客户名称	
地　　址	
拜访人员	
我行人员	
内容	企业背景资料：
	企业授信需求：
	拜访内容概要：
	连带业务介绍：
	建议及跟进计划：

六、告知客户

经客户经理直属信贷主管或相应行主管批准的业务，可以进入信贷受理的调查与分析阶段。此时，客户经理应通过合理的方式告知客户，可以口头、电话或者出具正式的贷款意向书，并要求客户配合银行下一步的工作。

实训活动

活动：企业贷款的申请与受理

1. 模拟情境

某生物化学股份有限公司（以下简称"公司"）成立于1999年，注册资金8000万元。公司经营范围主要为生产经营生物化学原料、制品、试剂及其他相关制品等。

公司主营业务以生产生物化学原料为主，生产规模逐年扩大，主营业务收入逐年增加。但是，由于市场竞争激烈，加上公司财务管理相对薄弱，自2019年以来，公司的销售回款缓慢，应收账款数额巨大，公司的现金流日趋紧张。

2020年3月15日，公司首次申请流动资金贷款1200万元左右，银行给予该公司单项授信额度1200万元，并与银行签订贷款合同，合同约定，贷款利率在LPR利率4.65%的基础上下浮10%，期限3年，还款方式为分期非等额还款，抵押物为第三方位于上海的某写字楼，总面积为1000平方米左右（价值1900万元）。

2. 活动设计

（1）将全班同学分成5人一组，每组当中设立客户经理、信贷主管、借款人等角色；

（2）针对给定的活动情境，受理该公司的借款申请，包括审查企业的借款资格、列出企业需要提交的材料清单、对企业提交的材料进行初审；

（3）提交实训报告。

3. 活动评价

由教师对学生的实训活动做出评价，对实训活动过程的评分占比50%，对实训报告的评分占比50%。

任务三　银行信贷管理信息系统

【学习目标】

知识目标
- 掌握贷款客户信息录入的方法；
- 能够及时管理和更新贷款客户信息。

能力目标
- 能够以信贷员身份新建贷款客户并完整录入客户基本信息；
- 能够查询已有客户信息，并及时维护和更新客户信息。

职业素养目标
- 培养学生严谨踏实的工作态度；
- 培养学生忠于职守、尽心服务的优良品质。

【知识准备】

　　银行的客户经理在日常业务的处理中，离不开现代电子设备和相应的业务处理系统，而信贷管理系统是银行信贷管理的重要组成部分和载体。

一、银行信贷管理信息系统认知

　　信贷管理信息系统是银行运用现代信息技术，把信贷日常业务处理、决策管理流程、数据统计分析、贷款风险分类预警、信贷监督检查、客户资料等活动全部纳入计算机处理，形成覆盖信贷业务处理、信贷业务管理、信贷业务审批全过程的科学体系。

　　借助于信贷管理信息系统，银行从信贷业务受理、调查、审查、审批、合同签订、信用授予、贷款分类、监管直至信用收回为止，全过程都是利用计算机辅助管理。从功能看，系统集信息采集、业务处理、风险管理、参数控制、综合分析、资产监督、报表输出等功能于一体，实现了对各种信贷业务的快捷处理。信贷业务信息实时上网，各级行可以随时通过网络对信贷资产监督管理，也可以进行贷款五级分类的实时操作和统计，还可以通过系统的信贷风险预警模型，对信贷风险自动识别并预报。

　　就信贷业务管理信息系统的运行管理来看，客户部门、信贷管理部门、科技部门各司其职，负责信贷各项数据的登录、数据处理和系统维护等。经办行客户部门负责经办区域内信贷业务受理、调查、发放及收回、客户经营情况等资料的登录。各级信贷管理部门负责信贷业务审查、权限管理、数据上报和综合系统检查。各级分支行负责辖区内所有数据的汇总、整理和上报。各级分支行科技部门负责系统维护和技术支持。

二、利用信贷管理教学软件管理客户信息

深圳市智盛信息技术有限公司的"信贷业务及风险管理模拟平台"是信贷业务教学中常用的软件。该软件仿真模拟了银行的信贷信息管理系统，能帮助我们掌握银行信贷信息管理系统的基本操作情况。

（一）查询和更新老客户信息

1. 查询信息

登录信贷业务软件，单击"客户信息"，进入"登记查询"，如图4.1所示。从软件系统中可以查询到已有客户的基本情况、详细信息、收入信息、住房信息、其他财务信息、保险信息、对外担保信息、重大事件信息、违规信息、调查信息、客户现有贷款合同、保证人担保登记情况、质押物担保登记情况、抵押物担保登记情况等具体信息。

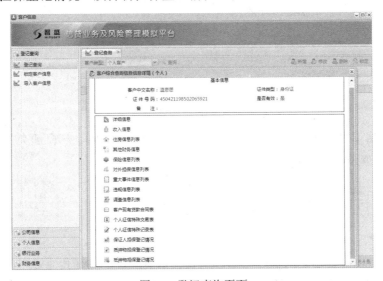

图4.1　登记查询页面

（1）基本信息。客户基本信息主要包括客户中文名称、证件类型、证件号码及证件有效性等，如图4.2所示。

图4.2　客户基本信息

（2）详细信息。客户详细信息包含客户的基本情况、家庭情况、工作单位情况以及配偶情况等比较详细的信息，如图4.3所示。

图4.3　客户详细信息

（3）收入信息。客户收入信息包括客户的职务、收入、工作单位以及配偶的相关情况，如图4.4所示。

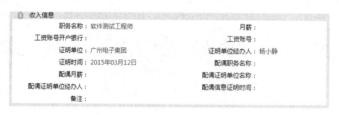

图4.4　客户收入信息

（4）住房信息。客户住房信息主要包括客户的住房性质、产权证类型以及房产证号码等信息，如图4.5所示。

序号	住房性质	产权证类型	房产证号码	操作
1	自置	房产证	10327212	查看

图4.5　客户住房信息列表

（5）其他财务信息。其他财务信息主要包括客户是否拥有其他资产、其具体的评估金额以及是否有效等信息，如图4.6所示。

序号	信息类型	评估金额	是否有效	操作
1	其他资产	2000000.0000	是	查看

图4.6　客户其他财务信息

（6）保险信息。客户的保险信息包括客户所参保的险种、保险公司的名称以及保险金额等信息，如图4.7所示。

序号	保险公司名称	保险险种	保险金额	操作
1	中国平安保险股份有限公司	财产险	500000.0000	查看

图4.7　客户保险信息列表

（7）对外担保信息。客户对外担保信息是指客户是否有对外担保、担保对象、担保对象开户行以及担保金额等信息，如图4.8所示。

对外担保信息列表			
序号	担保对象	担保对象开户行	担保金额	操作
1	广州市番禺区香飘飘奶茶店	平安银行	500000.0000	查看

图4.8　客户对外担保信息列表

（8）重大事件信息。重大事件信息主要记载是否有涉及客户的重大事件。

（9）违规信息。违规信息主要记载是否有涉及客户的违规信息。

（10）调查信息。调查信息主要记载银行对客户进行调查的具体日期及相关调查内容的备注，如图4.9所示。

调查信息列表		
序号	调查日期	备注	操作
1	2014年11月03日		查看
2	2014年11月03日		查看

图4.9　客户调查信息列表

（11）客户现有贷款合同。客户现有贷款合同包括合同编号、贷款种类、签约金额、起始日期、期限和利率等信息，如图4.10所示。

客户现有贷款合同表						
序号	合同编号	贷款种类	签约金额	起始日期	期限	利率	操作
1	00016321	个人住房贷款	400000.00	2014年11月03日	120	5.75	查看

图4.10　客户现有贷款合同列表

（12）担保登记情况。保证人担保登记情况包括保证人客户名称、担保合同号、担保金额等信息；质押担保登记情况包括质押合同号、质押物性质、质押物类型、质押率、凭证起始和到期日期，以及质押金额等信息；抵押担保登记包括抵押合同号、抵押物性质和类型、评估价值、抵押率和抵押金额等信息，如图4.11所示。

保证人担保登记情况				
序号	担保人客户名称	担保合同号	币种	担保金额	操作

质押物担保登记情况						
序号	质押合同号	质押物性质	质押物类型	凭证起始日期	凭证到期日期	质押率	质押金额	操作

抵押物担保登记情况						
序号	抵押合同号	抵押物性质	抵押物类型	评估价值	抵押率	抵押金额	操作
1	D0013118	不动产	房产	600000.00	66.59999847412	11600000.00	查看

图4.11　客户担保登记情况

2. 更新信息

原有客户信息如需更新或修改，可将该客户信息锁定，然后单击"个人信息"，即可更新或修改系统中原有的客户信息。

（二）录入新客户信息

（1）登录信贷业务软件，单击"客户信息"，进入"登记查询"，单击右上角的

"新增",弹出新增个人客户对话框,即可输入新客户基本信息,完成新客户添加,如图4.12所示。

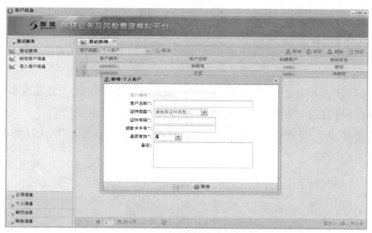

图4.12 新客户添加页面

(2)系统中添加新添加客户的基本信息后,新锁定客户信息,进入"个人信息"进行编辑,根据客户提交的资料,依次填写个人详细信息、个人收入信息、房产信息、其他财务信息、保险情况、对外担保情况、重大事件、违规记录、个人征信特殊交易、个人征信特殊事件等内容,如图4.13所示。

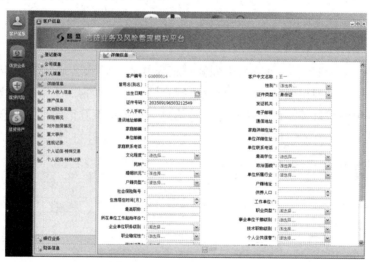

图4.13 录入新客户信息页面

三、受理个人住房贷款业务

运用"信贷业务及风险管理模拟系统"处理个人贷款业务的操作流程主要包括两个环节:一是办理担保;二是受理贷款。客户经理首先对借款人提供的担保进行审批,审批通过后才能办理贷款。贷款业务操作流程如图4.14所示。

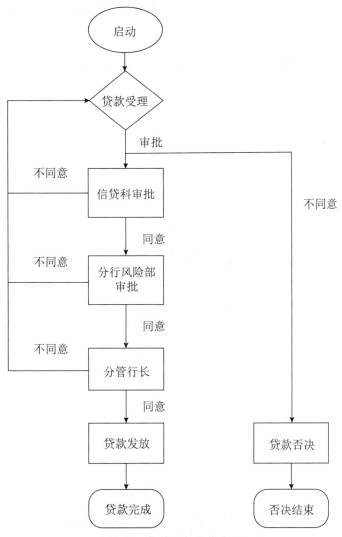

图4.14　贷款业务操作流程

下面以客户温思思办理个人住房贷款为例介绍该软件操作的贷款流程。

任务描述：温思思，家庭综合月收入2万余元，2017年11月3日向上海浦发银行申请10年期个人住房贷款40万元。11月6日，银行经调查同意温思思以其价值60万的房产做抵押，并做了抵押登记用于普通担保，抵押担保生效时间为正式签订借款合同时间。11月9日，银行对温思思个人基本情况进行调查后同意为其贷款，双方与11月12日签订借款合同，合同约定执行利率为基准利率4.90%，还款日期为每月20日，还款方式为等额本息还款。在所有材料审批完成后银行于11月20日一次性放款。

1. 办理贷款担保

（1）根据客户提供的担保物类型，选择担保审批类型。担保审批业务种类包括保证人担保、抵押物担保和质押物担保。客户经理根据客户提供担保的情况选择具体的业务类型进行审批。温思思提供的担保物为不动产,选择"抵押物担保审批",如图4.15所示。

图4.15 担保业务种类选择页面

(2)客户经理先对客户的担保情况进行初审,并提出相应的意见,如图4.16所示。

图4.16 担保审查页面

(3)如果该项业务是抵押担保,要求确定抵押物性质、类型和抵押额度。确定抵押物的类型是否符合银行的要求、抵押物的价值是否稳定、抵押率是否合理、抵押物是否经过评估、是否有评估报告等,并把抵押物的具体情况填写到抵押物清单(见图4.17)中,形成抵押合同,录入信贷登记系统。

图4.17 抵押物清单页面

（4）对抵押物的调查和初审完成后，客户经理要针对该抵押物担保的合法合规性、担保物的性质、担保物的权属、担保物的价值、抵押率、担保物的变现能力等提出担保是否合理的意见（见图4.18）。

图4.18　担保客户经理意见页面

（5）客户经理完成担保调查后，要根据审批权限逐级上报审批，从支行信贷科长到分行风险部专员一直到分管行长，这个环节体现了银行的分级授权审批原则。

（6）最后，担保办理完成，进入贷款办理流程。

2. 个人贷款的办理

（1）担保办理完成后，客户经理进入个人贷款业务办理环节。在启动个人贷款业务时，首先选择贷款业务类型。温思思的贷款属于个人住房贷款，如图4.19所示。

（2）信贷业务正式受理后，客户经理就进入了客户贷款业务申请过程中需要完成的信息录入环节，具体包括个人贷款申请信息、业务担保信息、个人贷款合同的内容、放款通知书和贷前调查报告等相关内容，如图4.20所示。所有的信息录入完成后，才算完成一笔信贷业务的受理工作，然后逐级报审。

① 个人贷款申请信息的填写，主要根据客户提供的相关资料及信贷业务申请书进行填写，包括贷款种类、申请日期、申请金额、计息方式（包括分段计息、不分段计息、按月、季度、半年和年计息）、利率浮动方式（基本、上浮和下浮）、月执行利率、申请贷款用途、主担保方式（抵押、质押或保证）、贷款性质（新增贷款、收回再贷、借新还旧、资产重组）、币种、期限、月基准利率、浮动比例、逾期利率、还款方式和还款资金其他来源等。图4.21为根据案例中客户温思思的贷款信息填写。

② 业务担保信息的填写。业务担保信息包括担保方式（抵押、质押或保证）、担保合同号、担保金额（即贷款金额）、是否有效、担保属性（是普通担保还是最高额担保）以及需要备注的其他事项。温思思的贷款担保信息页面如图4.22所示。

图4.19　个人贷款业务种类选择页面

图4.20　客户经理受理个人贷款业务录入信息页面

图4.21　客户温思思的个人贷款申请信息录入页面

图4.22　客户温思思的贷款担保信息页面

③ 个人贷款合同信息的填写。除起始日期和到期日期外，个人贷款合同的内容和贷款申请信息的内容基本一致。

图4.23　客户温思思个人贷款合同信息录入页面

④ 放款通知书的填写。放款通知书需要填写待发放贷款的到期日、放款金额、科目，以及放款日期和贷款投向等内容。

⑤ 撰写贷前客户调查。客户经理需要录入贷前调查报告的具体调查日期及报告内容。

客户经理完成贷款受理工作，并将上面所有内容录入信贷与风险管理系统后，即可将材料按照支行经理、支行行长等层级向有权审批人依次提交进行审批。

四、受理企业流动资金贷款业务

运用"信贷业务及风险管理模拟系统"处理企业贷款业务的操作流程主要包括三个阶段：第一阶段是担保的办理；第二阶段是给企业授信；第三阶段是贷款的受理。下面我们以深圳市海王生物工程股份有限公司申请企业贷款为例介绍该软件操作的企业贷款流程。

任务描述：深圳市海王生物工程股份有限公司（以下简称"公司"）成立于1989年，注册资金7460万元。公司经营范围主要为生产经营生物化学原料、制品、试剂及其他相关制品等。

2018年，公司新项目正式经营，最初经营尚可，但是财务管理较为薄弱。2018年开始，公司受到金融危机的影响，海外订单减少，公司销售回款缓慢，应收账款数额巨大，导致公司对其供货商付款迟缓，影响了公司的信誉。为了支付部分应付账款以及员工工资，公司计划向银行贷款。

2018年10月5日公司向中国银行申请流动资金贷款1200万元。10月8日，银行经调查同意该公司将总面积2000平方米、价值1900万元的写字楼用于抵押，并签订抵押合同，抵押担保生效时间为正式签订借款合同时间。10月12日，银行工作人员对该公司基本情况进行贷前调查。10月15日，银行同意为其贷款并给予该公司单项授信额度1200万元，并签订贷款合同。合同约定，贷款利率在基准利率4.75%的基础上下浮10%，期限3年，还款方式为等额本金还款。在所有材料提交审批完成后银行于10月21日一次性放款。

1. 担保的办理

（1）根据企业提供的担保物类型，选择担保审批类型。担保审批业务种类包括保证人担保、抵押物担保和质押物担保。客户经理根据企业提供担保的情况选择具体的业务类型进行审批，本任务中深圳市海王生物工程股份有限公司申请的是"抵押物担保审批"。

（2）客户经理对借款企业提供的担保物进行调查和初审。首先根据企业提交的资料对其担保情况进行调查，并填写抵押物清单。抵押物清单中包括系统生成的抵押合同号、抵押物性质等重要信息，如图4.24所示。

图4.24　企业贷款担保审批中的抵押物清单

（3）对抵押物的调查和初审完成后，客户经理要针对该抵押物担保的合法合规性、担保物的性质、担保物的权属、担保物的价值、抵押率、担保物的变现能力等提出担保是否合理的意见，如图4.25所示。

图4.25 担保客户经理意见页面

（4）客户经理完成担保调查后，要根据审批权限逐级上报审批。担保审批完成后进入给企业授信的环节。

2. 给企业授信

（1）选择授信类型，包括单项授信和年度统一授信。

（2）根据客户提供的材料以及初审和调查情况，填写授信申请，具体内容包括授信种类、还款方式、授信额度、授信起止日期，如图4.26所示。

图4.26 企业客户授信申请页面

（3）客户经理完成授信申请后，要根据审批权限逐级上报审批。授信审批通过后可进入贷款受理环节。

3. 贷款的受理

（1）选择企业贷款种类。在"信贷业务"下，选择"企业贷款"，企业贷款种类具体包括企业流动资金贷款、企业固定资产贷款、企业房地产贷款、企业定期存单质押贷款、企业临时贷款等。本任务中深圳市海王生物工程有限公司申请的种类是企业流动资金贷款。

（2）录入企业贷款相关信息，包括贷款申请、业务担保信息、贷款合同、放款通知书、贷前客户调查等信息。

① 录入贷款申请的客户信息，如图4.27所示。

图4.27 贷款申请信息页面

② 录入业务担保信息，具体包括担保方式、币种、担保金额、担保属性、合同编号等，如图4.28所示。

图4.28 业务担保信息页面

③ 录入贷款合同的客户信息，如图4.29所示。

图4.29　贷款合同信息页面

④ 录入放贷申请书，需要填写待发放贷款的到期日、放款金额和科目等信息。

（3）逐级报审。信贷员完成贷款受理后，要根据审批权限逐级上报审批。

（4）贷款审批通过后，信贷员打印放款通知书，整个贷款的流程结束。

实训活动

活动一：将客户信息录入信贷系统

1. 活动资料

资料1：某自然人客户的基本信息和信贷信息

资料2：某企业客户的基本信息和信贷信息

2. 活动设计

每个同学建立一个新客户文件夹，收集这个客户的基本信息和信贷信息，将信息录入智盛信贷业务及风险管理模拟平台。

3. 活动评价

根据学生录入信贷系统的客户信息情况进行评价。

活动二：企业房地产贷款业务办理

1. 模拟情境

浙江久立特材科技股份有限公司成立于1988年，注册资本31 200万元，法人代表周志江。2018年3月18日，公司以开发"北亚大厦"和"黄金公寓"为由向银行申请贷款1亿元。3月22日，银行经调查同意中核华原钛白股份有限公司提供连带责任保证担保，担保生效时间为正式签订借款合同时间。3月26日，银行业务人员对该公司基本情况做了贷前调查。3月28日，银行同意为该公司贷款并给予该公司房地产贷款授信单项授信额度1亿元，双方签订借款合同，合同约定，贷款利率在基准利率4.75%的基础上下浮

12%，期限为5年，还款方式为按期付息还本。在所有材料提交审批完成后银行于4月3日一次性放款。

该笔房地产贷款业务现提交支行进行办理，银行在为其办理授信业务之前，先为该公司办理保证担保业务；完成担保业务后，再处理1亿元的单项授信业务；最后，在房地产贷款业务的办理流程中，银行方的审查、审批顺序为客户经理—支行信贷科—分行风险部—分管行长。按该业务操作顺序，学生分别扮演不同银行部门角色，完成对借款人的房地产贷款的受理和放款。

2. 活动设计

（1）在智盛信贷软件中选择企业房地产贷款业务，按照担保—授信—贷款的流程完成该企业贷款业务的办理。

（2）撰写实训报告，在报告中绘制企业流动资金贷款流程，并标注每个业务环节所涉及的银行信贷人员、职位及负责内容。

3. 活动评价

根据学生业务操作的情况及实训报告进行评价，其中业务操作评分占比50%，实训报告评分占比50%。

思政案例

信贷人员必备职业素养：自律自制

案例4.1

客户经理骗贷遭刑罚

2020年，银保监会益阳监管分局一日之内对益阳农商行开出13张罚单，主要披露了该行4家支行的行长、客户经理等人在任职期间存在的违法违规行为。其中，益阳农商行七里桥支行客户经理叶浩宇，因对违法发放贷款、挪用信贷资金的行为负直接责任，被处以终身禁止从事银行业工作。

原益阳农商行七里桥支行三里桥分理处主任周翔宇，对违法发放贷款的行为负直接责任，被处以终身禁止从事银行业工作。

据裁判文书网披露的《叶浩宇骗取贷款、票据承兑、金融票证一审刑事判决书》显示，其为缓解资金紧张，制作虚假贷款的相关资料，并伙同益阳市农商银行七里桥支行三里桥分理处主任周翔宇等人，在益阳农商银行三里桥分理处骗取贷款46次，共骗得银行贷款373万元。

据叶浩宇交代，这些从益阳农商银行骗取的贷款，其中30万元偿还给他姐姐李芳，20万元偿还给他岳父李某，10万用于偿还建设银行、招商银行、民生银行等银行的信用卡借款，在奥斯卡酒吧投资48万元，在怀化投资土石方工程60万元左右，被樊晶借走60万元，还有部分贷款用于偿还这30多笔贷款的利息。

原益阳市农村商业银行七里桥支行三里桥分理处主任周翔宇，在明明知道叶浩宇骗贷的情况下，为了能够补上漏洞，还继续放贷给叶浩宇用于偿还之前的贷款，并把叶浩宇调到其所在的七里桥支行升任客户经理。

除了叶浩宇、周翔宇之外，在上述提到的13张罚单中，涉及益阳农商行总行及4家支行，均指向其员工违法发放贷款行为。行政处罚信息显示，益阳农商行大码头支行、七里桥支行、李昌港支行因贷款调查和审查不严，导致贷款被违法发放，分别被罚款20万元。同时，益阳农商行七里桥支行客户经理叶浩宇及三里桥分理处主任周翔宇、益阳农商行李昌港支行客户经理张益辉分别被处以禁止从事银行业终身，益阳农商行李昌港支行行长刘东方被取消高管任职资格2年，益阳农商行大码头支行行长夏美新、迎风桥支行行长郭韬均被给予警告。上述被罚终身禁业的张益辉早在2020年7月，就因犯违法发放贷款罪被判刑。

据益阳市资阳区人民法院在裁判文书网公布的刑事判决书显示，益阳农商银行李昌港支行客户经理张益辉，违反国家规定发放15笔抵押担保贷款，为贷款使用人郭某办理贷款累计1089万元。至案发，尚有305万元贷款逾期未能归还。一审判处有期徒刑3年。

资料来源：杜宇，90后银行客户经理伙同他人骗贷近400万元[EB/OL].（2020-02-08）[2022-07-11]. http://www.nbd.com.cn/articles/2022-02-08/2115159.html.

以上案例说明，作为一名信贷人员，一定要具有自律自制的职业素养，应当知敬畏、存戒惧、守底线。信贷人员如果无视国家的法律法规、规章制度和银行内部的规章制度的限制，利用职务之便骗取贷款，最终会受到法律的制裁。

信贷人员一定要能抵制诱惑，很多不具备贷款条件的借款人无法通过正常途径获得融资，因而他们往往会采取贿赂引诱信贷人员的方式来获得贷款。有些信贷人员抵挡不了诱惑，就可能会带来贷款损失。如有些信贷人员帮助客户做虚假材料，有些信贷审批人员违规批准贷款，最后这些贷款就会成为不良贷款，给银行带来损失。因此，信贷人员必须能够自律自制。首先，做事先做"人"，诚信正直，牢记"勿以恶小而为之，勿以善小而不为"。其次，要加强自我约束，认真学习政治、法律、法规及各项规章制度，严格约束自己，规范自己的行为，不以权谋私，不收受贿赂，不损害银行利益，严于律己，清正廉洁。

知识点考核

一、单选题

1. 在面谈中，调查人员了解客户的贷款需求状况时，除了贷款金额、贷款期限、贷款利率外，还应了解（　　）。

A. 经济走势　　　　B. 宏观政策　　　　C. 行业前景　　　　D. 贷款用途

2. 下列关于贷款申请受理的说法中，不正确的是（　　）。

A. 与客户面谈后进行内部意见反馈的原则适用于每次业务面谈

B. 业务人员在撰写会谈纪要时，不应包含是否需要做该笔贷款的倾向性意见

C. 业务人员可通过银行信贷咨询系统等其他渠道对客户情况进行初步查询

D. 风险管理部门可以对是否受理贷款提供意见

3. 信贷业务申请需要客户以（　　　）向商业银行的客户部门提出。

A. 书面形式或其他有效方式　　　　　B. 口头

C. 电子方式　　　　　　　　　　　　D. 书面方式

4. 在面谈过程中，调查人员应了解的抵押品的可接受性的信息不包括（　　　）。

A. 抵押品价值　　B. 抵押品的用途　　C. 抵押品种类　　D. 抵押品权属

5. 拓展信贷业务，搞好市场调查，优选客户，受理借款人申请，这是（　　　）的职责。

A. 信贷业务岗位　　B. 信贷审查岗位　　C. 信贷发放岗位　　D. 信贷授信岗位

二、多选题

1. 了解客户发展历史可以避免信贷人员被眼前景象所迷惑，一般进行客户历史分析应主要关注（　　　）。

A. 以往盈利情况　　B. 以往重组情况　　C. 名称变更

D. 成立动机　　　　E. 股东变更情况

2. 贷前咨询的内容一般包括（　　　）。

A. 贷款对象资格　　B. 贷款条件　　　　C. 贷款程序

D. 银行信贷产品　　E. 贷款利率

3. 银行不接受贷款申请的条件包括（　　　）。

A. 无本地有效居住证明的

B. 故意骗取、套取贷款行为的

C. 在征信系统内有不良信用记录或对银行有恶意拖欠贷款行为，而被列入"黑名单"的

D. 有严重违法或危害本行信贷资金安全的行为的

E. 不具有民事行为能力的自然人

4. 企业借款人的贷款资格包括（　　　）。

A. 生产经营合法合规

B. 借款人资信等级为A

C. 借款人具有合法稳定的收入或补贴来源，具备按期还本付息的能力

D. 借款人能按银行要求如实提供材料

E. 借款人连续三年盈利

5. 个人贷款申请应具备的条件是（　　　）。

A. 借款人是具有完全民事行为能力的中国公民或符合国家有关规定的境外自然人

B. 贷款用途明确合法，贷款申请数额、期限、币种合理

C. 借款人具备还款意愿和还款能力，信用良好，无重大不良信用记录

D. 借款人能提供担保

E. 贷款人要求的其他条件

6. 面谈后，业务人员应及时撰写会议纪要，会议纪要的内容包括（　　）。

A. 贷款面谈涉及的重要主体

B. 面谈情况汇报

C. 存在的问题和障碍

D. 是否需要做这笔贷款的倾向性意见

E. 是否需要做这笔贷款的建议

7. 流动资金贷款申请应具备的条件有（　　）。

A. 借款人依法设立

B. 借款用途明确、合法

C. 借款人信用良好、无重大不良信用记录

D. 借款人具有持续经营能力

E. 有合法的还款来源

三、判断题

1. 对合理的贷款申请，业务人员可立即做出受理的承诺。　　　　　　　（　　）

2. 有些风险低的信贷业务客户可以直接通过网上银行或银行的App提出在线申请。

（　　）

3. 经办人员应针对优质客户和普通客户采取不同的资格审查方法。　　（　　）

4. 贷款人提交贷款申请所需材料的复印件即可，不需要提供原件。　　（　　）

5. 对于客户提交的材料存在不完整或不符合规范的，应拒绝客户申请。（　　）

6. 借款人要如实提供银行所要求的资料，根据实际情况落实有关贷款条件。（　　）

四、名词解释

1. 信贷信息管理系统

2. 贷前咨询

五、简答题

1. 个人贷款申请应具备的条件是什么？

2. 简述受理企业贷款申请的一般流程。

3. 与客户面谈一般包括哪些内容？

4. 客户经理对客户初审的具体内容是什么？

项目五
信贷业务的调查与分析

【情境导入】

　　小王虽然入职时间不长，但对于银行曾出现过的信贷风险时有耳闻，如某客户经理因贷前调查和分析不彻底导致贷款违约。银行信贷部的主管在对新员工培训的时候说过，经验是由教训总结出来的，每一项经验曾经都可能是银行信贷损失的血的教训。客户经理需要花费相当的时间和精力做好贷前调查工作，以保证银行信贷业务的安全性。

　　作为基层行客户经理，小王认识到必须做好贷前检查这项基础工作，控制风险源头，保证贷款质量。只查看借款申请人提供的资料，而没有客观、全面地调查借款申请人的基本情况、财产状况、效益状况和存在的风险，这样的调查是没有意义的。另外，对于企业贷款，客户经理应把企业产品、生产结构、销售模式、市场情况以及发展战略方面的重大调整都作为贷前调查的分析目标，分析企业的偿债能力和支付能力。贷前调查是贷款发放的第一道关口，也是信贷管理的重要程序和环节，是贷款发放的基石，是

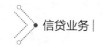

信贷业务

防范风险、减少坏账的重要前提，其调查的真实性和可靠性，对贷款的安全性意义重大。那么，作为信贷员怎样才能又快又好地做好贷前调查和分析工作呢？小王要从以下几个方面进行准备：

- 客户贷前调查的方法和主要内容是什么？
- 如何对客户进行信用分析？
- 如何对客户进行信用评级？
- 如何撰写贷前调查报告？

【 知识导航 】

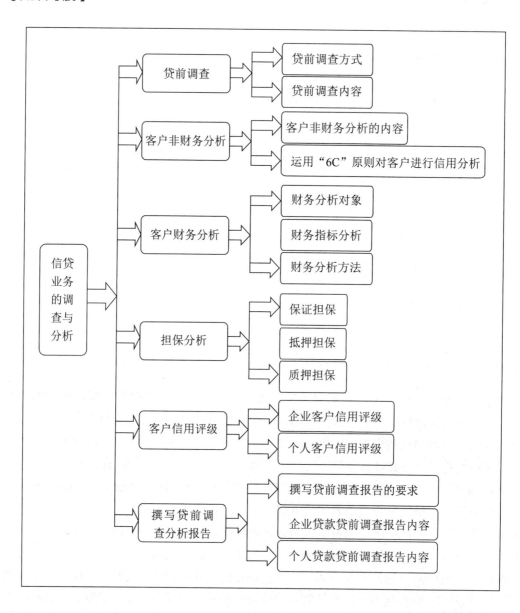

116

任务一　贷前调查

【学习目标】

知识目标
- 熟悉贷前调查的方法；
- 掌握贷前调查的内容。

能力目标
- 能够针对具体贷款申请准备贷款调查材料；
- 能正确开展贷前调查工作。

职业素养目标
- 培养学生尽职尽责的工作态度；
- 培养学生规范的信贷操作意识；
- 培养学生踏实严谨的工作作风。

【知识准备】

客户经理在受理贷款申请后，应充分履行尽职调查职责，对借款对象、保证人和担保物的相关情况进行充分调查，以评估借款人的信用状况以及借款的合法性、安全性和盈利性。

一、贷前调查方式

贷款调查应采取双人调查原则，以实地调查为主、间接调查为辅，采取资料核查、面谈调查、实地调查以及外部调查等方式。通过电子银行发放的低风险质押贷款，贷款人至少应当采取有效措施确定借款人真实身份。

1. 资料核查

客户经理可以通过借款人在申请贷款时提供的相关资料，掌握借款人的相关信息。例如，通过个人客户的身份证明、资产证明、现金流水、贷款用途合同等，可以了解借款人的家庭、工作、经济实力水平、还款能力等基本情况；通过企业客户批准其成立的基础资料、财务资料、生产经营情况介绍、项目资料发展历程及未来规划等，掌握企业基本的经营情况和财务情况。通过查看这些资料的原件、记账凭证等，客户经理可以核实相关材料、财务数据和经营数据的真实性。

2. 面谈调查

面谈客户、抵押人及其他关联人，结合贷款申请材料从不同的角度去核实客户的实

际情况，去伪存真，掌握更为可信的信息。无论是对于个人客户还是对于企业客户，面谈都是贷前调查必要的环节。对于个人客户，《个人贷款管理暂行办法》要求，个人贷款必须执行面谈面签制度。对于企业客户，客户经理一般在现场调研的时候要进行现场会谈，并约见尽可能多的管理层人员，包括财务部门、行政部门、市场部门、生产部门和技术部门的负责人员，尽可能全面地了解企业的管理情况、经营情况和财务情况，摸清企业管理者对于企业经营和发展的思路，从而对企业未来的发展前景和还款能力做出判断。

3. 实地调查

实地调查是对申请人、保证人以及抵（质）押物进行现场调查，核实所提供资料的真实性，现场察看申请人和保证人的经济情况、资产分布状况和抵（质）押品的现状。对于个人贷款，客户经理可以根据不同的风险度和业务实际情况选择是否需要进行实地调查。对于企业贷款，客户经理必须亲自参观客户的生产经营场所，了解企业所处的位置、厂房、库存、设备或生产流水线、员工的工作状态等，从而能够实地核查企业的生产设备运转状况、生产能力、产品等情况，了解其资产和收入等情况。

4. 外部调查

客户经理可以利用一些渠道，如对官网的查询、官方信息的核实、政府机构的查询来获取一些客户的资料，也可以通过接触客户的关联企业、竞争对手、行业协会（商会）、政府的职能管理部门等渠道了解客户的真实情况。通过这些方法，客户经理可以掌握企业的商业信用、历史情况及一些官方无法评定的信息。

二、贷前调查内容

1. 借款人基本情况的调查

对于自然人客户，主要调查内容包括以下几项：

（1）核实借款人的身份、民事行为能力和借款意愿；

（2）调查借款人的个人素质和职业状况；

（3）调查借款人的收入、支出情况，以及借款人的资产、负债状况；

（4）调查借款人的信誉状况。

对于企业贷款客户，主要调查内容包括以下几项：

（1）企业批准成立资料上的基本信息、员工情况、主要股东情况、法定代表人和主要负责人情况；

（2）企业的管理情况、经营情况、产品情况；

（3）不动产情况、设备情况、在建工程情况；

（4）对外投资情况；

（5）关联企业的情况；

（6）企业所处的行业情况；

（7）重大事项情况。

2. 借款用途和还款来源调查

借款用途调查是指调查借款人直接的、真实的借款用途，判断该用途是否合法合理；还款来源调查是指调查落实还款来源的可靠性，确认借款人还款计划的合理性。对于企业客户，借款用途和还款来源的调查尤为重要。企业的资金需求包括构建厂房、设备等长期的资金需求，也包括购买原材料等短期的借款需求。根据企业的经营现状分析企业的借款需求，有利于银行把握借款需求的本质，从而为企业提供相应的信贷产品。企业的还款来源通常来自其销售产品、提供服务所获得的经营收入，因而在贷前调查阶段要重点查验企业的销售合同、纳税申报证明、银行账单等能够证明企业的真实的收入情况的材料。

3. 担保调查

担保调查主要根据担保方式的不同，对保证人以及抵（质）押物的情况进行调查。

（1）对保证人的调查。主要包括调查保证人是否具备保证资格，保证人的担保意愿，保证人与借款人的关系，保证人的保证能力与资信能力。对保证人的调查与借款申请人的资格调查基本相似。此外，保证人要符合《中华人民共和国民法典》（以下简称《民法典》）及其司法解释中有关担保人资格禁止性条款的规定。对于自然人保证人来说，要重点调查其收入和资产情况；对于企业保证人来说，要重点调查其财务情况及还款能力。

（2）对抵（质）押物的调查。主要包括抵（质）押物的合法合规性、抵（质）押物状况、抵（质）押物的权属情况。对于抵押人或出质人是第三人的，要调查其担保意愿、抵（质）押物的价值、预计变现的难易程度等。

4. 借款人信用情况调查

借款人信用情况调查主要通过中国人民银行来查询，即中国人民银行征信中心出具记载借款人信用信息状况的信用报告。信用报告包括个人信用报告和企业信用报告两种。

（1）个人信用报告。个人信用报告记录了客户与银行之间发生的信贷交易的历史信息，只要客户在银行办理过信用卡、贷款、为他人贷款担保等信贷业务，其在银行登记过的基本信息和账户信息就会通过商业银行的数据报送而进入个人征信系统，从而形成了客户的信用报告。个人信用报告中的信息主要有6个方面：公安部身份信息核查结果、个人基本信息、银行信贷交易信息、非银行信用信息、本人声明及异议标注、查询历史信息。银行可以通过查询个人信用报告了解客户的信贷记录，从而了解借款人的资信情况。图5.1为某自然人个人信用报告的信贷记录部分内容。

信 贷 记 录

这部分包含你的信用卡、贷款和其他信贷记录。金额类数据均以人民币计算，精确到元。

信息概要 逾期记录可能影响对您的信用评价。

	资产处置信息	保证人代偿信息
笔数	1	2

	信用卡	住房贷款	其他贷款
账户数	7	3	4
未结清/未销户账户数	4	2	3
发生过逾期的账户数	4	1	1
发生过90天以上逾期的账户数	4	0	0
为他人担保笔数	0	0	1

资产处置信息

1. 2020年11月8日东方资产管理公司接收债权，金额400 000元。最后一次还款日期为2021年1月8日，余额20 000元。

保证人代偿信息

1. 2018年10月5日富登融资租赁担保公司进行最后一次代偿，累计代偿金额400 000元。最近一次还款日期为1月8日，余额20 000元。

2. 2019年6月21日平安保险公司进行最后一次代偿，累计代偿金额200 000元。最后一次还款日期为2021年4月5日，余额135 000元。

信用卡

发生过逾期的贷记卡账户明细如下：

1. 2014年8月30日，中国工商银行北京分行发放的贷记卡（人民币账户），截至2020年10月，信用额度10 000元，已使用额度500元，逾期金额500元。最近5年内有11个月处于逾期状态，其中5个月逾期超过90天。

2. 2013年4月1日，中国民生银行信用卡中心发放的贷记卡（人民币账户），2019年12月销户。最近5年内7个月处于逾期状态，其中3个月逾期超过90天。

2020年3月该机构声明：该客户委托××房地产开发公司偿还贷款，因开发公司不能按时还款导致多次逾期。

透支超过60天的准贷记卡账户明细如下：

3. 2017年6月30日，中国银行北京分行发放的准贷记卡（人民币账户），截至2020年10月，信用额度10 000元，透支余额5000元。最近5年内有6个月透支超过60天，其中3个月透支超过90天。

4. 2016年3月10日，上海浦东发展银行北京分行发放的准贷记卡（人民币账户），2019年12月销户。最近5年内有20个月透支超过60天，其中16个月透支超过90天。

图5.1　某自然人个人信用报告的信贷记录部分内容

（2）企业信用报告。企业信用报告是全面记录企业各类经济活动，反映企业信用状况的文书。企业信用报告客观地记录企业的基本信息、信贷信息以及反映其信用状况的其他信息，主要包括基本信息、信贷信息、公共信息和声明信息4部分内容。基本信息展示企业的身份信息、主要出资人和高管人员信息等。借贷信息展示企业在金融机构的当前负债和已还清债务信息，是信用报告的核心部分。公共信息展示企业在社会管理方面的信息，如欠税信息、行政处罚信息、法院判决和执行信息等。声明信息展示企业项下的报数机构说明和信息主体声明等。在查看企业信用报告时，要注意企业提供资料的信息与信用报告当中客户的基本信息是否相符，企业是否有欠息欠贷，是否有隐瞒的对外担保信息等。另外，公共信息中是否有欠税记录、强制执行记录和民事判决记录等，这些都客观反映了企业的整体资信情况。

实训活动

活动一：对自然人贷款客户进行贷前调查

1. 模拟情境

李某，女，汉族，籍贯：湖南省长沙市，身份证号：462011×××××××2634，联系电话：1365879××××，家庭住址：湖南省长沙市长沙县潇湘南大道××号，月收入1万元，年收入13万元。

李某于2020年2月19日与湖南省格杨装饰有限公司签订了房屋装修合同一份，工程地址为湖南省长沙市雨花区水木兰庭17栋×××室，装修面积130平方米，装修总价款60万元，自筹30万元，尚差装修资金30万元，为此李某向中国工商银行长沙分行申请个人装修贷款30万元。借款期限为3年；贷款利率为4.8%；还款方式为分期非等额还款；同时以其房屋（价值46万元）作为抵押。

假设你是中国工商银行长沙分行个人贷款业务部的客户经理，请针对李某的贷款申请对其进行贷前调查。

2. 活动设计

（1）根据情境资料给出的自然人客户李冰的资料进行贷前调查。全班分成4人一组，针对李冰的贷款申请情况进行调查，包括资料核查、实地调查、电话调查和信用查询等内容。

（2）撰写实训报告，报告中应包含贷前调查的方式、贷前调查的内容、信用报告的查询、调查结论等内容。

（3）了解各家银行对个人住房装修贷款的业务信息，并对贷款要求进行对比，在报告中呈现各银行个人住房装修贷款的业务差异。

3. 活动评价

根据学生业务操作的情况及实训报告进行评价，其中对活动操作评分占比50%，对实训报告评分占比50%。

活动二：对企业贷款客户进行贷前调查

1. 模拟情境

广东汕头超声电子股份有限公司是以电子元器件及超声电子仪器为主要产品的高新技术企业，从事双面及多层印制电路板、液晶显示器、超薄及特种覆铜板、超声电子仪器等高新技术产品的研究、生产和销售。

2021年，广东汕头超声电子股份有限公司为筹措资金，以15辆机动车（价值800万元）作为质押物向银行借款500万元，双方于2021年5月15日签订借款合同，合同约定借款期限为两个月。

广东汕头超声电子股份有限公司按照银行要求提供下列材料：营业执照、税务登记证、组织机构代码证、验资报告、公司章程、公司近三年的财务报表、公司的土地使用权证、公司作为质押的15辆机动车的所有权证和估价报告、企业简介等相关资料。

假设你是银行企业信贷部的客户经理，请你针对广东汕头超声电子股份有限公司进行贷前调查。

2. 活动设计

（1）根据情境资料给出的企业客户广东汕头超声电子股份有限公司的情况进行贷前调查。全班分成4人一组，针对广东汕头超声电子股份有限公司的贷款申请情况进行调查，包括资料核查、实地调查和信用查询等内容。

（2）撰写实训报告，报告中应包含贷前调查的方式、贷前调查的内容、信用报告的查询、调查结论等内容。

3. 活动评价

根据学生业务操作的情况及实训报告进行评价，其中对学生操作的评分占比50%，对实训报告的评分占比50%。

任务二 客户非财务分析

【学习目标】

知识目标

- 熟悉对客户进行信用评价的关键要素；
- 掌握对客户进行非财务分析的方法。

能力目标

- 能运用"6C"原则对客户进行信用分析；
- 能根据客户的非财务因素对客户进行信用评价。

职业素养目标

- 培养学生识别风险、控制风险的能力；
- 培养学生踏实严谨的工作作风。

【知识准备】

非财务因素分析主要指对影响贷款偿还的相关非财务因素进行定性分析和综合评价的过程。非财务分析可以和财务分析相互印证、互为补充。对客户进行非财务因素的分析有助于银行更全面地了解借款人的信用状况。

一、客户非财务分析的内容

银行一般从行业风险、经营风险和管理风险等几个方面进行客户非财务分析。

（一）行业风险分析

每一个行业都有特定的风险，掌握企业所处行业的特征、风险程度，以及借款人在行业中的情况，有利于银行根据行业的基本状况和发展趋势来判断借款人的基本风险。对一个行业的分析判断可从成本结构、成熟度、周期性、盈利能力、可替代程度、对其他行业的依赖性、法律政策7个方面进行。

1. 成本结构

客户的成本结构对行业风险、利润和业内公司间的竞争有重大影响。成本结构分为固定成本和变动成本。如果一家公司的固定成本比变动成本高，说明它的经营杠杆高，随着产量的提高，平均成本会降低；如果一家公司的固定成本比变动成本低，说明它经营杠杆低，当整个行业的产量下降时，这样的公司就会有优势，因为它可以很容易降低

变动成本。生产能力的初始成本（如研发和生产设备投入）将分摊到大量的产品中，形成规模经济。经营杠杆和规模经济将影响一个行业和单个公司的盈利能力，在销售量很大且波动不大的行业中，经营杠杆高的公司将比经营杠杆低的公司安全。反之，当一个行业的销售量波动大且难以预测时，经营杠杆低的公司将比经营杠杆高的公司安全。

2. 行业成熟度

行业发展经历三个主要阶段：新生、成熟和衰退。新生行业成长迅速，市场增长率每年可超过20%；成熟行业成长较缓，市场增长率可能每年超过15%，但不像新生行业那样呈现爆发式增长，其产品和服务更加标准化，新产品的开发速度不频繁；衰退行业市场需求逐渐萎缩。根据行业销售增长率、新公司进入和原公司关闭、离开行业的比率可以推断出公司所属行业所处的发展阶段。

贷款给处于不同发展阶段的行业时风险是不一样的。给处于成熟期的行业贷款，风险较小，因为成熟期的行业有足够长的存续期并有良好的业绩记录，产品已标准化，行业格局基本明朗化，发生意外的可能性不高，由于该行业正在成长繁荣，银行有理由相信未来几年该行业将继续成功。相反，给处于新生期的行业贷款，风险就比较大，因为新生行业缺乏业绩记录，行业变化很大，新产品推出频繁。

3. 行业周期性

行业周期性是指该行业受经济定期起伏影响而形成的波动。不同的行业对经济波动的影响是不同的，有的呈现正相关，有的呈现负相关，例如汽车修理和配件业，在经济衰退期，人们可能更倾向于修理汽车而不是购买新车。有的行业无周期性特征，例如食品业、医疗保健业、教育业等民生必需品行业，其业务基本不受经济周期的影响。有些行业经营状况的变化与经济周期是一致的，随着经济的繁荣而繁荣、萧条而萧条，如房地产业、汽车制造业、服装业、珠宝业、餐饮娱乐业和境外旅游业等。在实际的信贷调查中必须弄清楚其受周期性影响的程度、行业的销售和利润与经济升降的相关程度。风险最小的行业是那些不受经济周期影响的行业。

4. 行业盈利能力

行业需要依赖盈利来维持其繁荣。对于银行来说，信贷的最小风险是来自一个繁荣与萧条时期都持续大量盈利的行业，最大风险则来自一个普遍不盈利的行业。

5. 可替代程度

在对行业产品的可替代程度进行调查时，既要看整个行业，又要看市场或行业的一部分。通常行业的各个部分也有竞争，当一个行业的产品与替代品的价格相差太大时，消费者将转向替代品。如果贷款给产品很容易被替代的行业或行业部分，风险将大于贷款给其产品没有替代产品的行业。如果没有替代品，行业对成本价格差的控制将更加牢固。

6. 对其他行业的依赖性

对其他行业的依赖性是指该行业受其他行业的影响程度。例如木材业对房地产行业的依赖性强，因为当房地产行业不景气时，对木材需求的减少会使木材业也不景气。借款人所处的行业对一个或两个行业的依赖程度越大，贷款给该行业的风险越大。

7. 法律政策

法律和政策的变化可能有利于某个行业，也可能给某些行业带来负面影响或威胁。银行要深入分析相关法律和政策的变化对借款人所在行业的影响。

（二）经营风险分析

1. 借款人总体经营情况

通过分析企业的生产或销售规模、企业所处的发展阶段、产品多样化程度以及经营策略等方面来考察借款人的总体经营情况。一般来说，企业规模越大，市场份额和市场占有率越具有优势，经营较稳定，风险就越小；而处于成长期、上升期的企业和处于衰退期、下降期的企业，其风险差异显而易见。企业产品是多元化还是单一的，对企业抗风险能力或专业化经营能力的影响也不同。另外，企业经营策略的选择、改变，对企业经营的影响很大。

2. 产品与市场分析

产品分析主要是分析产品在社会生活中的重要性及其特性，从而判断风险的高低；市场分析主要研究市场竞争程度，企业对市场价格和需求的控制能力，客户的分散或集中程度、营销方法等。企业只有提供了适应市场和消费者需求的产品，才能够为企业带来利润，企业也才能生存和发展。考察企业的产品市场应分析市场份额、销售能力、销售前景等。

3. 借款人供、产、销环节分析

借款人采购环节的风险分析的关注重点在于原材料价格风险、购货渠道风险和购买量风险；借款人生产环节的风险分析的关注重点在于生产的连续性、生产技术更新的敏感性和环境保护、劳资关系等；借款人销售环节的风险分析的重点在于销售范围、促销能力、销售款的回笼等。

供应阶段的核心是进货，信贷人员应重点分析货品质量、货品价格、进货渠道和付款条件。生产阶段的核心是技术，这包括生产什么、怎样生产、以什么条件生产等内容，信贷人员应重点调查企业的技术水平、设备状况和环保情况。销售阶段的核心是市场，这包括销售给谁、怎样销售、以什么条件销售等内容，信贷人员应重点调查目标客户、销售渠道和收款条件等三方面。

（三）企业管理风险分析

1. 企业历史沿革分析

了解企业发展历史有助于从整体上对企业目前及未来发展状况进行分析和判断。在了解企业的历史沿革中，主要关注以下内容。

1）成立动机

任何企业的设立都有一个经营上的动机，例如，拥有某种可利用的资源。从企业的成立动机出发，信贷业务人员可以初步判断其发展道路和下一步计划，进而分析其融资

动机和发展方向。

2）经营范围

信贷人员对于企业经营范围及变化需要关注以下三方面内容。

（1）要注意目前企业所经营的业务是否超出了注册登记的范围，经营特种业务是否取得"经营许可证"，对于超范围经营的企业应当给予足够的警觉。

（2）要注意企业经营范围特别是主营业务的演变，对于频繁改变经营业务的企业应当警觉。

（3）要注意企业经营的诸多业务之间是否存在关联性，即所经营的行业之间、项目之间或产品之间是否存在产业链、产销关系或技术上的关联。同时，信贷人员要关注企业的主营业务是否突出，对于所经营的行业分散、主营业务不突出的企业应警觉。

3）名称变更

企业的名称往往使用时间越久知名度越高，一般不会轻易变更。企业名称也可以从一个侧面看出企业的发展过程。信贷人员对于企业在其发展过程中改变名称，一定要究其原因，尤其是对于频繁改变名称的企业，更要引起警觉。

4）以往重组情况

企业重组包括重整、改组和合并三种基本方式。企业在发展过程中发生重组情形是一种常见的现象，有正常原因，也有非正常原因，信贷人员要认真对待并切实调查清楚。当企业发生重组情形时，企业或多或少会发生以下情况：股东更替、股东债权人权利变更和调整、公司章程变更、经理人员更换、经营方向改变、管理方法改变、财产处置及债务清偿安排、资产估价标准确定等。

2. 法人治理结构分析

信贷人员对企业法人治理结构的评价要着重考虑控股股东行为的规范和对内部控制人的约束和激励这两个因素。在此基础上，分析董事会的结构、运作及信息的披露。

企业法人治理结构的不完善，有可能给其正常的生产经营带来难以预期的负面影响，信贷人员对此应给予关注。

1）上市企业

（1）股权结构不合理。股权结构的不合理主要体现为大股东利用其在董事会上的表决优势，操控上市公司的经营和管理活动，通过大量的异常关联交易侵害中小股东和债权人的利益。

（2）关键人控制。企业决策和企业运作以内部人和关键人为中心，内部人能够通过控制和操纵企业股东大会、董事会和监事会，使"三会"变成没有效力、出现偏离企业最佳利益和侵害债权人利益的行为。

（3）信息披露的实际质量难以保证。很多上市公司信息披露的形式大于内容，甚至有时在形式上也未能达到要求，其主要原因有三点：一是企业缺乏对信息披露主体的有效的法律约束机制；二是企业的行政干预和资本市场缺乏足够的竞争；三是企业内部缺乏有效的信息披露实施机制。

2）国有独资企业

国家作为出资人对国有企业经营决策的干预通过若干政府部门分别实施，因此难以避免政府利用行政手段超越出资者职能，直接干预企业的经营决策，导致企业经营目标多元化。

3）民营企业

民营企业的管理决策机制更多地表现为一人决策或者家族决策，企业形式上的机构设置没有决定性的影响。管理者同时是企业的所有者，一旦企业负责人发生变故，容易出现群龙无首、后继无人或亲属间争夺继承权和遗产的状况，可能会导致企业经营出现问题。

3. 股东背景

股东背景特别是控股股东的背景在很大程度上决定着企业的经济性质、经营方向、管理方式及社会形象等。对于企业的股东背景有以下几方面需要关注。

（1）家族背景。企业股东均由家庭成员担任，这类企业通常风险意识较强，经营上精打细算。

（2）外资背景。企业股权或多或少有外资成分，这类企业通常管理较多资金，技术力量较强，但可能通过关联交易转移利润。

（3）政府背景。企业由政府投资设立或与政府某个职能部门有着业务上的关联，这类企业通常具有政策资源上的优势，行业竞争性强，但管理效率不高。

（4）上市背景。企业为上市公司、上市公司全资子公司、控股子公司或参股子公司，这类企业通常管理较规范，并有集团经营优势，但关联方关系复杂，关联交易较多。

4. 高层管理者的素质

高层管理者尤其是主要负责人的素质和行业管理经验是信贷人员考查高管人员的重点。如果高级管理人员只是掌握片面的技能，如只有财务管理的专长，而没有技术、营销、管理方面的综合能力，或管理人员没有处理行业风险的经验，缺乏控制企业风险的实际操作能力，通常很难把握企业未来的发展方向。对公司高管人员素质的评价主要包括以下几方面的内容。

（1）受教育的程度。学历教育是一个人受国民教育程度的社会指标，高学历的人往往具有良好的、系统的专业素养。

（2）商业经验。商业经验是一笔财富，因为一个人经商时间越长，阅历越丰富，所做的决策越全面。

（3）修养品德。在内部管理和企业交往中诚实守信和吹嘘欺诈的工作作风会产生不同的影响。

（4）经营作风。稳健型和激进型的高层管理者在经营上会实施不同的战略，进而产生不同的效果。

5. 信誉状况

借款人信誉情况是影响借款人还款能力的重要的非财务因素。

（1）借款人的还款记录可通过"中国人民银行信用信息数据库系统"查阅，查看企业客户过去有无拖欠银行贷款或与银行不配合等事项。

（2）企业的对外资信还可以根据借款人在经营中有无偷税漏税、有无采用虚假的报表、是否隐瞒事实等不正当手段骗取银行贷款，以及有无在购销过程中使用欺骗手段骗取顾客的信任等情况来判断。

（3）除企业的高管层外，信贷人员还应分析企业的股东（尤其是大股东），了解企业主要股东是谁，他们的基本素质如何，以及财产情况、持股情况等，这对掌握企业经营方针、预测企业发展前景和评估企业承受亏损及偿债的意愿和能力都具有重要的作用。

二、运用"6C"原则对客户进行信用分析

国际通行的影响借款人信用的关键要素的"6C"是商业银行常用的对借款人非财务因素进行分析的标准原则，即借款人的品质（charactor）、能力（capacity）、资本（capital）、保证（collateral）、经营状况（condition）、企业未来发展前景（continuity）。

1. 对借款人品质的分析

借款人的品质体现了借款人的信誉和品德，直接决定了借款人的还款意愿，是信用评价体系当中的首要因素。对借款人的品质分析主要通过与借款人面谈、查阅借款人的信用记录，以及通过各种途径如向其他债权人了解借款人的还款意愿等方式来进行。如果借款人信用记录良好，任何情况下都能按时偿还以往债务，表明其品质好，银行可以放贷；若借款人在以往的信用记录中曾出现过欠债欠息的状况，银行要深入分析其违约原因，必要时拒绝贷款。对于企业客户，要着重了解企业的股东背景、高管人员的素质，关注企业信用报告中是否有不良信用记录，在经营中有无偷税漏税，有无采用虚假财务报表、隐瞒事实等不正当手段骗取银行贷款，以及有无在购销过程中使用欺骗手段骗取顾客信任的行为。

2. 对借款人能力的分析

借款人的能力是指借款人运用借入资金获取利润并偿还贷款的能力。对自然人借款人的能力主要通过分析其职业情况、工作的稳定性以及收支情况来进行。若自然人借款人的未来现金收入与现金支出的差额等于或大于贷款数额，说明借款人有还款能力。对于企业借款人，除了看企业未来现金流量的变动趋势及波动性，还要看借款人的管理水平，银行要对借款企业的公司治理机制、日常经营策略、管理的整合度和深度进行分析。

3. 对借款人资本的分析

资本是指借款人的资本金，即资产减掉总负债的净值。它反映了借款人的经济实力和财务状况的优劣，是借款人偿付债务的最终保证。对于自然人客户，银行可分析其所

拥有的资产和负债的净值是否能覆盖其新增加的贷款。对于企业客户，银行要通过其财务报表测算其真实的资本金净值的情况，主要需要考虑的因素包括企业的总资产、总负债、资本结构以及财务杠杆等。资本金是反映企业经济实力的重要指标。

4.对借款人担保的分析

担保是借款人偿还债务的第二来源。当借款人无法还款时，银行可处分抵（质）押物或向保证人追偿来弥补贷款本息，最大程度减轻银行贷款的风险和损失。通过分析借款人担保的情况，银行可确定借款人是否能够提供足够且可靠的担保物或可靠的保证人。如果借款人信用状况良好，但无法提供可靠的担保物或担保人，银行只能按有关规定提供小额的信用贷款；如果借款人信用状况有争议，但能够提供足额且可靠的担保物（或可靠的担保人），银行就可向其提供相应的信用贷款。

5.对借款人经营状况的分析

经营状况主要指借款人自身的经营状况和影响企业经营管理的外部环境。借款人自身的经营状况包括借款人的经营范围、经营特点、经营方式、技术水平等，这些大多是借款人可以控制的因素。企业经营管理的外部环境主要是指政府鼓励与限制政策、行业发展状况、市场供求状况、行业竞争状况和企业在行业中的地位等。借款人的经营状况越好，还款能力就越有保障，贷款就越安全。

6.对借款人企业未来发展前景的分析

借款人企业能否在竞争中生存和发展，其未来的发展前景对于贷款的偿还尤为重要，因而要全面了解借款人企业在管理、技术、产品、服务等方面的状况，进而分析其竞争力，判断其未来的发展前景。借款人的管理水平越高，企业盈利水平越高，其竞争力就越强，发展前景就越好，对贷款的本息保障性也越强。

实训活动

活动一：对陕西炼石有色资源股份有限公司进行非财务因素分析

1.模拟情境

陕西炼石有色资源股份有限公司拟斥资5000万元用于采购铼钼分离设备、兴建厂房等，为此向某银行支行贷款1000万元。公司遂与银行达成协议，由银行提供贷款，借款期限为1年，陕西炼石有色资源股份有限公司以一栋办公楼（价值1300万元）和两辆加长奔驰轿车（价值200万元）设定抵押，并办理了抵押登记。

陕西炼石有色资源股份有限公司按照银行的要求提交了相关资料，包括营业执照、公司章程、税务证明、组织机构代码证、验资报告、高管人员信息、公司近三年的财务报表、抵押办公楼的所有权证和资产评估报告、抵押车辆的所有权证和评估报告、铼钼分离项目的可行性报告、相关部门的批准报告、环评报告等。

2.活动设计

（1）将全班学生分组，每组4人，完善陕西炼石有色资源股份有限公司的资料包括

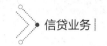
查询企业的行业情况；设计企业的经营情况、项目情况；设计企业的管理情况；设计企业的股东背景、管理者的背景、法人治理结构等。

（2）针对企业的基本情况、行业情况、经营情况、管理情况进行分析评价，撰写实训报告，报告中应包含对陕西炼石有色资源股份有限公司的行业情况、经营情况、项目情况、管理情况、股东背景和法人治理结构等方面进行的信用评价。

3. 活动评价

评价每组对陕西炼石有色资源股份有限公司的非财务因素信用评价撰写的实训报告。

活动二：运用"6C"原则对企业贷款客户进行信用分析

1. 模拟情境

陕西炼石有色资源股份有限公司拟斥资5000万元用于采购铼钼分离设备、兴建厂房等，为此向某银行支行贷款1000万元。公司遂与银行达成协议，由银行提供贷款，借款期限为1年，陕西炼石有色资源股份有限公司以一栋办公楼（价值1300万元）和两辆加长奔驰轿车（价值200万元）设定抵押，并办理了抵押登记。

陕西炼石有色资源股份有限公司按照银行的要求提交了相关资料，包括营业执照、公司章程、税务证明、组织机构代码证、验资报告、高管人员信息、公司近三年的财务报表、抵押办公楼的所有权证和资产评估报告、抵押车辆的所有权证和评估报告、铼钼分离项目的可行性报告、相关部门的批准报告、环评报告等。

2. 活动设计

（1）将全班学生分组，每组4人，从情境中归纳出"6C"原则，即借款人的品质状况、借款人的能力、借款人的资本、借款人的担保、借款人的经营状况、借款人企业未来的发展前景。

（2）运用6C原则对企业进行信用评价，撰写实训报告。

3. 活动评价

评价每组对陕西炼石有色资源股份有限公司的信用评价撰写的实训报告。

任务三　客户财务分析

【学习目标】

知识目标

- 了解财务分析对象；
- 熟悉主要的财务指标；
- 掌握主要的财务分析方法。

能力目标

- 能够对财务报表进行初步分析；
- 能够解读主要的财务指标；
- 能够运用财务分析方法对客户的财务状况进行评价。

职业素养目标

- 使学生具备理解财务报表和风险评估能力的专业技能。

【知识准备】

客户的财务状况决定客户是否有还款的能力，因此不论是客户现有的资产，还是客户现有的收入能力都是银行重点分析调查的内容。分析客户的财务状况主要通过财务分析方法。财务分析主要指对企业财务报表进行分析，是银行对企业的资产负债表、利润表和现金流量表及其相关资料进行分析和比较，并借助相关财务指标来了解企业的财务状况，为财务会计报告使用者提供管理决策和控制依据的一项管理工作。通过财务分析，财务会计报告使用者能够判断出企业的还本付息能力，预测出企业的未来发展趋势，以决策是否给企业贷款，贷多少，以及是否需要提前收回贷款等。

一、财务分析对象

财务分析是依据企业提供的财务报表来完成的，财务报表主要包括资产负债表、利润表、现金流量表、各种附表（如利润分配表、股东权益增减变动表等）及附注说明，其中前三张报表为银行财务分析必需报表，是财务分析的基础。

1. 资产负债表

资产负债表能够揭示企业在某一特定时间点拥有或控制的能用货币表现的经济资源，即表明资产的总规模及其具体的分布形态，以及负债和所有者权益的状况。分析资产负债表时，主要是比较报告期和前期的数据，了解各项目的变化，重点分析异常项目的变化原因及其给企业带来的影响。

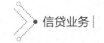

2. 利润表

利润表是反映企业一定期间内生产经营成果的会计报表,它能够反映企业是否盈利,盈利多少,以及影响净利润的主要因素有哪些。

3. 现金流量表

现金流量表指企业在一个固定期间(通常是每月或每季)内,现金(包含现金等价物)流入和流出的数量。现金流量表采用报告式的结构,按照现金流量的性质,依次分类反映经营活动产生的现金流量、投资活动产生的现金流量和筹资活动产生的现金流量,最后汇总反映企业现金及现金等价物的净增加额。

财务报表的各个组成部分是相互联系的,从不同的角度说明企业的财务状况、经营成果和现金流量情况。

银行通常以企业审计报告作为财务分析基础。审计报告是指注册会计师根据中国注册会计师审计准则的规定,在实施审计工作的基础上对被审计单位财务报表发表审计意见的书面文件。审计报告根据普遍接受的会计标准和审计程序出具,较企业自己编制的会计报表具有更高的可信度,更能公允地反映企业的财务状况。

二、财务指标分析

(一)分析偿债能力

偿债能力是指企业在债务到期时,偿还借款本金和支付利息的能力,包括长期偿债能力和短期偿债能力。企业偿债能力的强弱,既受企业资产结构和资金结构的影响,又受其盈利能力的制约。评价企业偿债能力,有利于银行正确进行贷款决策,是银行对借款企业进行财务分析的核心。

1. 分析短期偿债能力

(1)流动比率。流动比率是指流动资产与流动负债之比,计算公式为

$$流动比率 = 流动资产 \div 流动负债$$

流动比率表示每1元的流动负债有多少流动资产可用于清偿。一般来说,流动比率越高,借款人可变现资产就相对越多,短期偿债能力越强;流动比率过低,则说明借款人营运资金(流动资产与流动负债之差)不足,短期偿债能力弱,债权人遭受损失的风险大。

流动比率并非越高越好,因为流动比率过高,则意味着滞留在流动资产上的资金过多,可能会影响获利能力。一般认为,流动比率在2:1左右比较合适。实际上,对流动比率的分析应结合不同的行业特点和流动资产结构等因素,有的行业流动比率较高,有的行业较低,因此,进行流动比率分析时,要与同行业平均流动比率水平和本企业历史流动比率水平进行比较。

(2)速动比率。速动比率比流动比率更能体现企业的短期偿债能力。速动比率是

在流动资产中扣除了变现速度较慢的存货以及预付账款、待摊费用等科目，计算公式为

$$速动比率＝速动资产÷流动负债$$

速动资产＝流动资产–存货–预付账款–待摊费用–待处理流动资产损失

速动比率较流动比率更能准确、可靠地反映借款人资产流动性及短期偿债能力。一般认为，速动比率等于1较为合适。如果速动比率低，则说明借款人的短期偿债能力存在问题；如果速动比率过高，则说明借款人速动资产过多，可能会失去一些有利的投资或获利机会。

（3）现金比率。现金比率是指现金及现金等价物与流动负债之比，计算公式为

$$现金比率＝（现金＋现金等价物）÷流动负债$$

一般认为，安全的现金比率不低于0.2。现金比率较速动比率更能谨慎反映企业的短期偿债能力。现金比率越高，说明企业面临的短期偿债压力越小；反之，则企业面临的短期偿债压力越大。但如果现金比率过高，则说明企业闲置资金过多，丧失了许多周转收益和投资收益。

2. 分析长期偿债能力

（1）资产负债率。资产负债率是指负债总额与资产总额之比，计算公式为

$$资产负债率＝负债总额÷资产总额×100\%$$

资产负债率反映了借款人利用债权人提供的资金进行经营活动的能力，也反映了债权人权益的保障程度。资产负债率越低，权益保障程度就越高。通常，正常企业的资产负债率应低于75%，如果企业资产负债率高于100%，则说明该借款人已资不抵债，濒临破产。

（2）产权比率。产权比率是指负债总额与所有者权益之比，又称债务股权比率，计算公式为

$$产权比率＝负债总额÷所有者权益×100\%$$

产权比率表示所有者权益对债权人权益的保障程度。该比率越低，表明借款人的长期偿债能力越强，债权人权益保障程度越高；反之，表明风险越大。

（3）利息保障倍数。利息保障倍数是指企业生产经营所获得的息税前利润与利息费用之比，计算公式为

$$利息保障倍数＝（利润总额＋利息费用）÷利息费用$$

利息保障倍数反映借款人偿付利息的能力，该比率越高，说明支付利息费用的能力越强；反之，则说明支付利息费用的能力较弱。

（二）盈利能力指标

盈利能力是借款企业获得利润的能力，包括借款企业在一定会计期间内从事生产经营活动的盈利能力和在较长时期内稳定地获得利润的能力。

1. 净资产利润率

净资产利润率是指利润总额与净资产总额之比，计算公式为

$$净资产利润率 = 利润总额 \div 净资产总额 \times 100\%$$

净资产利润率反映借款人的净资产获利能力，是衡量借款人负债资金成本高低的指标。如果净资产利润率高于银行借款利率，说明借款人适度负债经营成本低，经营有利；反之，则说明负债成本高。

2. 资产利润率

资产利润率是利润总额与资产总额之比，计算公式为

$$资产利润率 = 利润总额 \div 资产总额 \times 100\%$$

资产利润率用来衡量总资产获利效率。

3. 销售利润率

销售利润率是指利润总额与销售收入净额之比，计算公式为

$$销售利润率 = 利润总额 \div 销售收入净额 \times 100\%$$

其中，销售收入净额 = 销售收入 − 销售退回 − 销售折让及折扣

销售利润率反映单位产品或商品销售收入净额所实现利润的多少。对借款人连续几年的销售利润率进行比较，就可以判断出其销售活动盈利能力的发展趋势。

4. 成本费用利润率

成本费用利润率是指利润总额与当期成本费用总额之比，计算公式为

$$成本费用利润率 = 利润总额 \div 成本费用总额 \times 100\%$$

成本费用利润率越高越好，说明同样的成本费用取得更多的利润。

（三）营运能力指标

营运能力是指通过资产周转速度等有关指标反映出来的借款人的资产利用效率和管理、运用资产的能力。

1. 总资产周转次数

总资产周转次数是企业销售收入与总资产平均余额的比率，计算公式为

$$总资产周转次数 = 销售收入 \div 总资产平均余额$$

其中，总资产平均余额 = （年初总资产余额 + 年末总资产余额）÷ 2

总资产周转次数反映借款人销售能力和全部资产的周转速度，是衡量借款人资产利用效率的指标。总资产周转次数越多，周转越快，收入能力越强。

2. 存货周转次数

存货周转次数是指销售成本与存货平均余额之比，计算公式为

$$存货周转次数 = 年销售成本 \div 存货年平均余额$$

其中，存货年平均余额 = （年初存货余额 + 年末存货余额）÷ 2

存货周转次数反映的是借款人销售能力和存货库存状况。存货周转次数高，表明存货周转速度快，积压少，变现能力强。提高存货周转次数可以提高企业的变现能力。不同行业之间的存货周转次数差别很大，在评价存货周转次数时，应与借款人历史水平或同行业平均水平进行比较。

3. 应收账款周转率

应收账款周转率是指一定时期内赊销收入净额与应收账款平均余额之比，计算公式为

$$应收账款周转率＝赊销收入净额÷应收账款平均余额×100\%$$

其中，赊销收入净额＝销售收入–现销收入–销售退回–销售折让–销售折扣

应收账款平均余额＝（期初应收账款＋期末应收账款）÷2

应收账款周转天数＝计算期天数÷应收账款周转率

应收账款周转率反映的是应收账款计算期内的周转次数。周转次数越多，则说明应收账款周转越快，效率越高，应收账款变现速度越快，借款人营运能力和短期偿债能力越强。在分析中，应注意应收账款是否集中于某一客户，或回收期是否已超过120天或更长时间，这都说明风险很大。

4. 流动资产周转率

流动资产周转率是全年销售收入与流动资产年平均余额的比率，计算公式为

$$流动资产周转率＝全年销售收入÷流动资产年平均余额$$

其中，流动资产年平均余额＝（年初流动资产余额＋年末流动资产余额）÷2

流动资产周转率越高，周转速度越快，会相对节约流动资产，等于相对扩大资产投入，增强企业盈利能力；反之，则需要增补流动资产，降低企业盈利能力和偿债能力。

5. 固定资产周转率

固定资产周转率是借款人销售收入与固定资产平均余额的比率，计算公式为

$$固定资产周转率＝全年销售收入÷固定资产年平均余额$$

其中，固定资产年平均余额＝（年初固定资产余额＋年末固定资产余额）÷2

固定资产周转率越高，周转速度越快，会相对节约固定资产，等于相对扩大资产投入，增强借款人盈利能力；反之，则降低盈利能力。

三、财务分析方法

常用的财务分析方法主要包括比较分析法、结构分析法、趋势分析法和比率分析法。目前，各商业银行均有内部系统用于帮助客户经理分析客户企业财务情况。客户经理按照系统要求，将企业连续3年及最近一期的财务报表录入，系统会自动生成各科目数据、同科目各年度变化率、主要财务指标比率等。系统还会根据财务报表情况生成该企业简单评分情况。根据企业所属行业的不同，企业评分的标准不同，授信类型不同，财务分析的侧重点也不同。商业银行通常会要求客户经理根据企业审计报告及财务分析系统综合对企业情况加以分析。下面简单介绍一下主要财务分析方法在各财务报表中的实际应用。

（一）比较分析法

比较分析法可以用于对客户资产负债及利润表的分析，分别比较客户其他会计年度

同期及行业平均水平以及预算的差异，得出一定结论。表5.1为比较分析法下的某企业利润表：

表5.1 比较分析法下的某企业利润表

项目	本年	上年	行业平均	预算
主营业务收入	100%	100%	100%	100%
主营业务成本	58%	54%	55%	56%
主营业务利润	42%	46%	45%	44%
营业费用	5%	6%	4%	6%
管理费用	8%	9%	10%	8%
财务费用	7%	9%	5%	5%
利润总额	22%	22%	26%	25%
所得税	8%	9%	9%	10%
净利润	14%	13%	17%	15%

根据表5.1中的数据，我们运用比较法，对该企业的利润进行分析。

（1）比较上年。本年主营业务成本上升，各项费用和所得税均下降，净利润比上年小幅提高。

（2）比较同业。主营业务成本高于同业水平；费用当中，营业费用、财务费用高于同业，管理费用低于同业；净利润较行业平均水平低，且净利润连续两年均低于同业水平。比较结果表明，该企业可能由于缺乏管理人才，管理者能力较同行业低，维持运营的费用比较高。另外，该企业财务费用明显高于同业，证明该企业融资成本较高。

（3）比较预算。主营业务成本高于预算，营业费用、财务费用均高于预算，所得税较预算低。比较结果表明，该企业实际费用控制比预算高，可能由于突发情况导致。

（二）结构分析法

在资产负债表结构分析中，通常将资产总计作为100，各资产构成项目分别化为资产总值的百分比；将负债与股东权益总值作为100，各负债和股东权益项目化为总值的百分比，以反映资本构成。

在利润表结构分析中，通常以主营业务收入总额作为100，其他各项目化为主营业务收入项目的百分比。

在现金流量表结构分析中，通常分为现金流入结构分析、现金流出结构、净现金流量结构、现金流量结构的变动4种情况，分别加以分析。

运用结构分析法分析某企业存货构成的期初期末变化，可得表5.2。

表5.2　结构分析法分析某企业资产负债表中的存货

项目	期初		期末	
原材料	626万元	23.5%	307万元	7.9%
低值易耗品	44万元	1.7%	52万元	1.3%
库存商品	2039万元	74.8%	3513万元	90.8%
合计	2709万元	100%	3872万元	100%

由表5.2可知，该企业存货中库存商品占有很大比重；期末存货增加系库存商品增加所致；企业存货出现积压，销售可能有问题。

（三）趋势分析法

在资产负债趋势分析中，通常要使用连续两期以上的报表资料。在分析时，一方面计算出各项目逐年增减变动的金额；另一方面以第一年为基期，并假定基数为100，再计算出各项目各年数据与基年相比的百分比，以揭示变动趋势。

在利润表及利润分配表趋势分析中，通常以第一年数或上年数作为基期数，并定为100，再计算出各年与该基期年相比各项目的增减变动金额及增减百分比，以反映损益和利润分配的变动趋势。一般来讲，分析中所取期间数越多，揭示的变动趋势就越准确。

现金流量表趋势分析指根据公司前后若干年的现金流量表，进行相同项目的对比分析，以反映公司短期或长期现金流量的变化趋势，作为进行决策的重要依据。

运用趋势分析法分析某企业资产负债表中的存货，可得表5.3。

表5.3　趋势分析法分析企业资产负债表中的存货

项目	2021年	2020年	2019年	2018年
营业收入	35 727万元	35 124万元	33 896万元	31 000万元
毛利率	11.7%	12.3%	14.1%	14.5%

由表5.3可知，四年来企业主营业务收入小幅增长，毛利率不断下降；2021年毛利率下降速度为4.88%[（12.3%–11.7%）/12.3%]快于主营业务下降速度1.72%[（35 727–35 124）/35 124]，短期内业绩难以改善。

（四）比率分析法

比率分析法是在同一张财务报表的不同项目之间、不同类别之间，或在两张不同财务报表（如资产负债表和损益表）的有关项目之间作比较，用比率来反映它们之间的关系，以评价客户财务状况和经营状况好坏的一种方法。比率分析法是财务分析中较常用的一种方法。

实训活动

活动：财务指标分析

1. 活动资料

根据某公司2018—2021年近期的财务报表主要数据及根据财务报表计算出的财务指标情况如表5.4、表5.5、表5.6所示。

表5.4　某公司2018—2021年3月的主要财务数据

项　目	2018年	2019年	2020年	03/2021
资产总额/万元	34 956.31	45 374.18	46 709.33	41 549.37
负债总额/万元	18 675.85	27 381.60	25 895.90	25 288.51
其中：银行借款/万元	5 000.00	8 000.00	14 00.00	12 500.00
所有者权益/万元	16 280.46	17 992.59	20 813.42	16 260.86
主营业务收入/万元	48 190.68	60 251.15	48 710.35	14 126.35
净利润/万元	1163.60	1741.94	2820.84	92.41
经营性现金净流量/万元	388.13	67.40	89.32	3123.89
主营业务利润率/%	10.69	11.44	13.86	10.27
净资产收益率/%	8.38	10.17	14.54	0.50
资产负债率/%	53.43	60.35	55.44	60.86
全部资本化比率/%	44.42	52.65	48.36	51.82
流动比率/%	130.20	115.25	119.28	96.09
速动比率/%	92.08	85.76	84.69	45.43

表5.5　2018—2020年某公司经营效率指标

项目	2018年	2019年	2020年
主营业务收入增长率/%	20.45	25.03	−19.15
应收账款周转率/次/年	5.35	5.39	3.5
存货周转率/次/年	9.06	8.55	5.82
流动资产周转率/次/年	2.09	2.16	1.56
总资产周转率/次/年	1.52	1.5	1.06

表5.6　某公司2018年至2021年3月偿债能力指标

项目	2018年	2019年	2020年	03/2021
资产负债率/%	53.43	60.35	55.44	60.86
全部资本化比率/%	44.42	52.65	48.36	51.82
流动比率/%	130.2	115.25	119.28	96.09
速动比率/%	92.08	85.76	84.69	45.43
已获利息倍数/倍	3.31	5.23	6.61	1.47

2. 活动设计

全班分成4人一组，完成以下任务。

（1）阅读表5.4，理解各指标含义，概括企业总体的财务状况；

（2）阅读表5.5，对公司的各个经营效率指标进行解读，总结企业2008年到2010年经营效率的变化情况；

（3）阅读表5.6，对公司的偿债能力进行解读，总结企业2008年到2011年3月偿债能力的变化情况；

（4）通过表5.4、表5.5、表5.6，对企业整体的财务情况、经营效率情况和偿债情况进行分析，并得出分析结论。

3. 活动评价

根据每组的实训报告进行评价。

任务四　担保分析

【学习目标】

知识目标

- 熟悉担保的概念和方式;
- 掌握保证期间、保证责任的概念;
- 了解可充当抵押物的规定;
- 了解可充当质物的规定。

能力目标

- 能够正确判断保证人的资格条件;
- 能区分抵押和质押;
- 能够掌握担保的审查要点。

职业素养目标

- 使学生具备合法合规的规范意识;
- 使学生具备踏实严谨的工作作风。

【知识准备】

贷款担保是为提高贷款偿还的可能性,降低银行资金损失的风险,银行在发放贷款时要求借款人或第三方提供担保,以保障贷款债权实现的法律行为。担保是保障贷款偿还的第二偿债来源,分析客户的真实担保能力对于客户经理正确把握和控制客户信用风险非常重要。

一、保证担保

保证担保是人的担保,是商业银行按照《民法典》规定的保证方式约定,当债务人不履行债务时,保证人按照约定履行债务或承担连带责任的行为。

(一)保证方式

保证方式分为一般保证和连带责任保证两种方式。一般保证是指当债务人不能履行债务时,才由保证人承担保证责任的。连带责任保证是指在债务到期时,债务人没有还款,债权人既可以要求债务人还款,也可以要求保证人承担还款责任。在银行信贷业务当中,银行与客户约定的保证人承担的多为连带责任保证。

（二）共同保证

同一债务有两个以上保证人的，称为共同保证。在共同保证中，保证人应当按照保证合同约定的保证份额，承担保证责任。没有约定保证份额的，保证人承担连带责任，债权人可以要求任何一个保证人承担全部保证责任，保证人都负有担保全部债权实现的义务。

（三）保证期间

保证期间是根据当事人约定或者法律规定，债权人应当向债务人（在一般保证情况下）或向保证人（在连带责任保证情况下）主张权利的期间，债权人在此期间内没有主张权利的，则保证人不再承担保证责任。保证期间有以下三类。

（1）约定期间。债权人和保证人在保证合同中约定保证人承担保证责任的时限，一般为主债务履行期届满之日起两年。

（2）法定期间。根据《民法典》规定，保证人和债权人未约定保证期间的，保证期间为主债务履行期届满之日起6个月。

（3）连续保证期间。对连续发生的债权在一定的最高限额内提供保证的期间。最高额保证合同已约定保证期间的，执行约定期间；没有约定或约定不明的，保证期间自清偿期限届满之日起6个月；没有约定债务清偿期限的，保证期间自最高额保证终止之日或自债权人收到保证人终止保证合同的书面通知到达之日起6个月。

（四）保证人需要提交的资料

1. 保证人是法人

（1）信贷担保承诺书。担保承诺书应对保证责任做出明确承诺，必须具备以下内容：被保证人名称，保证的信贷类别、币种、金额、期限等。担保承诺书上应加盖公章，并由法定代表人签字，资料5.1为银行法人担保承诺书样本。

【资料5.1】

法人担保承诺书样本

_____：

　　根据_____（借款人）向_____（债权人）借款人民币_____万元，本保证人愿意为该笔借款提供抵押担保。特此开立抵押保证承诺书，向_____（债权人）保证承担下列各项责任：

　　一、本抵押保证书为无条件不可撤销终生连带责任保证书，担保金额为人民币（大写）_____和借款项下发生的费用及罚息。

　　二、本抵押保证人保证借款人按照借款合同规定的用途使用借款，不得挪作他用，不得用借款进行违法活动。自借款之日起，于每月_____日前归还债权人借款

_____万元，借款期限届满时，借款人将剩余借款一次性归还债权人。

三、本抵押保证书保证在_____（借款人）未按借款用途使用借款，或由于各种原因无力偿还借款、抵押物明显贬值、未按约定的还款日期和方式履行还款责任的，_____（债权人）有权解除合同，并有权要求抵押保证人提前归还合同借款，且有权按照逾期归还借款的时间加收相当于银行同期四倍利息的罚息，自债权人的提前还款通知送达借款人之日5日后开始计收。

四、本抵押保证书保证在借款人不能按期归还借款、费用和罚息的，有权依法变卖或拍卖抵押担保人提供的抵押品：国有土地（国有土地使用权证号：_____）及地上房产（房屋所有权证号：_____），或以其他合法方式将抵押物变现，所得资金用以偿还债权人的借款、费用及罚息，不足清偿债务时，其不足部分应由借款人、抵押担保人继续负责清偿，直至全部偿清为止。

五、本抵押保证书在债权人同意借款方延期时继续有效。

六、本抵押保证书是一种连续担保和赔偿的保证，不受借款方与任何单位、个人签订任何协议、合同的影响，也不因借款方是否破产，无力清偿借款，丧失企业资格，以及关、停、并、转等变化而有任何改变。

七、本抵押保证人具有完全民事行为能力，并有足够代偿借款的财产作保证，保证履行本保证书所规定的义务。

八、本抵押保证书自签发之日起生效，至还清借款方所欠全部借款、费用和罚息止。

保证人（抵押人）：

住　　所：

法定代表人（签字）：　　　　　　　　身份证号：

电　　话：　　　　　　　　　　　　　邮政编码：

保证人（抵押人）：

住　　所：

法定代表人（签字）：　　　　　　　　身份证号：

电　　话：　　　　　　　　　　　　　邮政编码：

20　年　月　日

（2）企业法人营业执照、税务登记证、企业代码证、贷款证（卡）和企业年检证明。保证人如为企业法人的分支机构，同时还要提供企业法人的书面授权委托书原件。

（3）法定代表人或授权代理人的身份证明及授权委托书。

（4）经过审计的最近三个年度及最近连续数期财务报告。成立不足三年的，提供成立以来各年度及最近连续数期财务报告。

（5）为其他企业或个人未结清债务提供担保的证明文件或无债务担保证明书。

（6）保证人与债务人之间存在关联关系的证明文件或无关联关系证明书。

（7）股份有限公司、有限责任公司、中外合资企业、中外合作企业、外资企业提供保证的，须提供董事会（或类似机构）同意提供保证的证明文件（依照企业章程担保行为不需批准的除外）。

（8）银行要求的其他材料。

2. 保证人为自然人

（1）同意担保承诺书，如资料5.2所示。

【资料5.2】

自然人担保承诺书

××银行××支行：

　　兹有承诺人：王×，男，现年44岁，妻子张××，现年39岁，家住××市××路2号3幢×单元×楼×号。因李××在××市阳光广场购买营业用房自有资金不足，于2022年4月4日向你行申请抵押借款壹佰伍拾万元整，期限一年。现我们自愿用我们位于××市××路××街××号××门市，面积220平方米为李××在你行借款壹佰伍拾万元作抵押担保，承诺如李××到期不能还清本息，你行有权没收、变卖我们用于抵押的房产用作还贷，直至还清李××在你行借款本息为止，我们无异议，同时由我们承担你行在实现债权过程中所产生的一切费用。

　　特此承诺！

承　诺　人：

财产共有人：

2022年5月4日

（2）有效身份证件。

（3）固定居所证明。

（4）财产或收入状况证明。

（5）同意提供担保的书面材料。

（6）银行认为需要提交的其他材料。

（五）保证人的资格限制及保证人的免责

1. 不得担任保证人的主体范围

（1）机关法人不得为保证人，但是经国务院批准为使用外国政府或者国际经济组织贷款进行转贷的除外；

（2）以公益为目的的非营利法人、非法人组织不得为保证人。

2. 保证人的免责

当出现法定或者约定的事由，保证人不再承担保证责任。保证责任的免除事由包括以下几项。

（1）保证期间内，债权人未按规定对债务人、保证人主张权利的。

（2）保证期间内，债权人许可债务人转让债务，未经保证人同意的。

（3）保证期间内，债权人与债务人协议变更主合同加重债务人债务，未经保证人书面同意的，保证人对加重的部分不承担保证责任。

（4）保证人在物保的范围内免责。同一债权既有保证人担保又有物的担保的，债权人放弃物的担保，保证人在债权人放弃权利的范围内免除保证责任。

（5）主合同当事人双方串通，骗取保证人提供保证的，以及主合同债权人采取欺诈、胁迫等手段，使保证人在违背真实意思的情况下提供保证的。

（6）最高额保证合同未约定保证期间，保证人书面通知银行终止保证合同的，保证人对于通知到达银行后所发生的贷款不承担保证责任。

（7）主合同当事人双方协议以新贷偿还旧贷，除保证人知道或者应当知道的外，保证人不承担保证责任，但新贷与旧贷是同一保证人的除外。

（8）保证人行使免责抗辩权。

（9）借款人破产的，银行申报债权后在破产程序中未受清偿的部分，应当在破产程序终结后6个月要求保证人承担保证责任，超过6个月提出的，保证人免除保证责任。

（10）银行知道或应当知道借款人破产，既未申报债权也未通知保证人，致使保证人不能预先行使追偿权的，保证人在该贷款破产程序中可能受偿的范围内免除保证责任。

（11）子公司为母公司担保无效，保证人免去大部分责任。

（12）企业集团财务公司只能为本企业集团的成员单位提供担保，为本集团公司成员以外的单位和个人提供担保无效。

银行应特别注意保证人的免责情况，以免造成资金损失。

（六）分析保证担保

1. 分析保证的合法合规性

（1）保证人的主体资格分析。保证人必须是具有代为清偿能力的法人、其他组织或自然人，必须符合保证人的资格和条件。

（2）分析保证的程序是否合规：一是看保证人的保证担保是否获得上级主管单位批准；二是看保证人内部授权或程序是否完整。

2. 分析保证人的履约意愿

保证人的履约意愿是决定保证人能否承担代偿责任的重要因素。保证人即使有偿债能力，如果主观上不愿意履约，在借款人无法如愿偿还银行贷款时，保证人会找出各种理由拒绝履行保证责任。分析保证人的履约意愿可以从以下几个方面着手。

（1）分析保证人与被保证人的关系。如果保证人与被保证人关系密切，则保证人的履约意愿相对较强。

（2）分析保证责任的利益补偿。在有些保证关系中，保证人承担保证责任要获得利益补偿，如专业担保公司收取的担保费，这类贷款保证人对借款人的约束性较强，担保公司会要求借款人提供适当的反担保措施。

（3）分析保证合同的真实合法性。完备的保证文件是确立保证责任的前提。公证是对保证合同真实性、合法性进行确认的准司法行为。如果保证人提供了完备的保证合同，并且愿意办理保证合同公证，表明保证人的保证意愿强。

3. 分析保证人的代偿能力

对保证人的代偿能力的分析和对借款人的还款能力的分析是一致的，主要考虑以下几个方面。

（1）保证人的收入及资产是否足以覆盖其所担保的借款的金额。

（2）保证人对可用于代偿的财产是否具有处分权。

（3）保证人用作代偿的财产是否可以变现。

二、抵押担保

抵押是指债务人或者第三人不转移对财产的占用，而将该财产作为债权的担保，当债务人不履行债务时，债权人有权按照规定以该财产折价或者拍卖、变卖的价款优先受偿。其中债务人或者第三人为抵押人，债权人为抵押权人，提供担保的财产为抵押物。

（一）抵押的范围

1. 法律规定可抵押的财产范围

债务人或第三人有权处分的下列财产可以抵押。

（1）建筑物和其他土地附着物。

（2）建设用地使用权。

（3）海域使用权。

（4）生产设备、原材料、半成品、产品。

（5）正在建造的建筑物、船舶、航空器。

（6）交通运输工具。

（7）法律、行政法规未禁止抵押的其他财产。

抵押人可将上述财产一并抵押。

2. 法律禁止抵押的财产

（1）土地所有权。

（2）宅基地、自留地、自留山等集体所有的土地使用权，但是法律规定可以抵押的除外。

（3）学校、幼儿园、医院等以公益为目的成立的非营利法人的教育设施、医疗卫生设施和其他社会公益设施。

（4）所有权、使用权不明或者有争议的财产。

（5）依法被查封、扣押、监管的财产。

（6）法律、行政法规规定不得抵押的其他财产。

3. 抵押物的条件要求

作为抵押物的财产必须符合如下三个前提条件。

（1）必须是权属无争议的财产。该财产必须是抵押人享有所有权、处分权或经营权的财产，他人财产不能充当抵押物，不能自由处分的财产不得设定抵押。

（2）必须是法定可以抵押的财产，且其处置不妨碍公共利益。

（3）必须是价值稳定，且依法可以流通转让的财产。银行接受抵押物并非为了取得抵押物，而是为了在借款人不履行债务时，处理抵押物并以其价款优先受偿。因此，抵押物必须是可以进入市场交易的财产，并且便于估价，易于变现，在抵押期及预计的变现期内经正常存放、使用不会损毁其价值或使抵押物灭失。

（二）抵押额度的确定

1. 抵押物评估

抵押物的估价是评估抵押物的现值，就是确定抵押物的最高担保能力。一般情况下，抵押物现值可通过以下几个途径获得：一是由抵押人与银行双方协商对抵押物价值进行评估；二是委托具有评估资格的中介机构对抵押物价值进行评估；三是参照经审计过的财务报表和现场检查由银行自行评估。在实际操作中，银行一般要求抵押人提供资产评估机构出具的评估报告，并根据评估价值打折扣后确定授信额度。这就要求银行认真审查评估报告的真实性和准确性，防止评估价值中掺有水分。

不同的抵押物有不同的评估方法，一般的估价方法有以下几种。

（1）对于房屋建筑的估价，主要考虑房屋和建筑物的用途及经济效益、新旧程度和可能继续使用的年限、原来的造价和现在的造价等因素。

（2）对于机器设备的估价，主要考虑的因素是无形损耗和折旧，估价时应扣除折旧。

（3）对库存商品、产成品等存货的估价，主要是考虑抵押物的市场价格、预计市场涨落、抵押物销售前景。

（4）对可转让的土地使用权的估价，取决于该土地的用途、土地的供求关系。

在抵押物的价值评估时，银行还应考虑到估价的时间性和地区性、市场趋势、银行处理同类抵押物的经验和抵押物处置的费用。

2. 抵押率的确定

抵押率是指贷款金额与抵押物价值之比，是将抵押物在抵押期内自然的或经济的贬值因素、法定的和约定的处理费用扣除后的估算值与现值的比率。抵押率反映了第二还款来源的保障程度。如果按抵押率计算，抵押物的价值不足以承担担保的，应另行提供其他担保。

不同类型的贷款需要不同的抵押物，抵押率不尽相同。抵押率的确定受许多因素的影响，如抵押物的流动性、市场条件、抵押物类型、贷款期限的长短和通货膨胀等。抵押率的高低也反映银行对抵押贷款风险所持的态度。抵押率低，说明银行对抵押贷款采取比较审慎的态度；反之，则说明银行对此采取了较为宽松的态度。

3. 抵押额度的确认

由于抵押物在抵押期间会出现损耗、贬值，在处理抵押物期间会发生费用，以及银行信贷业务有利息、费用，逾期有罚息、违约金等原因，银行一般不能向借款人提供与抵押物等价的贷款额度。贷款额度要在抵押物的评估价值与抵押率的范围内加以确定，其计算公式为

$$抵押贷款额＝抵押物评估值×抵押率$$

$$抵押率＝贷款本息额÷抵押物现值×100\%$$

抵押人所担保的债权不得超出其抵押物的价值。财产抵押后，该财产的价值大于所担保债权的余额部分，可以再次抵押，但不得超出其余额部分。

（三）分析抵押担保

（1）分析借款人的法律主体资格是否合法，即确定客户提供资料的合法性、真实性和有效性，防止客户提供虚假资料。

（2）审查抵押人的合法资格和抵押物的所有权是否明晰，即抵押人是否出具合法有效的股东会或董事会同意抵押决议书、财产共有人同意抵押意见书或承诺书；了解抵押物的租赁情况。

（3）分析抵押物评估价值是否合理。抵押物一般由有资质的评估机构进行评估，但由于评估业务市场竞争激烈，部分评估机构也可能会根据抵押人的意愿出具评估报告，导致抵押物价值高估。

（4）分析抵押物的评估价值的合理性、价值变化趋势以及抵押物的变现能力，结合贷款品种和期限，判断抵押率是否合理。

三、质押担保

质押是指债务人或者第三人将其动产、权利凭证或者其他财产权利作为债权的担保，债务人不履行债务时，债权人有权依法以该质押财产折价或以拍卖、变卖该财产的价款优先受偿。设立质权的人，称为出质人；享有质权的人，称为质权人；债务人或者第三人移交给债权人的动产或权利为质物。质押的特征是出质人保留财产所有权，但质权人必须占有质押物。根据《民法典》的规定，质权分为动产质权和权利质权。

（一）质押的范围

1. 法律规定可质押的财产范围

（1）出质人所有的、依法有权处分的机器、交通运输工具和其他动产。

（2）汇票、支票、本票、债券、存款单、仓单、提单。

（3）依法可以转让的基金份额、股权。

（4）依法可以转让的商标专用权、专利权、著作中的财产权等知识产权。

（5）现有的以及将有的应收账款。

（6）法律、行政法规规定可以出质的其他财产权利。

2. 质权生效的条件

根据法律规定，质权自交付质押财产或权利凭证时设立。没有权利凭证的，质权自办理出质登记时设立。法律另有规定的，依照其规定。

质押合同的生效因质物种类不同分为实物交付生效、权利凭证交付生效、权利登记生效三种情况。动产质押采用实物交付生效，即以出质人将质押财产交给银行实际占有为信贷业务质押合同的生效要件。权利质押有两种情况：一是财产权利有财产凭证可移交的，如汇票、本票、支票、债券、存款单、仓单、提单等，采用权利凭证交付生效的原则，质押合同自财产权利凭证交付之日起生效；二是财产权利没有凭证的，如可转让股票、商标专用权、专利权、著作权等，或者虽有凭证但依法不能转交为他人占有的，以登记为合同生效要件。

（二）质押与抵押的区别

质押与抵押都属于物权担保，两者有如下区别。

（1）质权的标的物与抵押权的标的物的范围不同。质权的标的物为动产和财产权利，动产质押形成的质权为典型质权。我国法律未规定不动产质权。抵押权的标的物可以是动产和不动产，以不动产较为常见。

（2）标的物的占有权是否发生转移不同。抵押权的设立不转移抵押标的物的占有，而质权的设立必须转移质押标的物的占有。

（3）对标的物的保管义务不同。抵押权人没有保管标的物的义务，而质权人对质物则负有善良管理人的保管义务。

（4）受偿顺序不同。在质权设立的情况下，一物只能设立一个质押权，因而没有受偿的顺序问题。而一物可设数个抵押权，当数个抵押权并存时，有受偿的先后顺序之分。

（5）能否重复设置担保不同。在抵押担保中，抵押物价值大于所担保债权的余额部分，可以再次抵押，即抵押人可以同时或者先后就同一项财产向两个以上的债权人进行抵押，也就是说，法律允许抵押权重复设置。而在质押担保中，由于质押合同是从质物移交给质权人占有之日起生效，因此在实际中不可能存在同一质物上重复设置质权的现象。

（6）对标的物孳息的收取权不同。在抵押期间，不论抵押物所产生的是天然孳息还是法定孳息，均由抵押人收取。只有在债务人不履行债务致使抵押物被法院依法扣押的情况下，自扣押之日起，抵押权人才有权收取孳息。在质押期间，质权人依法有权收取质物所生的天然孳息和法定孳息。

（三）质押额度的确定

1. 质物评估

质物的评估就是确定质物的现值，也是确定质物的最高担保能力。银行为防范质物的价值风险，应要求质物经过有行业资格且资信良好的评估公司或专业质量检测，物价管理部门做价值认定，再确定一个有利于银行的质押率。

2. 质押率的确定

确定质押率的依据主要有质物的适用性、变现能力和质物、质押权利价值的变动趋势三种。一般可从质物的实体性贬值、功能性贬值及质押权利的经济性贬值或增值三方面进行分析。

质押率是指贷款金额与质物价值之比。其计算公式为

$$质押率＝贷款金额÷质物现值×100\%$$
$$质押额度＝质物评估值×质押率$$

一般权利质押的贷款额度最高不超过质押权利凭证票面价值的90%，动产质押贷款额度最高不超过动产评估价值的70%。

（四）分析质押担保

（1）分析出质人的合法资格和质物是否合规，所有权是否明晰，如出质人是否出具合法有效的股东会或董事会同意质押决议书、财产共有人同意质押意见书或承诺书。

（2）分析质物的评估价值的合理性、价值变化趋势以及质物的变现能力，结合贷款品种和期限判断质押率是否合理。

实训活动

活动一：选择合法有效的法人提供保证

1. 活动资料

辽宁某工业区招商引资，为高新科技型企业提供三年内的免费办公场所和厂房，并在工商行政管理、财务方面给予优惠政策。经工业区介绍，对区内企业融资方面的需求，辽宁某银行提供金融配套服务，并提供个人助业贷款。

某民营科技型企业进驻该工业区，提出企业融资要求。以该企业的控股股东王某为借款人，向银行申请个人助业贷款200万元，借款期限为2年。由于该企业在辽宁没有房屋可以作为抵押物提供担保，要求工业区提供保证担保，该企业同意以生产设备作为反担保。经工业区研究同意，由开发区招商办公室为该企业提供连带责任保证。

2. 活动设计

全班分成4人一组，针对上述资料，就以下问题做出说明：

（1）上述资料中涉及的个人助业贷款是什么类型的贷款？

（2）上述资料中的债权债务关系和担保关系怎么样？

（3）保证人是否具备保证资格？

（4）如果保证人不合法有效，如何变更合法有效的保证人？

（5）整理上述问题，撰写实训报告。

3. 活动评价

根据每组的实训报告进行评价。

活动二：最高额抵押与禁止抵押竞合，银行债权落空

1. 活动资料

某进出口公司为解决出口服装流动资金不足的问题，需要经常向银行申请借款。该进出口公司除了拥有一幢评估价值为5 000多万元人民币的办公楼之外，没有其他高价值的财产。但是，因为该进出口公司用款的时间不易确定，用款数额也难以固定，每次办理借款的时间较紧，并且该进出口公司又不具备信用借款的条件，办理保证贷款又难以找到合格的保证人，所以一次又一次地用办公楼办理抵押借款，手续非常麻烦。

2018年5月21日，该公司与银行签订了一份最高额的房地产抵押合同。合同约定：在5000万元的最高额贷款限度内，该公司以其办公楼对自2018年6月1日至2021年6月1日这一期间连续发生的借款合同做抵押担保。借款人履行债务的期限为每份借款合同约定的还款期限。同日，双方又签订了一份余额为2100万元人民币的借款合同，借款期限为2018年6月1日至2018年9月1日，并与最高限额房地产抵押合同一起，依法办理了抵押登记手续。2018年6月1日银行发放第一笔贷款。第一笔借款到期后该公司按约及时归还了借款本息。此后，该公司与银行又先后办理了金额分别为700万元和1200万元的两笔借款，没有发生纠纷。

2019年11月15日，贷款银行与该公司又签订了第4份借款合同，借款期限为2019年11月15日到2020年8月15日，并按约发放了2500万元贷款。2020年6月10日，银行信贷审查人员在贷后检查时发现，因服装公司诉进出口公司3500万元的贷款纠纷一案，法院于2019年10月22日对作为最高限额抵押物的办公楼实施了查封措施，后因进出口公司败诉，法院拍卖了进出口公司的办公楼。

2. 活动设计

全班分成4人一组，针对上述资料，就以下问题做出说明：

（1）资料中借款人、贷款人、抵押人、抵押物分别是谁？

（2）理解什么是最高额抵押担保？该资料中，最高额抵押担保的债权范围是什么？

（3）该资料的主要风险点是什么？

（4）如何在抵押物的审查中避免案例中出现的风险？

（5）撰写实训报告。

3. 活动评价

根据每组的实训报告进行评价。

活动三：未履行相关质押出质程序，债权落空

1. 活动资料

A公司出资1000万元参股B有限责任公司，占股10%，2008年，A公司将这10%的股权质押给C银行，贷款800万元，A公司在其他银行也有贷款。2009年，A公司无力偿还D银行的1000万元贷款，D银行起诉A公司，并对A公司所持有的B公司10%股权提起诉讼保全，法院查封了这10%的股权。C银行也起诉A公司，要求法院判定C银行对这10%股权享有优先受偿权。法院认为：因C银行未在B有限责任公司的股东名册上记载股份出质事项，违反了《民法典》第443条"以基金份额、股权出质的，质权自办理出质登记时设立"的规定，据此，判定C银行与A公司签订的质押合同无效，股权质押无效，A公司偿还800万元贷款本息，C银行对这10%股权不享有优先受偿权。随后，A公司破产，C银行收回5万元；而D银行通过变现该股权，收回了全部贷款本息。

2. 活动设计

全班分成4人一组，针对上述资料，就以下问题做出说明：

（1）什么是质押？股权质押的主要规定是什么？

（2）《民法典》中规定的股权质押的程序是什么？

（3）上述资料中，导致C银行股权质押无效的原因是什么？

（4）从资料中我们得到什么启示？

（5）撰写实训报告。

3. 活动评价

根据每组的实训报告进行评价。

任务五　客户信用评级

【学习目标】

知识目标
- 了解客户信用评级的内容；
- 掌握对客户进行信用评级的方法。

能力目标
- 能够对客户的信用评级报告进行解读；
- 能够利用信用评级表对客户进行打分。

职业素养目标
- 培养学生的风险识别能力；
- 培养学生自律自制的个人修养。

【知识准备】

客户信用评级是商业银行对客户偿债能力和偿债意愿的计量和评价，反映客户违约风险的大小。评级对象包括企业客户和自然人客户，所评价的目标是借款客户按合同约定如期履行债务或其他义务的能力和意愿。

一、企业客户信用评级

（一）企业信用评级指标体系

企业信用评级指标体系一般包括财务分析和非财务分析两方面的内容。财务分析是信用等级评定的主体，非财务分析是对财务分析的结果进行修正、补充和调整。各个银行根据自身的情况所设定的具体指标会有所差别，并且在实践中根据客观情况的变化，会定期进行修改和补充。表5.7是某商业银行对工业企业进行评价的指标体系。

表5.7　某商业银行工业企业信用评级指标体系

序号	指标名称	满分	计算公式	计分方法
一、信用履约评价				
1	利息偿还率	4	本年实际支付利息÷本年应付利息×100%	≥100%，为满分；其余的，为实际值÷100%×4

（续表）

序号	指标名称	满分	计算公式	计分方法
2	到期信用偿还率	4	（本期到期信用偿付额-借新还旧-非正常还款额）÷116×100%	≥100%，为满分；其余的，为实际值÷100%×4
3	结算回行率	5	A. 销货款回收额全部在本行发生；B. 主要在本行；C. 经常在本行发生；D. 其他	A. 5；B. 3；C. 2；D. 0
4	贷款形态	6	A. 全年无次级以下（含）；B. 无损失类、可疑类；C. 可疑类在2次（含）以下，但无损失类；D. 可疑类在2次以上，或有损失类	A. 6；B. 4；C. 2；D. 0
			二、偿债能力评价	
5	资产负债率	7	负债合计÷1资产总计×100%	≤50%，为满分；每高2.5个百分点扣0.5分，扣至0分为止
6	流动比率	5	流动资产÷1流动负债×100%	≥130%，为满分；每低2.5个百分点扣0.5分，扣全0分为止
7	速动比率	4	（流动资产-存货-预付账款-待摊费用）÷流动负债×100%	≥100%，为满分；每低2.5个百分点扣0.5分，扣至0分为止
8	现金流量	4	经营性现金净流量>0，（经营现金净流量+投资现金净流量+筹资现金净流量）>0，得4分；经营性现金净流量>0，（经营现金净流量+投资现金净流量+筹资现金净流量）≤0，得3分；经营性现金净流量≤0，（经营现金净流量+投资现金净流量+筹资现金净流量）>0，得2分；经营性现金净流量≤0，（经营现金净流量+投资现金净流量+筹资现金净流量）≤0，得0分	
9	或有负债比例	3	未解除责任的对外担保÷所有者权益×100%	实际值为0的，得满分；≥50%且≤100%的，得1分；>100%的，得0分
10	利息保障倍数	2	（利润总额+本年实际支付利息）÷本年实际支付利息	≥4的，得满分；其余的，为实际值÷4×2
			三、盈利能力评价	
11	总资产报酬率	4	（利润总额+本年实际支付利息）÷平均总资产×100%	≥8%的，得满分；其余的，为实际值÷8%×4
12	销售（营业）利润率	4	（主营业务利润）÷主营业务收入×100%	≥20%的，得满分；其余的，为实际值÷20%×4
13	净资产收益率	5	净利润÷平均净资产×100%	≥12%的，得满分；其余的，为实际值÷12%×5
			四、经营能力评价	
14	流动资产周转次数	5	主营业务收入÷平均流动资产×100%	≥3的，得满分；其余的，为实际值÷3×5
15	产（商）品销售率	5	主营业务成本÷（主营业务成本+存货中的产品成本）×100%	≥95%的，得满分；其余的，为实际值÷95%×5

（续表）

序号	指标名称	满分	计算公式	计分方法
16	应收账款周转次数	7	主营业务收入÷平均应收账款×100%	≥5的，得满分；其余的，为实际值÷5×7

五、企业领导者素质

序号	指标名称	满分	计算公式	计分方法
17	经历	2	A. 五年以上的；B. 三年以上的；C. 不足三年的	A. 2；B. 1；C. 0
18	学历	2	A. 大学本科及以上；B. 大专；C. 高中及以下	A. 2；B. 1；C. 0
19	品德	3	A. 好；B. 较好；C. 一般；D. 差	A. 3；B. 2；C. 1；D. 0
20	能力	4	A. 好；B. 较好；C. 一般；D. 差	A. 3；B. 2；C. 1；D. 0
			A. 高；B. 一般；C. 差	A. 1；B. 0.5；C. 0
21	业绩	3	A. 三年内获省级以上优秀企业称号，行业排名前10或产品市场占有率超过25%的；B. 连续三年盈利，且主营业务收入与主营业务利润持续增长；C. 业绩一般的；D. 业绩差的	A. 3；B. 2；C. 1；D. 0

六、发展前景

序号	指标名称	满分	计算公式	计分方法
22	利润总额增长情况	2	A. 连续三年增长或减亏；B. 连续两年增长或减亏；C. 三年内有增长或减亏；D. 三年内无增长或减亏	A. 2；B. 1.5；C. 1；D. 0
23	销售增长率	2	销售收入的增加额÷上年销售收入	≥10%，得2分；≥8%，得1.5分；≥5%，得1分；≥2%，得0.5分；<2%，得0分
24	资本增值率	2	所有者权益的增加额÷上年所有者权益×100%	≥7%，得2分；≥5%，得1.5分；≥2%，得1分；≥1%，得0.5分；<1%，得0分
25	行业发展状况	2	A. 成熟行业；B. 新兴行业；C. 衰退行业	A. 2；B. 1.5；C. 0
26	市场预计状况	2	A. 供不应求；B. 供求平衡；C. 供大于求	A. 2；B. 1；C. 0
27	主要产品寿命周期	2	A. 投入期；B. 成长期；C. 成熟期；D. 衰退期	A. 1.5；B. 2；C. 1；D. 0
28	地理、购物环境、销售渠道	6	A. 位置在繁华商业区，购物环境好，或供货、销售渠道稳定；B. 位置在一般商业区，但经营有特色，或供货、销售渠道稳定；C. 位置不在商业区，但有稳定顾客群，或供货、销售渠道稳定；D. 位置不在商业区，购物环境一般，或供货、销售渠道均不稳定	A. 6；B. 4；C. 3；D. 1

七、合计100分

注：根据从企业收集的财务与非财务信息，通过计分，分数在90～100（含90）之间为AAA级，在80～90（含80）之间为AA级，在70～80（含70）之间为A级。

（二）信用等级及含义

一般来说，借款企业的信用等级分为三等九级，即AAA、AA、A、BBB、BB、B、CCC、CC、C。借款企业信用等级及含义如表5.8所示。

表5.8　借款企业信用等级及含义

等级	含义
AAA级	借款企业的短期债务的支付能力和长期债务的偿还能力具有最大的保障；经营处于良性循环状态，不确定因素对经营与发展的影响最小
AA级	借款企业的短期债务的支付能力和长期债务的偿还能力很强；经营处于良性循环状态，不确定因素对经营与发展的影响很小
A级	借款企业的短期债务的支付能力和长期债务的偿还能力较强；企业经营处于良性循环状态，未来经营与发展易受企业内外部不确定因素的影响，盈利能力和偿债能力会产生波动
BBB级	借款企业的短期债务的支付能力和长期债务偿还能力一般，目前对本息的保障尚属适当；企业经营处于良性循环状态，未来经营与发展受企业内外部不确定因素的影响，盈利能力和偿债能力会有较大波动，约定的条件可能不足以保障本息的安全
BB级	借款企业的短期债务支付能力和长期债务偿还能力较弱；企业经营与发展状况不佳，支付能力不稳定，有一定风险
B级	借款企业的短期债务支付能力和长期债务偿还能力较差；受内外部不确定因素的影响，企业经营困难，支付能力具有较大的不确定性，风险较大
CCC级	借款企业的短期债务支付能力和长期债务偿还能力很差；受内外部不确定因素的影响，企业经营困难，支付能力堪忧，风险很大
CC级	借款企业的短期债务支付能力和长期债务偿还能力严重不足；经营状况差，促使企业经营及发展走向良性循环状态的内外部因素很少，风险极大
C级	借款企业的短期债务支付困难，长期债务偿还能力极差；企业经营状况一直不好，基本处于恶性循环状态，促使企业经营及发展走向良性循环状态的内外部因素极少，企业濒临破产

二、个人客户信用评级

银行对个人客户的信用评级通常采用信用评分表的方式。针对不同的个人贷款产品的特点，信贷人员会利用不同的信用评分表对贷款客户的信用状况进行计量。

（一）个人住房贷款的信用评分

个人住房贷款与其他个人贷款相比，具有贷款金额大、贷款期限长的特点，因此在对个人住房贷款的申请人进行信用评分时，需要重点对个人客户的职业及工作单位的稳定性、收入的稳定性、收入及财产情况，以及客户长期的偿债能力做出评价。某银行个人住房贷款信用评分表如表5.9所示。

表5.9 某银行个人住房贷款信用评分表

序号	项目	满分	客户情况	标准分	申请人数据	申请人得分	共同申请人数据	共同申请人得分
			申请人姓名				共同申请人姓名	
1	年龄	10	≤25	4				
			25~35（含）	10				
			35~45（含）	8				
			45~60（含）	4				
			>60（含）	0				
2	工作单位	5	无	0				
			三资企业	4~5				
			国有企业	3~5				
			机关、事业单位	4				
			私营企业	2~5				
			其他_____	1~4				
3	职业	10	工人	2~5				
			管理人员	6~10				
			职员	2~5				
			公务员	8				
			专业技术人员	8~10				
			其他_____	1~10				
4	文化程度	20	高中或以下	2				
			中专	8				
			大专、大本	16				
			研究生及以上	20				
5	婚否*	5	独身	0				
			已婚	5				

1~5小题共计_____分（注：*表示申请人和共同申请人中如有一人已婚，即得5分；如多于一人已婚，仍得5分）

序号	项目	满分	客户情况	标准分	申请人数据	申请人得分	共同申请人数据	共同申请人得分
6	过去3年人均换工作次数	5	>2次	0				
			0~2次	5				
7	过去3年人均搬迁次数	5	>2次	0				
			0~2次	5				
8	申请人和共同申请人月总收入（除去借债以后）	50	≤5000元	10~19				
			5000~10 000元（含）	20~29				
			10 000~20 000元（含）	30~49				
			>20 000元	50				

（续表）

序号	项目	满分	客户情况	标准分	申请人数据	申请人得分	共同申请人数据	共同申请人得分
						申请人姓名	共同申请人姓名	
9	每月按揭还款额占偿债后月总收入的比例	30	≤30%	30				
			30%～60%（含）	0～29				
			61%～70%（含）	−10				
			71%～80%（含）	−20				
			>80%	−30				
10	现有负债总额（三年期以上）	5	无	5				
			年收入的50%或以下	2				
			大于年收入的50%	0				
11	每月偿债占总收入的比例	15	无	15				
			30%或以下	10				
			大于30%	0				
12	申请人和共同申请人流动资产（现金、银行存款、股票、债券）*	20	<50 000元	0～5				
			50 000～100 000元	6～10				
			100 000～500 000元	11～19				
			>500 000元	20				
13	申请人和共同申请人拥有汽车	10	<100 000元	0				
			100 000～200 000元	1～9				
			>200 000元	10				
14	申请人和共同申请人拥有房地产	15	<100 000元	0～5				
			100 000～500 000元	6～14				
			>500 000元	15				
15	有无寿险、大病保险**	5	有	5				
			无	0				
16	购房目的	5	自主	5				
			投资	0				
17	首期付款比例	30	<20%	0				
			20%～40%（含）	10～19				
			40%～60%（含）	20～29				
			>60%	30				
18	申请按揭年限	10	≤10年	10				
			10～20年（含）	8				
			>20年	6				

注：*表示证明所列流动资产不包括申请人贷款前2周内存入款项。

**表示如申请人和共同申请人中有一人有寿险或大病保险，即得5分；如多于一人有寿险或大病保险，仍然得5分。

1～18小题共计_____分

签名：_____　日期：_____

（二）个人消费贷款客户的信用评分表

个人消费贷款种类繁多，各类贷款具有的特点也不同，如汽车贷款的借款金额相对较大，风险管理难度相对较大，而旅游贷款、耐用品消费贷款借款金额相对较小，风险较小。在对个人消费贷款客户进行信用评价时，需要注重对借款人资格、借款人的偿债能力、担保能力以及存贷款情况做出综合评价。个人消费贷款客户的信用评分表如表5.10所示。

表5.10　个人消费贷款客户的信用评分表

项目		评定区间	得分
借款人资格（20分）	年龄	35～49岁（含）	3
		24～35岁（含）	2
		18≤年龄≤23，或50≤年龄≤退休年龄	1
	文化程度	高等教育（大学本科及以上）	5
		中等教育（大专学历）	3
		初等教育（高中及以下）	2
	婚姻状况	有配偶	0
		无配偶	4
	单位性质	国家机关、金融保险、邮电通信	3
		科教文卫、水电气供应、商业贸易	2
		工业交通、房地产建筑、部队系统	1
		农林牧渔、社会服务业及其他	4
	职务或职称	董事/厅局级及以上	3
		总经理/处级以上（或高级职称）	2
		部门经理/科级（或中级职称）	1
		职员/科级以下（或初级职称）	1
	从业稳定性	现单位工作10年（含）以上	2
		现单位工作5年（含）以上，10年以下	2
偿债能力（30分）	借款人月均收入	收入2万元（含）以上	8
		收入8000（含）～2万元	6
		收入3000（含）～8000元	4
		收入3000元以下	2
	配偶月均收入	收入2万元（含）以上	8
		收入8000（含）～2万元	6
		收入3000（含）～8000元	4
		收入3000元以下	2
	家庭净资产	10万元以下，计1分；超过10万元，计2分；每增加20万元，再计1分；最高不超过6分	—

项目		评定区间	得分
偿债能力（30分）	收入还贷比（家庭月均收入/本笔和其他贷款月还款）	3以上	8
		2（含）～3	6
		1.5（含）～2	5
		1.2（含）～1.5	4
担保能力（25分）	担保类别	质押类担保	17
		住房抵押担保	15
		家用轿车等所购汽车	10
		第三方保证担保	8
		其他	5
	担保形式	提供房产抵押和保证人两种（含）以上担保或提供质押担保	8
		提供房产抵押和车辆抵押两种（含）以上担保	7
		有房产抵押担保、车辆抵押担保，或两位保证人担保	5
		有一位保证人担保或其他	3
存贷款情况（25分）	存款情况	按年日均存款每万元，再计0.3分，最高不超过5分	5
	借款记录	贷款已正常归还，再次申请贷款的	4
		与本行首次发生贷款关系的	2
		有贷款余额且形态正常的	1
	贷款乘数	房产抵押率≤50%，或质押率<90%，或车辆抵押率≤40%	7
		50%<房产抵押率≤60%，或40%<车辆抵押率≤50%	6
		60%<房产抵押率≤70%，或50%<车辆抵押率≤60%	4
		60%<车辆抵押率≤70%	2
	贷款期限	1（含）～3年	4
		1年以下	3
		3年（含）以上	1
	还款方式	按月等额、按月还本金	5
		按季等额、按月还本金	3
		其他方式	1

（三）个人经营性贷款信用评分表

个人经营性贷款主要用于满足个人经营的企业的经营资金需求，因此对借款人的信用评价主要侧重于评价其所经营企业的生产经营状况、财务状况以及借款人的资信状况。某银行个人生产经营贷款客户的信用评分表如表5.11所示。

表5.11 某银行个人生产经营贷款客户的信用评分表

姓名		身份证号码			家庭住址		
经营单位名称					经营地址		
评定指标	标准分	评定标准				指标值	初评分
个人基本情况（25分）	年龄　3	18（含）～26岁	29（含）～40岁	41（含）～54岁	55岁（含）以上		
		1	3	2	1		
	婚姻　3	单身无子女	单身有子女	结婚无子女	结婚有子女		
		1	2	2	3		
	供养人口　3	无	1人	2～4人	4人以上		
		2	3	2	1		
	经营场所　11	农村城镇	县城	地级市以上城市			
		1～3	7～9	8～11			
	有无住所　5	无固定场所	租住房	已购商品房			
		0	3	5			
履约能力（40分）	行业类别　6	商贸	加工制造	服务	其他		
		6	4	3	3		
	经营年限　6	10年（含）以上	5～9年	1～4年	1年以内		
		6	4	3	1		
	年销售收入　14	200万以上	100～200万	50～100万	50万以下		
		14	12	8	4		
	家庭财产　11	100万以上	50～100万	30～50万	30万以下		
		11	9	7	3		
	保险情况　3	商品、家庭财产全部	只保商品	只保家庭财产	没有保险		
		3	2	1	0		
资信状况（35分）	业务往来　12	密切	一般	极少			
		12	9	3			
	月平均存款　11	15万以上	8～15万元	2～8万元	2万元以下		
		11	8	6	2		
	信用记录　12	信用记录良好	无不良信用记录	有不良信用记录	有不良信用记录		
		12	9	6	-10		
其他不利因素	-40	有逃废债务或信用卡恶意透支行为					
	-40	品行差，有赌、毒、嫖等不良行为					
	-20	有社会不良记录、有犯罪前科					
	-20	与银行合作诚意差					
总得分	100						

个人经营性贷款的信用评价与公司贷款的信用评级类似。如某银行按上表对个人经营性贷款按照分值高低进行评级，设立4个信用等级：AAA级（90分及以上）、AA级（80分及以上～90分）、A级（70分及以上～80分）和B级（70分以下），其中AAA级和AA级客户为优良客户，A级为一般客户，B级为限制淘汰型客户。

实训活动

活动一：对B公司进行信用评级

1. 活动资料

B公司1998年成立，为肉禽加工企业，注册资本为1000万元，为自然人股东王某出资，员工人数为720人，下属两家分公司，分别为饲料分公司和纸箱分公司。B公司主营业务为肉鸡屠宰加工和鸡肉销售、饲料和纸箱的生产和销售。王某还成立了C公司，为鸡场。B公司计划贷款500万元，用于企业流动资金周转需求。

B公司的产业链流程如图5.2所示。

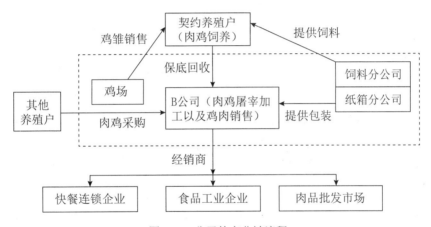

图5.2　B公司的产业链流程

B公司厂区占地面积为26 326.9平方米，厂房建筑面积为7108.6平方米，拥有年屠宰能力900万只的肉鸡屠宰生产线一条，3000吨储量的储藏库以及日储100吨的速冻库。B公司经营情况：公司有两个鸡肉加工车间，分别进行生、熟品加工。目前，熟品加工仅限于少量肉串的加工，占比很小。饲料分公司占地面积9350平方米，厂房建筑面积2741.02平方米，拥有大型电控生产设备2台，年最大生产量2万吨。纸箱分公司，占地23 588平方米，建筑面积7756平方米，拥有纸箱生产线一条，年加工纸箱800多万个。B公司80%的冻鸡分割产品通过经销商销往全国各地，与公司建立了稳定合作关系的经销商全国有30多个。20%的冻鸡分割产品直接销售给食品工业企业。

2017年到2020年6月份，B公司的产销情况如下所述：2017—2019年，公司主导产品冻鸡分割品的产销量逐年增大，2019年，冻鸡分割品的产量和销量分别为21 042吨和21 674吨，同比上年增加了42.18%和47.54%，而销售均价为8.7元/千克，

信贷业务

比上年降低了3%。饲料产销量2019年则比上年有所下降，2019年饲料的产量和销量都为8137吨，而销售均价略有上升。2019年，市场竞争激烈导致纸箱产品产销量大幅下降。

B公司2017—2019年的财务报表如表5.12～表5.14所示。

表5.12　B公司的资产负债表

单位：万元

项目	2017年	2018年	2019年	项目	2017年	2018年	2019年
货币资金	697.22	606.96	692.27	短期借款	900.00	1190.00	3190.00
短期投资	0.00	0.00	0.00	应付票据	0.00	0.00	0.00
应收票据	0.00	0.00	0.00	应付账款	746.47	1118.50	727.64
应收股利	0.00	0.00	0.00	预收账款	0.00	0.00	0.00
应收利息	0.00	0.00	0.00	应付工资	0.00	0.00	0.00
应收账款	585.01	259.41	298.35	应付福利费	417.82	446.92	401.85
其他应收款	358.62	401.81	795.79	应付股利	0.00	0.00	0.00
预付账款	0.00	0.00	0.00	应付税金	−673.68	−1132.43	−1503.09
应收补贴款	0.00	0.00	0.00	其他应交款	0.00	0.00	0.00
存货	883.61	1575.19	1383.28	其他应付款	500.55	449.05	−240.57
待摊费用	0.00	0.00	0.00	预提费用	0.00	0.00	0.00
一年内到期的长期债权投资	0.00	0.00	0.00	预计负债	0.00	0.00	0.00
其他流动资产	0.00	0.00	0.00	一年内到期的长期负债	0.00	0.00	0.00
流动资产合计	2524.46	2843.37	3169.69	其他流动负债	0.00	0.00	0.00
长期股权投资	200.00	200.00	200.00	**流动负债合计**	1891.16	2072.04	2575.83
长期债权投资	0.00	0.00	0.00	长期借款	1740.00	1450.00	0.00
长期投资合计	200.00	200.00	200.00	应付债券	0.00	0.00	0.00
固定资产原值	4064.05	4073.81	4130.39	长期应付款	0.00	0.00	0.00
减累计折旧	1270.48	1567.20	1877.25	专项应付款	0.00	0.00	0.00
固定资产净值	2793.56	2506.61	2253.14	其他长期负债	0.00	0.00	0.00
减固定资产减值准备	0.00	0.00	0.00	**长期负债合计**	1740.00	1450.00	0.00
固定资产净额	2793.56	2506.61	2253.14	递延税款贷项	0.00	0.00	0.00

（续表）

项目	2017年	2018年	2019年	项目	2017年	2018年	2019年
工程物资	0.00	0.00	0.00	负债合计	3631.16	3522.04	2575.83
在建工程	0.00	0.00	0.00	少数股东权益	0.00	0.00	0.00
固定资产清理	0.00	0.00	0.00	实收资本	2000.00	2000.00	2000.00
固定资产合计	2793.56	2506.61	2253.14	减已归还投资	0.00	0.00	0.00
无形资产	739.22	723.20	707.18	实收资本净额	2000.00	2000.00	2000.00
长期待摊费用	44.71	31.81	19.55	资本公积	69.10	69.10	769.10
其他长期资产	0.00	0.00	0.00	盈余公积	0.00	0.00	0.00
无形资产与其他资产合计	783.92	755.01	726.73	其中法定公益金	0.00	0.00	0.00
递延税款借项	0.00	0.00	0.00	未分配利润	601.69	713.85	1004.63
资产总计	6301.94	6304.99	6349.56	所有者权益合计	2670.79	2782.95	3773.73

表5.13　B公司的利润表

单位：万元

项目	2017年度	2018年度	2019年度
一、主营业务收入	12 186.03	19 142.68	23 560.91
减：主营业务成本	11 339.19	18 150.96	23 249.36
主营业务税金及附加	0.00	0.00	0.00
二、主营业务利润	846.84	991.72	311.55
加：其他业务利润	51.42	15.68	448.74
减：营业费用	12.45	56.13	62.28
管理费用	296.08	289.67	224.89
财务费用	265.77	284.92	85.41
三、营业利润	323.96	376.68	387.71
加：投资收益	0.00	0.00	0.00
补贴收入	0.00	0.00	0.00
营业外收入	1.31	1.75	0.00
减：营业外支出	0.00	0.00	0.00
四、利润总额	325.27	378.43	387.71
减：所得税	107.34	94.61	96.93
少数股东损益	0.00	0.00	0.00
五、净利润	217.93	283.82	290.78

表5.14　B公司的现金流量表

单位：万元

项目	2017年度	2018年度	2019年度
一、经营活动产生的现金流量			
销售商品、提供劳务收到的现金	15 509.80	20 834.82	26 701.89
收到的税费返还	0.00	0.00	0.00
收到的其他与经营活动有关的现金	0.00	0.00	0.00
现金流入小计	15 509.80	20 834.82	26 701.89
购买商品、接受劳务支付的现金	14 179.40	19 593.84	26 116.39
支付给职工以及为职工支付的现金	991.58	906.24	370.69
支付的各项税费	0.00	130.33	113.99
支付的其他与经营活动有关的现金	0.00	0.00	92.82
现金流出小计	15 170.98	20 630.41	26 693.89
经营活动产生的现金流量净额	338.82	204.41	8.00
二、投资活动产生的现金流量			
收回投资所收到的现金	0.00	0.00	0.00
取得投资收益所收到的现金	0.00	0.00	0.00
处置固定资产、无形资产和其他长期资产所收回的现金净额	0.00	0.00	0.00
收到的其他与投资活动有关的现金	0.00	0.00	0.00
现金流入小计	0.00	0.00	0.00
购建固定资产、无形资产和其他长期资产所支付的现金	86.09	9.76	56.58
投资所支付的现金	0.00	0.00	0.00
支付的其他与投资活动有关的现金	0.00	0.00	0.00
现金流出小计	86.09	9.76	56.58
投资活动产生的现金流量净额	−86.09	−9.76	−56.58
三、筹资活动产生的现金流量			
吸收投资所收到的现金	0.00	0.00	0.00
借款所收到的现金	0.00	0.00	2000.00
收到的其他与筹资活动有关的现金	0.00	0.00	0.00
现金流入小计	0.00	0.00	2000.00
偿还债务所支付的现金	110.00	0.00	1650.00
分配股利、利润或偿付利息所支付的现金	265.77	284.92	216.10
支付的其他与筹资活动有关的现金	0.00	0.00	0.00
现金流出小计	375.77	284.92	1866.10
筹资活动产生的现金流量净额	−375.77	−284.92	133.90
四、汇率变动对现金的影响	0.00	0.00	0.00
五、现金及现金等价物净增加额	−123.04	−90.27	85.32

2. 活动设计

将全班分组，每组4人，完成以下活动。

（1）分析B公司所处的行业状况。

（2）分析B公司的经营管理情况。

（3）阅读B公司的财务报表，计算出反映B公司经营效率、获利能力、偿债能力以及现金流情况的主要指标，对公司进行财务评价。

（4）利用表5.1，计算B公司的信用评分。（对于资料中没有的内容，学生可自行设计）

（5）根据上述评价和信用评分的情况，对照信用等级的含义确定B公司的信用等级。

（6）撰写信用评级报告。

3. 活动评价

针对学生提交的信用评价报告进行评价。

活动二：个人贷款信用等级评价

1. 活动资料

（1）王冰，申请个人住房贷款，年龄30岁，已婚，在国有企业工作6年，为企业管理人员，大学本科毕业；妻子为教师，家庭月收入13 000元，无负债。家里有一辆别克轿车，价值15万元；计划购买一套面积100平方米的房子，全款80万元，首付三成，24万，其余计划向银行申请贷款20年。

（2）李春，申请个人消费贷款，年龄27岁，未婚，在民营企业工作，办事员，月薪4000元，大专毕业，有一套住房，无贷款。计划申请消费贷款10万元，期限3年，用于装修房屋，采用房屋抵押担保方式。

（3）陈刚，开了一家餐馆，年龄45岁，已婚，妻子在一家民营企业工作，有一个孩子读初中。每月餐馆平均收入4万元，妻子每月工资6000元。陈刚计划装修餐馆，申请一笔9万元的装修贷款，用于装修餐馆，计划以自家住房（价值50万元）做抵押。

2. 活动设计

（1）利用表5.9，对资料（1）的住房贷款客户王冰进行信用评分，确定其信用状况。

（2）利用表5.10，对资料（2）的消费贷款申请人李春进行信用评分，确定其信用状况。

（3）利用表5.11，对资料（3）的经营贷款申请人陈刚进行信用评分，确定其信用状况。

（4）比较三个贷款申请人的评分状况，讨论决定个人贷款客户申请人信用评分的主要因素。

（5）设计针对个人汽车贷款的信用评分表。

（6）撰写实训报告。

3. 活动评价

根据学生的实训报告和讨论情况，对实训活动进行评价。

任务六 撰写贷前调查分析报告

【学习目标】

知识目标
- 掌握撰写贷前调查分析报告的要求；
- 掌握贷前调查分析报告的主要内容。

能力目标
- 能够针对具体贷款业务撰写调查报告。

职业素养目标
- 培养学生尽职敬业的精神。

【知识准备】

客户经理完成贷前调查和分析工作后，需要撰写贷前调查分析报告，进行贷款项目的上报审批。贷前调查分析报告是贷款项目审查和审批的重要文件，是评价客户经理工作的重要材料。

一、撰写贷前调查报告的要求

客户经理撰写贷前调查报告应遵循"适用、精练和标准化"的原则，应对调查报告中所含信息的真实性及调查结论负责。贷前调查报告中的结论要建立在客户经理对客户尽职调查的基础上，结论要公正、明确，不能模棱两可，不能有"虚假记载、误导性陈述或重大疏漏"，否则将被依法、依规追究责任。

二、企业贷款贷前调查报告内容

对于不同额度、不同种类贷款产品的贷前调查报告，各家商业银行的格式及侧重点均有不同。企业客户的流动资金贷款贷前调查报告一般包括以下内容。

1. 借款人基本情况

借款人的基本情况包括借款人概况、股东情况及组织结构、管理情况、关联企业或关联人物等情况。客户经理通过对借款人成立批文、营业执照、注册地址、章程、借款申请等资料的收集和到相关部门核实，详细描述借款人作为法律主体的情况。

2. 借款人经营活动分析

借款人经营活动分析包括对借款人经营活动总体情况、生产销售情况（主要产品、原材料情况、生产情况、销售情况）、研究开发能力、行业情况（行业现状、行业发展趋势、核心竞争能力）、重大事项揭示（或其他需说明的情况）等方面的分析。

3. 借款人财务分析

财务分析的资料来源主要是客户提供的财务报表。在实际操作中，商业银行一般要求将借款人财务信息录入银行指定软件，借助财务分析系统得出的数据及指标评级等，做出更为准确的分析。

4. 银企往来及信誉情况

银企往来及信誉情况包括借款企业在本行的往来情况、在其他金融机构的往来情况、贷款卡查阅情况、银企关系及信誉评价等。

5. 担保情况分析

担保（抵押、质押或保证等）情况分析主要包括以下内容：抵押物的名称、位置、估计变现价值及变现价值的计算方法，需要扣除管理费、运输费、法律费用和销售佣金等；评估公司及评估方法简介；在发放抵（质）押贷款时，要就抵（质）押物的占有和控制程度、流动性、价值评估、抵押率、变现能力等进行分析。如有必要，还要分析抵押登记手续、安全保管措施、抵押物进出账控制措施、投保费率设定等细节的可行性。

在发放保证贷款时，要坚持保证人综合实力优于借款人的原则，其分析内容及重点类似于对借款人的调查分析。应该注意的是，无论是对抵（质）押还是对保证，都必须分析法律手续的完备性、有效性及法律依据，使担保具有法律效力。对于保证，要说明保证人的流动资产情况（现金及等价物和有价证券）、有形净资产、最近一期的销售收入和净利润、或有负债及评级情况。

6. 借款用途及还款来源分析

（1）借款用途分析。任何一笔贷款在发放时，都有其明确的用途，包括季节销售高峰需求、销售持续增长、资产效率下降、固定资产替换或扩张、贸易信用改变、负债重组、利润下降、分红要求及一次性或非预计支出等。客户经理要说明授信的真实用途和贷款期限，并要做贷款用途及合理性分析。

（2）还款来源分析。还款来源包括第一还款来源和第二还款来源。第一还款来源是指借款人通过正常的营业收入、经营利润等现金流来偿还银行授信；第二还款来源是指动用担保（抵押、质押或保证等）偿还银行授信。客户经理应就其还款来源的合理性及风险程度的高低、资金缺口测算或项目的可行性、还款来源测算及企业的还款计划等方面进行分析，要重点分析第一还款来源。第二还款来源实际上并非还款手段，而是风险防控手段。

7. 风险分析及防范措施

客户经理根据信贷业务特点，从提高收益和规避风险的角度，分析信贷业务所面临的政策法律风险、行业风险、财务风险、经营管理风险、道德风险等，并提出防范措施。在此基础上，客户经理还要评价信贷业务的总体风险、主要风险要素及防范措施。

三、个人贷款贷前调查报告内容

个人贷款贷前调查报告，主要由申请人的基本情况、申请贷款的用途、担保情况、收入来源及资信状况、还款来源、综合调查结论等部分组成。

1. 标题

标题可以为"某自然人申请××贷款调查报告"，也可以为 "××支行关于对王××申请××万元购买店铺贷款的调查报告""××对李××申请××万元生产经营贷款的调查报告"。

2. 开头

开头应当写明贷款调查的缘由、自然人姓名、申请贷款金额、申请贷款用途等情况。如"接到××××年××月××日李××递交的××万元生产经营贷款申请之后，我们随即对李××的基本状况、资信状况、贷款用途、贷款担保等进行了调查，现将有关情况报告如下"。

3. 申请人基本情况

申请人的基本情况主要包括申请人姓名、性别、年龄、学历、工作单位、户口所在地及家庭具体住址、婚姻状况、工作年限、配偶及子女姓名、工作单位等。

4. 申请贷款的用途

申请贷款的用途要写明申请人投资或消费的项目名称、投资总额、资金来源（其中贷款多少）、何时使用等。

5. 担保情况

对于保证担保贷款，在担保情况中要详细介绍保证人姓名、工作单位、与申请人之间的关系、月收入、是否具有保证能力等；对于抵（质）押担保，在担保情况中要介绍抵（质）押物合法、真实、有效情况。

6. 申请人收入来源及资信状况

申请人收入来源及资信状况包括以下内容：借款人本人及家庭月收入各多少，与当地平均月收入相比高出多少或低多少；家庭有何主要财产，是房产、店铺、机动车辆，还是其他固定资产，价值各是多少；存单、债券、股票等有价票证各有多少，在本行存款有多少；在本行及其他金融部门贷款各有多少，按期归还情况如何。

7. 还款来源

还款来源包括借款人的工资收入、财产收入或其他收入等。

8. 综合性结论

客户经理应该在综合性结论中提出贷款的主要风险点及防范措施，明确是否同意办理此项贷款业务，并对贷款的种类、金额、期限、利率、还款方式、担保方式和限制性条件提出初步意见。

【资料5.3】

个人贷款贷前调查报告

借款人姓名：<u>李××</u>

身份证号码：<u>×××××××××××××××××××</u>

工作单位：<u>××××××</u>

经办支行部门：<u>零售业务部</u>

关于李××申请信用贷款的调查报告

借款人李××因购买拖拉机需要，于202×年×月20日向我行提出了15万元的信用贷款申请，我们于202×年×月21日对其基本情况及借款用途等进行了实地调查。经调查，该笔业务符合"三个办法一个指引"（注：三个办法指《固定资产贷款管理暂行办法》《流动资金贷款管理暂行办法》和《个人贷款管理暂行办法》三种管理暂行办法，一个指引指《项目融资业务指引》）的有关规定，我们认为可以为借款人发放金额为15万元，期限为1年，利率为××‰的信用贷款。

现将借款申请人截至目前的基本情况、资产负债、家庭成员信用等情况的调查结果报告如下。

一、借款申请人情况

李××，曾用名李××，男，汉族，40岁，身份证号码是41040319×××××××557，户籍所在地是××市××派出所。李××2001年7月毕业于河南农业大学土地管理专业（专升本）；现在许昌市××局东城区分局工作，任局长，工作稳定，月工资性收入5700元。借款人为人厚道、讲究诚信、交际面广泛、清正廉洁，目前住址为许昌市东城区魏文路怡景花城×××××。联系电话：159×××××××。

二、申请人其他家庭成员的情况

申请人配偶张××，汉族，38岁，身份证号码41100219××××××××048，户籍所在地为许昌市南关派出所，中专学历。2010年辞职，承包87亩土地和10亩河流，用于生态农业建设，每年盈利约40万元。联系电话：138××××××××。

儿子李××，14岁，学生。

三、借款人家庭财产债务及收入支出情况

（一）借款人家庭资产情况

经调查，李××家庭总资产253.3万元。明细如下：

李××有两处房产，价值65万元。一处位于许昌市魏文路怡景花城××××××，面积130平方米，购入时房屋总价款14.5万元，现价25万元；另一处位于公务员二期小高层×号楼×单元×楼东户，面积165平方米，车库36平方米，储藏室20平方米，总购入价30万元，现价40万元。

借款人配偶于2006年承包土地87亩，河流10亩，已经在经营用地及河流上投资约187万元。土地主要使用用途为生态农业，承包期限为2006年12月20日至2027年12月20日。地上种植有价值20万元的银杏树，价值15万元的杨树。河流中养的鱼大约有6万斤，价值约36万元。地上盖的房屋价值约30万元。院内养有各类名犬，价值约60万元；各类猪，价值约3万元。李××购买机械设备价值约10万元。土地已经缴纳13万元的租金。

夫妻双方三金齐全，截至目前李××公积金账户余额1.3万元。

（二）借款人家庭负债情况

李××有住房公积金贷款余额约19.2万元，个人住房贷款余额约6.3万元。负债总额为25.5万元。借款人未向他人借款，也无其他债务。

资产合计253.3万元，负债余额25.5万元，家庭净资产227.8万元。

（三）借款人收入情况

（1）工资收入。申请人李××月工资收入为5700元。申请人配偶张××月工资收入4400元。

（2）经营收入。张××租赁经营的土地面积为87亩，河流面积为10亩。承包土地上的各类树及多种牲畜的年盈利情况如下：树，总价值约35万元，年盈利5万元左右；鱼，进价均价6元左右，截至目前大概投资了3万斤鱼苗，河流里大概存7万斤鱼左右，年盈利15万元；狗，年利润约17万元；猪，年利润3万元。总经营收入年净利在40万元左右。

综上，借款申请人及配偶年收入共46.84万元。

（四）借款人支出情况

（1）借款人家庭生活消费支出每年约4.5万元。

（2）借款人儿子年教育支出约3万元。

（3）借款人家庭年住房按揭贷款还贷支出约2.2万元。

借款人家庭年总支出为9.7万元。

借款人家庭年净收入为37.14万元。

四、借款人债务详细信息及对外担保情况

经授权，我行通过中国人民银行个人信用信息基础数据库对李××夫妇进行了查询。

李××有一张贷记卡和一张准贷记卡，使用状况良好。李××有一笔个人住房贷款，贷款合同金额为8万元，合同期限为240个月，目前贷款余额为6.3万元，月还款额为536元；一笔个人住房公积金贷款，合同金额为20.9万元，合同期限240个月，贷款余额为19.2万元，月还款额为1260元；一笔我行信用贷款，贷款金额为10万元，经核实，已经全额归还。李××负债总额25.5万元，月还款总额1796元，以上两笔贷款还款状态较好；此外，李××曾在我行六一路支行曾发生三笔贷款，目前均已归还，还款记录良好。

其配偶张××无任何借款记录，夫妻双方均无对外担保。

五、借款原因及还款来源

借款申请人配偶张××租赁了87亩土地和10亩地的河流，用于生态农业建设，现急需一辆拖拉机协助耕种。由于张××已经投入约187万元的资金，暂时资金紧缺，所以借款15万元用于购买拖拉机。

借款申请人及配偶的年净收入有37.14万元，我认为申请人到期有能力全额归还贷款。

六、贷款担保分析

我认为可以将该笔贷款发放为信用贷款，借款人配偶同意与借款人共同承担还本还息义务，并已出具我行认可的保证书。

七、贷款的支付方式

经调查，借款申请人交易对象不具备条件有效使用非现金结算方式，约定在取得贷款后以自主支付方式使用贷款，并向我行通报资金使用情况。

八、贷款风险分析

借款人为人诚实，注重信用，信誉度较高，能重合同守信用，是我行的长期往来客户，一直为我行的健康发展做贡献。我行已经给予借款申请人额度为人民币壹拾伍万元整的授信，期限为2020年05月19日至2022年05月18日，授信剩余期限为××月。

借款人所承包的土地及河流离我行较远，不方便我们了解其资金流动状况，我们已建议并督促借款人在我行结算，便于了解资金动态，借款人表示同意。

借款人承包土地上养殖的牲畜和河流里养殖的鱼类受环境影响较大，一旦出现不可控的传染病等，就会给借款人造成巨大损失。借款人表示，他挖了一条备用河流，如果有污染水源事件，他将在第一时间将水流引入另外一个渠，将有鱼类的河流用橡胶坝截流；同时，他聘请有资质的专家定期或不定期地为养殖的牲畜进行医疗服务。

除此之外，我们要加倍关注申请人工作状况及变动情况，关注其贷款用途。

九、调查结论

综上，我们认为借款申请人职业前景较好，收入较高，并且信用状况良好，有较强的偿债能力，贷款安全性、流动性和效益性良好。我们拟同意在我行授信额度内给予借款申请人15万元贷款，期限1年，利率按4.6%执行。对以上调查情况，我们愿意负调查失实之责，请审查人员审查。

调查人：

202×年×月21日

 **实训活动**

活动一：撰写企业贷款贷前调查报告

1. 活动资料

安徽皖维高新材料股份有限公司于1997年成立，主要以化工、特种纤维、建材产品生产为主。经过数年经营，公司生产规模不断扩大，2020年向某商业银行申请流动资金贷款8000万元，双方于6月15日签订了借款合同，合同约定贷款利率在基准利率4.65%基础上下浮10%，借款期限为3年，并以三栋总价值1.2亿元的厂房作为抵押。同时该商业银行建立单项授信关系，商业银行给予该公司授信额度敞口8000万元，业务品种为流动资金贷款，还款方式为分期等额还款。

2. 活动设计

（1）学生登录"信贷业务及风险管理模拟平台"，导入安徽皖维高新材料股份有限公司的客户信息。

（2）在"我的任务"操作任务列表中，开启业务，仔细浏览申请该业务的公司情况说明。

（3）按照担保—授信—贷款的流程操作该笔贷款业务。

（4）在"业务处理"列表的第六项中有"客户资料查看"，双击进入可查看该企业客户的财务及非财务因素的详细信息，包括近三年财务报表情况、股本信息、部门信息、高管信息、资质证书及许可证信息、担保情况等。根据客户资料，撰写一份详尽的《客户贷前调查报告》。

双击"客户调查报告附件"，单击"新增"按钮，将撰写好的《客户贷前调查报告》通过附件形式上传至信贷模拟系统中。

3. 活动评价

对学生撰写的企业贷前调查报告进行评价。

活动二：撰写个人贷款贷前调查报告

1. 活动资料

田超，未婚，公务员，月家庭综合收入1万元，2021年11月3日向上海浦发银行申请10年期个人住房贷款50万元并签订借款合同，合同约定执行利率为LPR利率4.65%，还款日为每月20日，并以其房产（价值80万元）做抵押，还款方式为分期等额还款。

2. 活动设计

（1）学生登录"信贷业务及风险管理模拟平台"，将田超的个人信息录入到信贷业务及风险管理系统中。

（2）按照担保—贷款的流程操作该笔贷款业务。

（3）查看田超的客户信息。参照田超的相关信息，结合贷前调查报告的相关知识，在实训报告中撰写一份详细的个人客户贷前调查报告，在报告中分析借款人田超的信用情况以及还款能力，并形成结论及贷款建议。

3. 活动评价

对学生撰写的个人贷前调查报告进行评价。

思政案例

信贷人员必备职业素养：恪尽职守

🔖 案例5.1

未履行尽职调查，支行行长与信贷员违法放贷遭判刑

2015年10月，晋中顺强轮胎销售有限公司向榆次农商行北田支行申请3000万元贷款，时任行长张某萍安排了信贷员杜某和刘某，对该公司贷款进行审核调查。

晋中顺强轮胎销售有限公司为了获得贷款，与晋中市鹏途贸易有限公司签订了虚假的轮胎购销合同。作为该笔3000万元第一调查岗的榆次农商行北田支行，并未对贷款主体晋中顺强轮胎销售有限公司的贷款用途真实性进行调查。主调人员信贷员杜某也并未对晋中顺强轮胎销售有限公司的经营情况、贷款资格、还款能力进行实质性调查，仅根据该公司提供的财务报表、审计报告来判断贷款主体的经营情况、贷款资格、还款能力，没有审核该公司提供的5751万元的轮胎销售合同的真实性。同时，对于担保方太原不知慢运动服饰连锁有限公司负债经营，并不具备3000万元贷款的担保条件，且无偿还能力的情况，杜某也未进行实质性审核。对该笔贷款另一担保方山西鼎盛昌实业有限公司并无实际经营能力，系空壳公司的情况也未进行实质性审核。杜某、刘某对担保公司的经营情况、贷款资格、担保资质、担保能力没有进行实际调查，仅根据提供的担保企业的财务报表、审计报告来判断担保企业的经营情况、贷款资格、担保资质、担保能力，出具了贷前调查报告。

作为时任支行行长的张某萍，在并没有审查出虚假资料的情况下就签署了调查报告，通过审批后，贷款资料被提交至总行。2015年11月25日经总行召开贷审会，张某萍出席并汇报，致使榆次农商行贷审会审批通过该笔贷款。

贷款发放后，杜某也未履行职责进行贷后管理，该笔3000万元贷款发放之后被担保方山西鼎盛昌实业有限公司的实际控制人岳某挪用。仅在2015年12月23日、2016年1月21日、2016年2月5日、2016年3月21日4次结息579 776.43元，至案发前尚欠本金3000万元，欠息11 476 758.57元。

贷款欠息两个月后杜某向榆次农商行总行提交了对借款企业进行资产保全的请示报告。据裁判文书，晋中银保监分局于2019年1月24日进行听证，确认杜某陈述于本案贷款欠息两个月后其向榆次农商行总行提交了对借款企业进行资产保全的请示报告，并认可其对防止贷款进一步损失履行了一定的职责。

另外，晋中银保监罚决字（2019）2号行政处罚决定书显示，对张某萍在该案涉

及贷款发放中存在贷款管理严重失职的情况进行处罚，取消其高管任职资格终身及禁止从事银行业工作终身的处罚。

法院认为，被告人张某萍、杜某作为银行工作人员，违反国家规定未对贷款申请人提交的材料进行实质审查，导致违法发放贷款3000万元且该款项未能追回，数额特别巨大，同时造成了特别重大损失，其行为已构成违法发放贷款罪，应依法予以惩处。

该案终审判决显示，张某萍因犯违法发放贷款罪，被判处有期徒刑六年，并处罚金人民币13万元；杜某因犯违法发放贷款罪，被判处有期徒刑五年，并处罚金人民币10万元。

李颖超. 未进行实质审查放款3000万，榆次农商行一支行长违法放贷遭判刑[EB/OL].（2020-08-13）[2022-07-11]. http://finance.sina.com.cn/money/bank/bank_hydt/2020-08-13/doc-iivhvpwy0867626.shtml.

从以上案例可以看出，恪尽职守对于信贷人员尤其重要。信贷人员一定要严格坚持"贷款三查"制度。在贷前调查时要认真检查客户的生产经营情况、还贷能力、担保能力、信誉状况等基本要素，分析对其贷款的风险。发放贷款时，审查人员应对调查取得的资料认真复核，发现风险点要及时采取措施规避风险，不能流于形式。贷款发放后，信贷人员要对贷款后的资金使用情况、客户的经营情况、还贷能力进行持续监控。

信贷人员未能恪尽职守，给银行造成损失的，根据相关的法律法规及银行内部的责任追究制度，要承担相应的法律责任。

知识点考核

一、单选题

1. 在贷款的合规性调查中，对借款人的借款目的进行调查是为了防范（　　）。

A. 经营风险　　B. 个别风险　　C. 欺诈风险　　D. 投资风险

2. 下列可用来考察借款人资信与银行往来情况的是（　　）。

A. 借款人的财务情况　　　　B. 借款人的经济效益

C. 不良贷款比率　　　　　　D. 还款来源

3. （　　）是银行发放贷款最重要的一环，也是贷款发放后能否如数按期收回的关键。

A. 现场调研　　B. 搜寻调查　　C. 委托调查　　D. 贷前调查

4. 某企业的产品销售量很小，但其价格高昂，那么这个企业很可能处于（　　）。

A. 启动阶段　　B. 成长阶段　　C. 成熟阶段　　D. 衰退阶段

5. 财务决策中，资产负债率、利息保障倍数属于（　　）指标。

A. 负债比率　　B. 资产比率　　C. 盈利比率　　D. 杠杆比率

6. （　　）是以财务报表中的某一总体指标为基础，计算其各构成项目占总体指标的百分比，然后比较不同客户的比率差异或同一客户不同时期各项目所占百分比的增减变动趋势。

A. 趋势比较法　　　　B. 比率比较法　　　　C. 结构比较法　　　D. 总量比较法

7. 下列属于速动资产的是（　　）。

A. 存货　　　　　　　B. 预付账款　　　　　C. 应收账款　　　　D. 待摊费用

8. 在抵押担保中，抵押物价值（　　）所担保债权的余额部分，可以再次抵押，即抵押人可以同时或者先后就同一项财产向两个以上的债权人进行抵押。

A. 等于　　　　　　　B. 小于　　　　　　　C. 大于　　　　　　D. 大于或等于

9. 质押与抵押最重要的区别为（　　）。

A. 抵押权可重复设置，质权不可

B. 抵押权标的为动产和不动产，质权标的是动产和财产权利

C. 抵押权不转移标的物的占有，质权必须转移标的物的占有

D. 抵押权人无保管标的物的义务，质权人负有善良管理人注意义务

10. 银行最愿意受理的担保贷款方式是（　　）。

A. 抵押贷款　　　　　B. 质押贷款　　　　　C. 保证贷款　　　　D. 信用贷款

11. 某抵押物市场价值为15万元，其评估值为10万元，抵押贷款率为60%，则抵押贷款额为（　　）万元。

A. 12.6　　　　　　　B. 9　　　　　　　　　C. 8.6　　　　　　　D. 6

12. 在贷款担保中，借款人将其动产交由债权人占有的方式属于（　　）。

A. 保证　　　　　　　B. 抵押　　　　　　　C. 质押　　　　　　D. 定金

13. （　　）是贷前调查中最常用、最重要的一种方法，同时也是在一般情况下必须采用的方法。

A. 搜寻调查　　　　　B. 委托调查　　　　　C. 接触客户的关联企业　　　D. 现场调研

14. 波特五力分析模型确定的竞争主要来源不包括（　　）

A. 融资结构　　　　　　　　　　　　B. 购买者的讨价还价能力

C. 供应商的讨价还价能力　　　　　　D. 替代品的威胁

15. 对借款人的借款目的进行调查是对贷款的（　　）进行调查。

A. 合法合规性　　　　B. 流动性　　　　　　C. 安全性　　　　　　D. 效益性

16. （　　）是指某一行业内企业的固定成本和可变成本之间的比例。

A. 财务报表结构　　　B. 成本结构　　　　　C. 经营杠杆　　　　D. 盈亏平衡点

17. 客户的短期偿债能力可以通过（　　）来分析。

A. 负债与所有者权益比率　　　　　　B. 利息保障倍数

C. 资产负债率　　　　　　　　　　　D. 现金比率

18. 下列不得抵押的财产是（　　）。

A. 土地所有权

B. 建筑物和其他土地附着物

C. 以招标、拍卖、公开协商等方式取得的荒地等土地承包经营权

D. 生产设备、原材料、半成品、产品

19. 借款人信用情况调查主要通过查询（　　）出具的记载借款人信用信息状况的信用报告。

A. 中国人民银行征信中心　　　　　　B. 申请贷款的银行

C. 中国人民银行　　　　　　　　　　D. 银保监会

20. 处于成熟阶段的行业增长较为稳定，一般年增长率为（　　）。

A. 100%以上　　　B. 超过20%　　　C. 5%～10%　　　D. 下降

21. （　　）是通过列示借款人在一定时期内取得的收入，所发生的费用支出和所获得的利润来反映借款人一定时期内经营成果的报表。

A. 资产负债表　　　B. 所有者权益表　　C. 现金流量表　　D. 利润表

22. 盈利能力指企业获取利润的能力，反映借款人盈利能力的比率不包括（　　）。

A. 销售利润率　　　B. 成本费用利润率　C. 净利润率　　　D. 利息保障倍数

23. 利润慢慢由正变负是行业（　　）的特点。

A. 启动阶段　　　　B. 成长阶段　　　　C. 成熟阶段　　　D. 衰退阶段

24. 下列不得抵押的财产是（　　）。

A. 抵押人所有的房屋和其他地上附着物

B. 土地所有权

C. 抵押人所有的机器、交通运输工具和其他财产

D. 抵押人依法承包并经发包方同意抵押的荒山的土地使用权

25. 关于质押率的确定，下列说法错误的是（　　）。

A. 应根据质押财产的价值和质押财产价值的变动因素，科学地确定质押率

B. 确定质押率时的依据主要有质物的适用性、变现能力

C. 质物、质押权利价值的变动趋势可从质物的实体性贬值、功能性贬值及质押权利的经济性贬值或增值三方面进行分析

D. 对变现能力较差的质押财产应适当提高质押率

26. 不能反映应收账款的周转情况的是（　　）。

A. 应收账款周转率　　　　　　　　　B. 应收账款周转天数

C. 应收账款账龄　　　　　　　　　　D. 应收账款余额

27. 下列属于筹资活动的现金流量是（　　）。

A. 购置固定资产带来的现金流出　　　B. 购货现金支出

C. 出口退税带来的现金流入　　　　　D. 分配现金股利带来的现金流出

28. 贷前调查时，业务人员应当利用科学、实用的调查方法，通过（　　）调查手段，分析银行可承受的风险。

A. 数据结合推理　　　　　　　　　　B. 定性与定量相结合

C. 定量模型　　　　　　　　　　　　D. 信贷余额扩张系数

29. 下列关于贷款担保作用的说法，错误的是（　　）。

A. 协调稳定商品流转秩序，维护国民经济健康运行

B. 降低银行存款风险，提高资金使用效率

C. 促进借款企业加强管理，改善经营管理状况

D. 巩固和发展信用关系

30. 净资产是借款人全部资产减去全部负债的净额。下列不属于净资产的是（　　）。

A. 未分配利润　　　B. 盈余公积金　　　C. 资本公积金　　　D. 应收账款

31. 短期债务的支付能力和长期债务的偿还能力很强；经营处于良性循环状态，不确定因素对经营与发展的影响很小，是对（　　）信用等级的描述。

A. AAA级　　　　　B. AA级　　　　　C. A级　　　　　D. BBB级

32. 我国商业银行办理的保证贷款属于（　　）。

A. 一般责任保证　　　　　　　　　B. 特殊责任保证

C. 连带责任保证　　　　　　　　　D. 独立责任保证

33. 如果保证合同未约定或约定不明，则保证人承担保证责任期间为借款合同履行期届满，贷款本息未受清偿之时起（　　）。

A. 6个月　　　　　B. 1年　　　　　C. 2年　　　　　D. 3年

34. 实务操作中，下列可以设定抵押的财产是（　　）。

A. 市财政局办公大楼　　　　　　　B. 教育部直属大学的教学楼

C. 处于破产清算中的企业厂房　　　D. 企业库存的原材料

35. 抵押物认定应着重考虑的因素是（　　）。

A. 抵押物价值充分　　　　　　　　　　　　B. 抵押物易变现

C. 抵押物必须是抵押人所有或有权支配的财产　　　D. 抵押物实用

36. 抵押率的计算公式是（　　）。

A. 抵押率=担保贷款本息总额/抵押物评估价×100%

B. 抵押率=担保贷款本金额/抵押物评估价×100%

C. 抵押率=担保贷款本息总额/抵押物发票价×100%

D. 抵押率=担保贷款本金额/抵押物发票价×100%

37. 银行向某公司发放的一笔120万元抵押贷款，由于客观原因，作为抵押物的机器设备一直未办理抵押登记。此笔贷款合同的效力是（　　）。

A. 无效　　　　　B. 有效　　　　　C. 不确定　　　　　D. 以上都不对

38. 既可以作为抵押物，也可以作为质物的财产是指（　　）。

A. 不动产　　　　　　　　　　　　B. 动产

C. 可以转让的权利　　　　　　　　D. 土地使用权

39. 借款人或第三人将其动产移交银行占有作为贷款担保称为（　　）。

A. 贷款抵押　　　B. 权利抵押　　　C. 权利质押　　　D. 动产质押

二、多项选择题

1. 营运能力分析常用的比率主要有（　　）。

A. 总资产周转率　　　B. 流动资产周转率　　　C. 固定资产周转率

D. 资产负债率　　　　E. 利息保障倍数

2. 贷款保证担保的主要风险因素有（　　）。

A. 保证人不具备担保能力　　　　B. 虚假担保人　　　　C. 公司互保

D. 保证手续不完备　　　　E. 超过诉讼时效

3. 了解客户发展历史可以避免信贷人员被眼前景象所迷惑，一般进行客户历史分析应主要关注（　　）。

A. 以往盈利情况　　　B. 以往重组情况　　C. 名称变更

D. 经营范围　　　　E. 成立动机

4. 对公司高管人员素质的评价主要包括的内容有（　　）。

A. 受教育的程度　　　B. 商业经验　　　C. 修养品德

D. 经营作风　　　　E. 进取精神

5. 贷前调查的方法主要包括（　　）。

A. 通过中介机构调查

B. 通过政府职能部门了解

C. 与销售部门主管会谈

D. 通过接触客户的关联企业、竞争对手或个人获取信息

E. 利用各种媒介物搜寻有价值的资料

6. 面谈过程中，调查人员可以采用国际通行的信用"6C"标准原则，以下不属于该原则内容的有（　　）。

A. 品德　　　　B. 资本　　　　C. 优势　　　　D. 劣势　　　　E. 控制

7. 银行在进行财务报表分析时收集的财务报表资料包括（　　）。

A. 利润表　　　　B. 会计报表附注　　C. 注册会计师查账验证报告

D. 资产负债表　　　E. 财务状况说明书

8. 下列关于保证人资格的理解，正确的是（　　）。

A. 保证人必须是具有民事行为能力和具有代为履行主债务资力的人

B. 国家机关不能做保证人

C. 医院、学校等以公共利益为目的的事业单位、社会团体不得作为保证人

D. 企业法人的分支机构或职能部门不能作保证人

E. 企业法人的分支机构有该法人书面授权的，可以在授权范围内提供保证

9. 流动资金贷前调查报告中，对流动资金贷款的用途和必要性的分析主要包括（　　）。

A. 贷款的金额　　　B. 贷款的提款计划　　　　C. 贷款的期限

D. 贷款的用途　　　E. 该笔贷款所涉及的经营周期

10. 实地调查的对象包括（　　）。

A. 借款人　　　　B. 贷款人　　　　C. 担保人

D. 抵押物　　　　E. 质押物

11. 下列属于外部调查对象的是（　　）。

A. 关联企业　　　　　　B. 竞争对手　　　　　　C. 行业协会

D. 政府的职能管理部门　　　　　　E. 商会

12. 对于自然人客户，贷前调查的内容主要包括（　　）。

A. 调查借款人的个人素质和职业状况

B. 对外投资情况

C. 调查借款人的收入、支出情况，以及借款人的资产、负债状况

D. 调查借款人的信誉状况

E. 核实借款人的身份、民事行为能力和借款意愿

13. 对保证人的调查重点调查（　　）。

A. 保证人是否具备保证资格　　　　　　B. 保证人的担保意愿

C. 保证人与借款人的关系　　　　　　D. 保证人的保证能力

E. 保证人的资信能力

14. 初次面谈中，对客户的公司状况，应了解（　　）。

A. 历史沿革　　　　B. 股东背景与控股股东情况　　　　C. 资本构成

D. 所在行业情况　　　E. 经营现状

15. 营运能力分析常用的比率主要有（　　）。

A. 总资本周转率　　　B. 固定资产周转率　　　　　　C. 应收账款周转率

D. 流动资产周转率　　E. 存货周转率

16. 我国担保法规定的保证方式有（　　）。

A. 一般保证　　　　B. 特殊保证　　　　C. 联合保证

D. 独立保证　　　　E. 连带责任保证

17. 下列可作为信贷业务保证人的有（　　）。

A. 市财政局

B. ××商业银行办公室

C. 中国联通××分公司（有总公司书面授权书）

D. ××化工集团

E. ××大学

18. 根据《民法典》规定，下面不得抵押的财产是（　　）。

A. 耕地、宅基地　　　　B. 国有土地所有权　　　　C. 库存商品

D. 所有权有争议的财产　　　　　　E. 社会公益设施

19. 抵押物估价主要考虑的因素包括（　　）。

A. 房屋建筑物的无形损耗与折旧　　　　B. 机器设备的用途及经济价值

C. 库存的市场价格及销售前景　　　　D. 公共设施的用途和社会效益

E. 土地使用权的用途及供求关系

三、判断题

1. 财务分析方法中最常用一种是结构分析法。 （　　）

2. 行业壁垒是指新企业在进入该行业时所遇到的有利因素。 （　　）

3. 经济周期，也称商业周期，是指市场经济体制下经济增长速度或者其他经济活动自然的上升和下降。 （　　）

4. 还款来源调查是指调查落实还款来源的可靠性，确认借款人还款计划的合理性。
（　　）

5. 担保人不能为国家机关，但是可以是以公益为目的的事业单位或企业法人。
（　　）

6. 医院、学校等以公益为目的的事业单位、社会团体提供保证的保证合同无效。
（　　）

7. 存货周转率越高，说明客户存货从资金投入到销售收回的时间越长。 （　　）

8. 项目融资的授信对象是主要为建设、经营该项目或为该项目融资而专门组建的企事业法人。 （　　）

9. 企业的三个财务报表分别反映企业营运情况的不同方面，故从不同角度反映了企业的经营状况。 （　　）

10. 在固定成本较高的行业中，经营杠杆及其产生的信用风险一般较低。 （　　）

11. 贷款担保为银行提供了一个可以影响或控制的潜在还款来源。 （　　）

12. 同一债务有两个以上保证人的，保证人应当按照保证合同约定的保证份额，承担保证责任。 （　　）

13. 保证的方式有一般保证和连带责任保证，我国的商业银行的授信业务只办理一般保证方式。 （　　）

14. 当事人对保证方式没有约定或者约定不明确的，按照连带责任保证承担保证责任。
（　　）

15. 同一债权既有保证又有物的担保的，保证人对物的担保以外的债权承担保证责任。 （　　）

16. 保证贷款的诉讼时效为6个月。 （　　）

17. 未经保证人同意的展期贷款，保证人有权不承担保证责任。 （　　）

18. 《民法典》规定，以建设用地使用权抵押的，该地上建筑物一并抵押。 （　　）

19. 抵押人擅自将其抵押物转让，其转让行为可以有效。 （　　）

20. 抵押人转让抵押物所得的价款，超过债权数额的部分，归银行所有，不足部分由债务人清偿。 （　　）

21. 因抵押物灭失所得的赔偿金，应作为抵押财产。 （　　）

22. 抵押权与其所担保的债权可以分离，债权消失，抵押权可以存在。 （　　）

23. 实务操作中，抵押物的登记费、保险费，一般由贷款人承担。 （　　）

24. 财产权利质押形成的质权为典型质权。 （　　）

25. 实务操作中，存在着同一质物上重复设置质权的现象。　　　　　（　　）

26. 对于抵（质）押物的拍卖款，银行不具有优先受偿权。　　　　　（　　）

27. 以签发行对其真实性出具了确认书的存单出质的，即使存单系伪造、变造的，质押合同也有效。　　　　　（　　）

28. 担保合同必须在借款合同签订之前订立。　　　　　（　　）

四、名词解释

1. 非财务因素分析

2. 财务分析

3. 保证担保

4. 信用评级

五、简答题

1. 个人贷款贷前调查报告的基本内容是什么？

2. 抵押担保和质押担保的主要区别是什么？

3. 如何理解评级客户信用状况的"6C"原则？

六、分析计算题

1. A公司欲借款1000万元，拟用B公司担保，B公司总资产为3200万元，负债1500万元。试分析计算B公司有资格和能力为A公司担保吗？为什么？（银行对担保人的资产负债率的控制率为70%）

2. A公司为扩大经营规模，欲向A商业银行借款500万元。银行要求A公司提供担保。A公司同意以公司的土地使用权200万元，3辆轿车80万元，厂房500万元，公司附设的幼儿园50万元，附设的医院80万元，从B公司租赁的10台机器200万元作为抵押。商业银行对该笔贷款的平均抵押控制率为60%。请回答下列问题：

（1）A公司提供的财产全部可以用来抵押吗？为什么？

（2）试分析计算该笔抵押贷款的最高限额。实际操作中，A银行将如何处理该笔贷款？A银行能否全部满足客户的借款要求？

（3）A公司在与A银行签订了抵押和借款合同后，应向哪些部门办理抵押登记？

（4）抵押财产担保的范围包括哪些？

3. 果农王亮向合作银行借款9万元，由于此种贷款最高限额只有3万元，于是王亮便求助于工作在中学任教的姐姐王红和姐夫张力2人，每人分别向合作银行借款3万元，合作银行共计贷款9万元。贷款到期时，王亮因诈骗犯罪被抓而无力偿还。合作银行遂向王红和张力主张权利，王红和张力以真正的借款人不是本人而是王亮为由，拒绝偿还贷款。合作银行诉诸法院。试分析：

（1）合作银行与王亮、王红和张力签订的借款合同的效力；

（2）合作银行向王亮、王红和张力发放的贷款是否合规？为什么？

项目六
信贷业务的审查与审批

【情境导入】

随着小王办理的贷款业务越来越多，几乎每天都能收到这样的电话，"我申请的贷款进行到哪一步了？着急呀！""我申请的贷款批下来了吗？""为什么我的贷款没批下来？"开始有几笔业务，因为缺材料或材料不规范被风险控制部门退回来，要小王找客户补充材料；还有几笔业务，风控部门认为小王原来提供给客户的信贷方案风险较大，要求重新调整。慢慢地，小王认识到，他在贷款的受理和调查环节，必须严格按照银行关于风险控制的要求。对于不符合银行贷款条件的客户，一定要拒绝，向客户说明原因，以后再争取合作的机会；对于符合银行贷款条件的客户，客户经理要严格按照信贷业务的操作规范和流程准备报批材料，稍有差池，就会拖慢贷款的进度。因为贷款项目需要层层把关，风险控制部门的贷款审查人员会审核报批材料，包括对客户经理在贷款受理和调查阶段提交的尽职调查材料进行审核，确定其完整性和合规性，同时确定审查点，对贷款项目进行全面审查，分析信贷方案的合理性、还款来源的可靠性、担保的可靠性等，再审查通过以后，贷款项目才能提交审批。

作为基层行客户经理，小王认识到要想顺利地完成一笔贷款项目，首先要对不同信贷产品的审查重点和审批要求有充分的了解，这样才能按照要求准备报批材料，顺利通过审批，提高贷款办理效率，让客户满意。否则，贷款时间长或贷款批不下来，很多客户急需资金，就会造成客户的流失。小王要从以下几个方面进行准备：

- 不同贷款项目的报审材料包括哪些？
- 贷款项目的审查重点包括哪些？
- 贷款项目的审批流程是什么？
- 如何解读审批结论？

【**知识导航**】

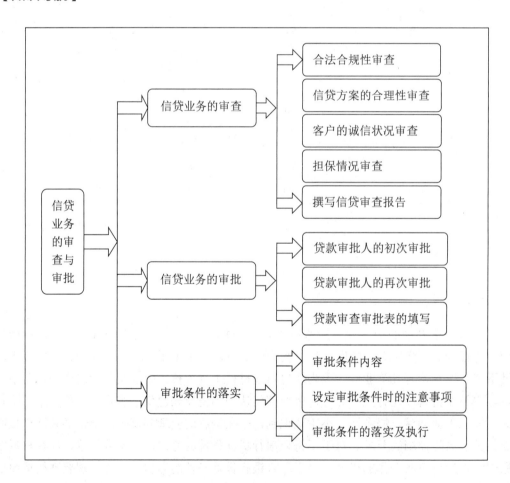

任务一　信贷业务的审查

【学习目标】

知识目标

- 熟悉贷款审查的内容；
- 了解不同贷款项目的审查重点。

能力目标

- 能够针对具体的贷款项目确定审查重点；
- 能够解读贷款审查报告。

职业素养目标

- 培养学生工作尽职尽责的工作态度；
- 培养学生具有合法合规的规范意识。

【知识准备】

银行的信贷审查部门是风险控制中心，信贷审查人员会根据客户报审的材料对该信贷项目进行审查。信贷审查人员一般会在了解整个贷款项目的基础上，把可能直接影响到贷款项目的风险点列为审查重点进行深入分析，并提出审查意见。贷款项目的审查重点一般集中于合法合规性审查、信贷方案的合理性审查、客户的诚信状况审查、担保情况审查等几个方面。

一、合法合规性审查

1. 主体资格合法合规

根据法律规定，借款人应当是经工商行政管理部门核准登记的企（事）业法人、其他经济组织、个体工商户或有中华人民共和国国籍的具有完全民事行为能力的自然人。审查人员在审查的时候要关注借款人的主体资格是否符合上述规定，包括辨别借款人主体资格的真伪，借款人主体资格的存续状况，如在名称变更、法定代表人变更、经营场所与经营范围变更登记后，法人是否有逃避债务的行为。

2. 准入限制合法合规

准入限制包括行业准入限制，如国家、地方和行业主管部门定期发布的禁入行业和限制进入行业；有批准程序准入限制，如部分固定资产贷款项目需要经发改委批准等；有政策准入限制，如房地产企业需要"五证"齐全、自有资金比率达到一定比例以上；有客户资信准入限制，如客户信用评级达到一定级别才给予新增贷款。

二、信贷方案的合理性审查

信贷方案基本要素合理性的标准主要有以下三个：一是信贷方案能否满足客户的融资需求；二是客户是否具备相应的承贷能力；三是信贷方案是否符合金融机构的信贷政策。如果不能满足上述标准，那么说明信贷方案设计存在问题，可能会给银行带来潜在的风险，因此，信贷人员要严格对信贷方案的基本要素进行审查。信贷方案的基本要素包括以下几个。

1. 审查借款用途

信贷审查人员一定要着重审查借款人贷款用途的真实性。很多借款人申请贷款时会提供假的借款用途来掩盖其真实的借款用途，而其真实的借款用途往往不符合贷款要求，如借款人可能是需要资金来偿还其他债务，或是用于投资或投机用途。审查人员在审查时，要关注借款人的承贷能力如何，是否过度授信，是否慕名贷款，是否存在隐瞒债务或投资的情况，是否存在关联企业及关联交易，是否存在互保等情况。

2. 审查信贷品种的合理性

不同的信贷产品有不同的适用范围。有的借款人可能存在由于不了解银行的信贷政策，申请了错误的信贷品种，如客户具备申请贸易融资的条件，却误以为申请贸易融资流程复杂，而申请了认为更容易获批的流动资金贷款；还有的客户从降低成本考虑，选择了成本低但不能直接满足其融资需求的产品，如客户本应申请固定资产贷款，却选择了申请流动资金贷款或承兑汇票。信贷审查人员要注重审查信贷品种的实际用途和风险状况是否相匹配，从而确定所选择的信贷产品的合理性。

3. 审查贷款额度

审查人员首先要根据企业提供的财务数据及相关资料，测算借款人的资金需求量，然后根据信贷客户的资金需求量来确定贷款额度。

4. 审查贷款期限

审查人员在审查贷款期限时，首先要审查期限是否合规，因为很多信贷产品都有明确的期限规定，如个人住房贷款期限不超过30年，汽车贷款不超过5年，票据贴现期限不超过6个月，房地产开发贷款一般不超过3年；其次，要关注贷款期限与企业的生产经营周期、现金流量、还款来源到账时间是否相匹配；最后，要关注贷款期限是否充分反映了客户的风险状况。一般来说，对于优质客户，银行应尽量给予中长期贷款；对一般客户，则尽量给予短期交易性贷款。若抵押物属于价值长期稳定的财产，可根据客户的需求及其风险状况选择较长期限的贷款期限；若抵押物属于价值变化较大的财产，则应尽量采用较短期限的贷款。

5. 审查贷款利息

审查利率确定是否符合银行关于贷款价格的管理办法的相关规定，是否体现了"平衡风险与收益"的原则。目前，由于银行之间竞争日益激烈，审查人员还要考虑信贷产品的利率是否贴近市场价格，是否有竞争力。

三、客户的诚信状况审查

客户的品质和诚信决定了客户的还款意愿。审查人员要通过审查客户的信用记录，包括历史信贷记录、当前往来银行的情况和银行结算记录等了解客户的信用状况。对于有贷款展期、重组或欠息记录的客户，银行要特别重视。

四、担保情况审查

对担保情况的审查主要从以下几个方面入手。

1. 担保的合法合规性

担保的合法合规性是担保生效的前提，是担保的首要考虑因素。对担保合法合规性的审查主要包含以下几个方面。

（1）担保人或担保物必须符合《民法典》及相关法律法规的规定。担保人必须符合法律、规章规定的主体资格，担保品必须是合乎法律规定的财产或权利，真实存在，担保人对其拥有合法的所有权和处置权等。

（2）对外提供担保内部批准程序要合规。法律法规对企业对外提供担保均规定了一些特殊批准制度，只有经过这些批准程序后做出的担保行为才具有法律效力。

（3）对外提供担保相关主管部门审批或授权要合规。一些特殊类型的单位或担保品对外提供担保必须经过相关主管部门的审核、批准或授权，才具有法律效力，如企业的分支机构未经法人书面授权提供保证的，保证合同无效。

2. 担保能力的合理性

担保人或担保物的担保能力决定担保债权的多少，一定要正确评估担保人的担保能力和担保物的合理价值。

（1）正确评估担保物价值和保证人的担保能力。对于担保物，审查人员要实地调研了解担保物的实际情况，结合担保的价值和市场情况分析其估价的合理性。对于保证人，审查人员要结合其资产和收入情况，分析其保证能力。

（2）确定合理的担保率。审查人员要结合担保物的价值情况以及担保物未来价值的变化情况和市场变现的难易程度，确定合理的抵押率，保证银行债权的安全。

3. 担保的完备性

担保必须经过一定的法律程序后才能生效，因此要完善相关的法律手续，如担保文件是否由有权人签订，抵（质）押是否经过有权部门登记、确认或公告，财产保险是否足值等；要完善救济措施，如在抵押物被毁损时，抵押人应及时修复，在担保物被出售时，借款人应告知债权人，提前偿还债务。

4. 担保的可控性

担保要能约束借款人或担保人，才能起到督促借款人按时还款的作用。贷款人要能够连续监督担保品和保证人的保证能力。贷款人如不能有效控制担保品，可能出现担保

物价值贬损，保证人保证能力下降，这样就无法通过担保来保障其债权。

5. 担保的可执行性

担保的可执行性主要关注两个方面：一方面是执行和偿付程序是否简易和可操作。贷款人最容易执行的是存单质押、国债质押、保证金等，程序简单，可操作性强。实践中，有些担保物执行程序繁琐，耗时耗力，前景未卜，这样的担保物应谨慎接受。另一方面要关注担保品是否容易变现。债务一旦违约，贷款的利息和罚息将使债务大幅增加，如果担保品无法尽快变现，时间越长，债务成本越高，变现净值可能越低，银行损失将越大。

五、撰写信贷审查报告

信贷审查人员根据审查的情况撰写审查报告是有权审批人进行贷款决策的重要依据。信贷审查报告应符合以下要求：一是客观全面地阐述信贷业务存在的全部风险，并分析其发生的全部可能性；二是根据审查的结果提出可选择的信贷方案或倾向性意见，为审批人员当好参谋；三是提供补充信息，除了信贷业务部门提交的资料外，审查人员应该积极通过各种渠道收集补充信息，为有权审批人员提供决策依据。

信贷审查报告没有固定的格式，各银行的内容也不统一，但一般包括以下内容。

（1）客户（含项目）基本情况，主要包括客户名称、所有制性质、成立日期、简要历史沿革、注册资本、实收资本、主要出资人及出资金额、比率和出资方式、经营范围、经营管理者素质等。

（2）客户经营管理、财务状况和市场评价，主要包括客户所处行业状况，客户在行业中的市场地位，客户经营管理情况，客户近三年来的主要财务情况、经营指标等，并分析其连续性、合理性和可信性。

（3）客户在金融机构的信用状况，包括客户开户情况，在金融机构的信用总量及信用记录，在商业银行用信、担保、存款，结算等情况。

（4）本笔信贷业务的基本情况和分析，包括用途、金额、期限和担保方式等。

（5）信贷业务评价和防范措施，包括客户市场风险、经营风险、财务风险、行业风险、政策性风险、担保风险、定价风险等，并判断客户风险是否控制在银行可接受的水平内，并提出具体的防范和控制措施。

（6）业务的效益性评价，包括直接效益和间接效益。

（7）审查结论、限制性条款和管理要求。提出明确的审查意见，并针对揭示的风险提出可行的风险控制措施，包括授信是否实施的审查意见等。

实训活动

活动一：选择信贷方案的审查重点

1. 活动资料

周一早晨，B银行信贷审查员王明刚上班，信贷员小李就冲进办公室，手里拿着一份申报材料，告诉王明：这个项目特别着急，因为同业竞争激烈，行领导要求尽快审批这个项目，下午就要召开审批会，审批这个项目。然后，小李大致介绍了一下这个项目。因为这个项目是下面支行主动营销过来的，项目急需资金，因而资料比较少。大致情况是：某大型化工企业要建设22万吨/年裂解焦油、10万吨/年裂解碳九深加工项目，第一阶段需要资金10亿元。因为所需资金量大，A银行牵头组为该大型化工企业组织了项目融资银团。B银行支行业务量小，遇到这类大型项目自然积极营销，因为得到消息晚，直到某银行组团结束时才准备好材料。A银行通知B支行，必须在今天内给予是否参与银团的明确答复。

2. 活动设计

全班分成小组，每组4人，针对下列问题进行讨论：

（1）项目融资审查要看项目评估报告，该项目评估报告应重点了解哪些内容？

（2）该项目建设的市场前景、价格走势如何？

（3）该项目股东背景如何？担保如何？

（4）该贷款是参与A银行组织的银团，银行贷款的协议草案如何？

（5）该项目的融资方式如何？

（6）列出该项目的审批要点。

（7）整理讨论结果，撰写实训报告。

3. 活动评价

针对学生提交的实训报告进行评价。

活动二：撰写贷款审查报告

1. 活动资料

某生物工程股份有限公司成立于2015年，注册资金7460万元，经营范围主要为生产经营生物化学原料、制品、试剂及其他相关制品。

2018年，公司新项目正式经营，最初经营尚可，但是财务管理较为薄弱。2020年，公司海外订单减少，公司的销售回款缓慢，应收账款数额巨大，导致公司对其供货商付款迟缓，影响了公司的信誉。

为了在年底使财务现金状况好转，支付部分应付账款及员工工资，2021年10月15日，公司首次申请流动资金贷款1200万元，银行给予该公司单项授信额度200万元，双方签订贷款合同，合同约定，贷款利率在基准利率4.65%的基础上下浮10%，期限为3年，还款方式为分期非等额还款，抵押物为第三方位于深圳市的某写字楼，总面积为

2000平方米（价值1900万元）。

2. 活动设计

针对上述活动资料及知识点中关于贷款审查报告的撰写方法，撰写贷款审查报告，突出审查重点、风险点，得出审查结论。

3. 活动评价

根据学生提交的贷款审查报告进行评价。

任务二 信贷业务的审批

【学习目标】

知识目标
- 熟悉贷款审批的方式；
- 掌握贷款审批的结论。

能力目标
- 能够了解不同信贷产品的审批方式；
- 能够解读贷款审批结论。

职业素养目标
- 培养学生勇于负责的责任意识；
- 培养学生踏实严谨的工作作风。

【知识准备】

信贷业务的审批一般包括贷款审批人审批和信贷业务集中审批。

贷款审批人审批是指根据分级授权审批的原则，银行将信贷业务的审批授权给具有审批权限的有权审批人，如支行、分行或总行的行长进行审批，有权审批人对审批的具体贷款业务发表书面形式的审批意见。有权审批人必须独立发表审批意见，不受任何其他人的影响和干预，不得因其他任何人的干预而同意应该否决的信贷业务。银行一般设立贷款审查委员会（以下简称"贷审会"）作为贷款业务的审议机构。贷审会是行长领导下的信贷业务决策议事机构，对有权审批人审批信贷业务起智力支持作用和制约作用。

信贷业务集中审批是指在一定区域内将信贷业务的审查、审批甚至放款等工作集中作业处理，提高贷款审批效率。信贷业务集中审批多用于个人贷款业务和小微企业贷款业务，如许多银行建立的个人贷款中心和小微企业贷款中心。

一、贷款审批人的初次审批

贷款审批人初次审批的结论包括同意、附加条件的同意、否决、续议审批。

1. 同意

贷款审批人通过认真审阅申报单位提交的报批材料，经过贷审会审议通过后，贷款审批人认定申报的贷款业务符合国家法律法规、产业政策、银行信贷政策、风险管理政策以及各项规章制度，信贷方案建议的各基本要素合理，还款来源充足、稳定、可实现、可执行，能有效控制风险，则应做出"同意"的审批结论，即同意申报单位按照审批方案办理信贷业务。

2. 附加条件的同意

对于贷款审批人原则上或基本上同意但仍需申报单位进一步修改和完善的信贷方案，贷款审批人可附加条件说"同意"。附加的条件有助于防范风险，或有助于在控制风险的情况下提高银行的收益。

3. 否决

对于贷审会审议不通过的贷款业务，贷款审批人应做出"否决"的审批结论；对于贷审会审议通过的信贷业务，贷款审批人经认真审阅报批材料后，判断该信贷业务存在不符合国家法律法规、产业政策、银行信贷政策、风险管理政策以及各项规章制度，办理该项业务获得的收益不能覆盖成本和风险，则应做出"否决"的审批结论。做出否决的审批意见时，贷款审批人应在审批结论中明确提出否决的具体内容及理由。贷款业务如果具有下列情况，贷款审批人一般会做出"否定"的审批意见。

（1）借款人不具备借款的主体资格；

（2）借款人或借款项目未达到"准入门槛"；

（3）借款项目的审批过程存在严重缺陷；

（4）借款用于国家法律和银行信贷政策规定的禁止用途；

（5）借款项目不符合国家或地区的产业政策；

（6）借款项目存在严重的环境危害；

（7）信贷业务带来的收益不能完全覆盖银行的成本和风险。

4. 续议审批

如果贷款审批人认为申报材料的信息不充分，不能满足决策的需要；或认为有必要对申报方案的重要条款进行修改，需要在申报单位补充材料加以说明或对申报方案进行修改后再次审议，则应做出续议的审批结论。

二、贷款审批人的再次审批

再次审批包括变更条件的审批、续议审批、复议审批。

1. 变更条件的审批

对于初次审批结论为同意或同意（附加条件）的信贷业务，在信贷业务办理前，如果报批单位不能落实申报方案中某些条款或审批结论附加的条件，报批单位可申请变更条件。贷款审批人应进行变更条件的审批，重点分析以下几个方面。

（1）申请变更条件的程序是否合规；

（2）申请变更是否确认修改或放弃部分条件后仍能有效防范和控制风险；

（3）申请变更的条件是原来设计得不合理还是授信申请人或申报单位根本无法落实；

（4）如果因为同业竞争需要而申请变更条件，变更条件后，授信条件是否突破底线；

（5）申请变更的条件是事关有效风险控制的重要条件还是风险控制的一般性条件。

对于原本设计不合理，或根本无法落实，或修改或放弃部分条件后，授信风险仍然能有效防范和控制的，贷款审批人可同意申报单位的修改方案或同意放弃原授信条件。

对于申报单位在申请修改或放弃部分条件后对授信风险产生一定影响的，而申报单位同时又增加了有效控制风险的担保或其他措施，贷款审批人进行综合考虑后可同意申报单位的方案；对于修改或放弃部分条件后，使信贷业务越过了合法合规底线或者风险变得不可控，贷款审批人应否决变更条件的申请。

2. 续议审批

对于初审结论为续议的信贷方案，申报单位可在规定的时间内按续议结论要求补充有关材料或对信贷方案进行调整后，提请原审批部门组织审批。

贷款审批人关于续议审批，应重点分析审查以下几个方面。

（1）申报单位补充的材料是否符合续议结论提出的要求；

（2）申报单位是否按续议结论要求的条款和内容对申报方案进行了调整；

（3）续议申请报告、调整后的申报方案是否反映了自初次审批到再次审批之间借款人经营和财务情况发生的足以影响银行信贷决策的变化。

贷款审批人应分析续议申请、补充的相关材料，调整后的信贷方案和借款人新的变化及贷款审批人本身掌握的新信息，对续议的信贷业务发表审批结论。

3. 复议审批

初次审批结论为否决的信贷方案，申报单位可在规定的期限内，按审批规程的规定向原审批部门或上级行申请复议。

贷款审批人在复议审批时，应重点审查以下几个方面。

（1）复议的信贷业务是否已经符合国家的法律法规、产业政策和银行信贷政策、风险管理政策和规章制度；

（2）复议的信贷方案是否反映了自原复议结论做出到复议期间借款人和借款项目已发生的变化，已足以使贷款审批人做出审批决策；

（3）新的方案给银行带来的收益是否能够完全覆盖银行的成本和风险。

对于复议的授信业务，贷款审批人应在全面分析的基础上，发表审批结论，审批结论只能是"同意"或"否决"。

三、贷款审查审批表的填写

信贷审查及审批人员按照各自的权限，分别在授信业务审查审批意见表上写明审查的意见、审查和审批的结论。商业银行分支行与总行授信业务审查审批意见表的一般格式如表6.1、表6.2所示。

表6.1 授信业务审查审批意见表（分支行）

经办行（盖章）：

信贷审查部门意见：

经办人签字： 负责人签字： 年 月 日

相关部门意见：

经办人签字： 负责人签字： 年 月 日

主管副行长审查（审批）意见：

签字： 年 月 日

贷款审查委员会意见：

主任签字： 年 月 日

行长审查（审批）意见：

签字： 年 月 日

表6.2　授信业务审查审批意见表（总行）

分行（总行营业部）意见：

一、审查结论：

二、附加条件或限制性条款：

负责人签字：　　　　　　　　　盖章：　　　　年　月　日

主审查人意见：

一、审查结论：

二、附加条件或限制性条款：

主审查人签字：　　　　　部门负责人签字　　　　　　年　月　日

总行信贷审批中心审查意见：

一、审查结论

二、表决情况

　　总行信贷审批中心审贷委员　人，出席　人，表决　人。
　　表决结果：同意　票，不同意　票，再议　票。

三、附加条件或限制性条款（或再议条件）：

信贷审批中心主任签字：　　　　　年　月　日

总行信贷管理部总经理意见：

签字：　　　　　年　月　日

信贷政策委员会意见：

一、审查结论：

二、表决情况：

　　信贷政策委员会委员　人，出席　人，表决　人。
　　表决结果：同意　票，不同意　票，再议　票。

三、附加条件或限制性条款（或再议条件）：

签字：　　　　　年　月　日

（续表）

主管副行长意见：			
	签字：		年　月　日
行长意见：			
	签字：		年　月　日

实训活动

活动：认识审批流程

1. 活动资料

中核华原钛白股份有限公司因生产经营需要拟对现有生产车间进行扩建，扩建项目总建筑面积14 767平方米，总投资规模7亿元，为此，中核华原钛白股份有限公司向甘肃某银行申请项目建设贷款3亿元，该项目取得全部审批文件，项目符合国家的产业、土地、环保等相关政策，并按规定履行了固定资产投资项目的合法管理程序。

2021年3月9日，该银行对中核华原钛白股份有限公司单项授信3亿元，同时中核华原钛白有限公司与银行签订了借款合同，合同约定借款期限为5年，贷款利率在基准利率5.75%的基础上下浮12%，还款方式为分期等额还款。同时，浙江久立特材科技股份有限公司为其提供连带责任保证担保。

2. 活动设计

将全班分成小组；每组5人，每组学生分别扮演信贷员、信审员、贷审会成员（3人）、有权审批人1人。

（1）信贷员负责准备该笔贷款审批需要报批的材料；

（2）信审员负责列示该笔贷款的风险点；

（3）贷审会成员对该笔贷款的风险点进行讨论，并得出审议结果；

（4）有权审批人对该笔贷款进行审批；

（5）撰写实训报告，实训报告包括报批材料清单、贷款的风险点、贷审会会议纪要、审议结果、审批结论、审批流程。

3. 活动评价

针对学生提交的实训报告进行评价。

任务三　审批条件的落实

【学习目标】

知识目标
- 掌握审批条件的含义；
- 理解并熟悉审批条件的内容。

能力目标
- 能够理解审批条件的注意事项；
- 能够按照执行要点落实审批条件。

职业素养目标
- 培养学生踏实严谨的工作作风。

【知识准备】

贷款审批条件是指在贷款审批过程中，审批人员为保障贷款人的利益，往往在借款人符合或满足一般贷款条件的基础上，设定一些放款或用款的附加条件来加强保障。客户在满足这些作为贷款审批条件的附加条件的前提下，银行才能予以贷款发放。

在信贷业务中，信贷审批条件包括放款先决条件及部分保障贷款人权益、增加贷款人收益的条款。放款先决条件作为信贷发放的重要条件，通常在借款合同内加以规定。客户经理必须按照借款合同的规定，逐条核对放款先决条件是否已完全齐备或生效，以确保贷款发放前符合所有贷款批准的要求，落实全部用款前提条件。

一、审批条件内容

在信贷实务操作中，审批条件文件会因信贷产品而异，主要的审批条件文件分为首次放款审批条件文件和每次放款需提交的文件。

（一）首次放款审批条件文件

首次放款的审批条件文件包括授信类文件，公司类文件，与项目有关的协议，担保类文件，与登记、批准、备案、印花税有关的文件等。

（1）授信类文件，包括借贷双方已正式签署的借款合同、银行之间已正式签署的贷款协议（多用于银团贷款）等。

（2）公司类文件，包括现时有效的企业法人营业执照、批准证书、成立批复；公司章程；全体董事的名单及全体董事的签字样本；就同意签署并履行相关协议而出具的

董事会决议（包括保证人）；就授权有关人士签署相关协议而出具的授权委托书和有关人士的签字样本（包括保证人）；其他必要文件的真实副本或复印件。

（3）与项目有关的协议，包括已正式签署的合营合同；已正式签署的建设合同或建造合同；已正式签署的技术许可合同；已正式签署的商标和商业名称许可合同；已正式签署的培训和实施支持合同；已正式签署的土地使用权出让合同；其他必要文件合同。

（4）担保类文件，包括已正式签署的抵（质）押协议；已正式签署的保证协议；保险权益转让相关协议或文件；其他必要性文件。

（5）与登记、批准、备案、印花税有关的文件，包括借款人所属国家主管部门就担保文件出具的同意借款人提供该担保的文件；海关部门就同意抵押协议项下进口设备抵押出具的批复文件；房地产登记部门就抵押协议项下房地产抵押颁发的"房地产权利及其他权利证明"；工商行政管理局就抵押协议项下机器设备抵押颁发的"企业动产抵押物登记证"；车辆管理所就抵押协议项下车辆抵押颁发的车辆抵押登记证明文件；已缴纳印花税的缴付凭证；贷款备案证明。

（6）其他类文件，包括政府主管部门出具的同意项目开工的批复；项目土地使用、规划、工程设计方案的批复文件；贷款项目（概）预算资金（包括自筹资金）已全部落实的证明；有关对建设项目的投保证明；股东或政府部门出具的支持函；会计师事务所出具的验资报告和注册资本占用情况证明；法律意见书；财务报表；其他一切必要的批文、许可或授权、委托、费用函件等。

（7）保证银行权利、提高银行收益率要求的审批条件文件。此类审批条件文件不一定要求借款人在贷前完成，有时也可以贯穿在授信存续期间内，如变更贷款行为借款人基本账户开户行；保证账户内日均存款不少于一定数额人民币或外币；一定时间内在贷款行办理一定数额的其他银行业务如开立银行承兑汇票；将贷款行作为员工工资代发银行等。

（二）每次放款需提交的文件

除首次放款外，以后的每次放款无须重复提交许多证明文件和批准文件等，通常只需提交以下文件。

（1）提款申请书；

（2）借款凭证；

（3）工程检验师出具的工程进度报告和成本未超支的证明；

（4）贷款用途证明文件；

（5）其他贷款协议规定的文件。

二、设定审批条件时的注意事项

商业银行设定的授信审批条件中，保障银行权益增加银行收益的条款通常涉及第一还款来源、第二还款来源、授信用途及银企合作等多个方面。每一项授信审批条件都应该符合相关授信政策，表述清晰，要求明确，操作性强，经办行能够及时、规范落实。商业银行在审批意见最终确定、与客户签署相关合同协议前，一定要严格检查设定的条件是否可行。

三、审批条件的落实及执行

落实及执行审批条件是银行授信发放和后续管理的前提，是保证银行资金安全，降低银行风险的有力手段。只有严格落实审批条件，审批的决策意见才有意义和价值，才能发挥应有的覆盖风险作用。商业银行在审批条件落实及执行中，应由非市场部岗位负责，并制定相关执行监督流程，保证其执行质量。

对于放款先决条件的执行条款，要求形成书面核对总结报告，上报上级行进行核查，保证在授信发放以前，审批报告及借款合同中所有审批条件均已取得或落实，保证银行权利。对于保障银行权益、增加银行收益的条款，应在放款后一定时间由贷后管理等部门总结回顾借款人相关条款的实际执行情况，如借款人贷后没有按照审批条件执行，银行可采取必要措施，如提高利率，未放款部分不予放款，或提前收回贷款等。

实训活动

活动：落实审批条件

1. 活动资料

某生物工程股份有限公司成立于2015年，注册资金7460万元，经营范围主要为生产经营生物化学原料、制品、试剂及其他相关制品。

2018年，公司新项目正式经营，最初经营尚可，但是财务管理较为薄弱。2020年，公司海外订单减少，公司的销售回款缓慢，应收账款数额巨大，导致公司对其供货商付款迟缓，影响了公司的信誉。

为了在年底使财务现金状况好转，支付部分应付账款及员工工资。2021年10月15日，公司首次申请流动资金贷款1200万元，银行给予该公司单项授信额度200万元，双方签订贷款合同，合同约定，贷款利率在基准利率4.65%的基础上下浮10%，期限为3年，还款方式为分期非等额还款，抵押物为第三方位于深圳市的某写字楼，总面积为2000平方米（价值1900万元）。

该笔贷款经贷审会审议，行长审批已经通过，客户经理需要根据审批结论落实审批条件。

2. 活动设计

将全班分成小组，每组4人，完成以下任务：

（1）针对该借款人的情况，存在的主要风险点，假设你是行长，写出你会设定的审批条件。

（2）针对设定的审批条件进行落实。

（3）撰写实训报告。

3. 活动评价

根据学生提交的实训报告进行评价。

思政案例

信贷人员必备的职业素养：团队意识

案例6.1

上海这家银行的科技金融团队，新年第一天就放了3个亿贷款

"从来没和银行聊技术聊这么久。"上海锐翌生物科技有限公司（以下简称"锐翌生物"）负责人如此评价一支成立没多久的银行科技金融团队。一直以来，"二八定律"在银行业非常适用，少部分的大客户贡献了大部分的业务规模。在贷款占比中，像科技企业这样的客户偏少。不过，如今大量快速成长的科技企业，已经形成了一条无法忽视的长尾。锐翌生物提及的团队，正是交通银行上海市分行为了挖掘更多的长尾科技企业，专门成立的科技金融专班。

1. 打破老机制

在传统银行架构中，各个部门条线之间往往切分得过于清晰，难免会出现缝隙。比如，银行普惠部门主要服务贷款1000万元以下的客户。但科技企业成长很快，资金需求转眼就不止1000万元，这就跳出了普惠部门的范畴，但又没达到大企业的门槛，于是出现了服务盲区。目前，1000万元到一亿元这个资金需求区间段的企业，已经形成了一个长尾，数量众多，分布在各个科技领域，对于银行和实体经济而言，都不可或缺。

"服务这些科技企业，如果有缝隙、有盲区，我就搭个桥，盖块板，把这块领域覆盖上。"科技金融专班负责人余蕾说。

专班打破了以往的部门机制，把前台营销端、市场拓展和行业研究中心、股权营销中心都纳入进来，并请审批部门派驻专人到专班。余蕾表示："从几十万元到几十亿元的金融业务，只要和科技相关，我们都做。"

2. 效率在提高

这个专班并不是一个松散的部门，而是一个紧密的整体。以审批为例，过去审查员拿到经营部门报上来的贷款申报资料，免不了从头开始了解企业甚至行业，审批速度可想而知。现在专班审查员从企业尽调开始就直接参与，一路跟下来掌握了足够的信息，最后审批时只需要验证财务等细节即可。这种专业化、短平快的流程设置，大幅提升了审批速度和市场反应速度，如今一项普通的科技贷款，四五天就能批出来。"从专班第一次来沟通，到我们拿到贷款，仅用了一个月时间。"得益于这一速度，像锐翌生物这样的专精特新企业，也可以放心投入关键阶段的研发。

3. 业务在拓展

只谈贷款还不够，还要谈投资。专班与交银国际等交通银行子公司频频联动，每周定期开会碰头，在市场对接、风控知识共享、投贷联动等方面形成了合作体系。现在交通银行上海市分行已形成备投企业库103家，累计共有25家企业进入股权投资立项尽调阶段，另有1家企业已通过子公司投决会，2家企业已与子公司签订入股选择权。"2022年一季度预计有两三家投资项目落地。"余蕾说，投资、员工持股、IPO，在科技企业生命周期内，银行可以做的还有更多。

4. 认知亲和度

"老实说，以前客户不爱和银行聊天，张口就是存款有吗，抵押有吗。现在我们不一样，坐下来先聊技术，聊到兴头上一两个小时停不下来。"余蕾笑言，他最喜欢听到企业说，你怎么这么专业？懂得多了，聊得多了，很多需求就有了。为此，余蕾创造了一个新名词——认知亲和度。"意思就是，我们对科技企业真正懂了，才能获得他们的认可，也才能把服务搞好。"

要搞懂科技企业，并不是一件容易的事。所以，学习和研究成为这个专班每天都在做的功课。在每周的例会上，专班所有人都要把上周拜访的企业特点、行业分析拿出来总结分享。专班成员就在这种氛围中不断积累经验，并在不断的市场实践中实现知识迭代。

术业有专攻，为了更聚焦行业，专班还成立了生物医药和集成电路两个小组，甚至还招募了生物工程的博士。目前，生物医药小组服务的企业已向生命健康、医疗器械、产业链企业延伸，集成电路小组服务的企业已从设计环节向设备制造、材料领域深化。2022年，专班还将开辟新能源行业研究。成立半年多来，这个专班靠着十几个人，走访了340多家企业，审批了450多笔业务，投放贷款的新客户超过250家。

对外，通过广泛深入的接触，越来越多的长尾科技企业开始浮出水面。2021年，交通银行上海市分行的科技型客户数量增加了78%，科技型贷款规模增加了85%。专班的审查员感慨："一开始预审会一场过3家企业，现在一场要过19家，会议一天都开不完。"

对内，研究实践的成果开始形成溢出效应。针对已经形成的经验，专班为全分行前端的客户经理们准备了科技型授信申报模板，2022年上半年还将迭代到3.0版本，方便客户经理快速了解企业。对于行业细分领域，模板里还定制了"插件"，如生物医药创新药插件、医疗器械插件等。贷后监控模板也将很快推出。

2022年第一天，交行上海市分行就发放了近3亿元的科技贷款。但专班的成员们显然并不满足，他们想做的，是为国有银行体系服务科技企业，闯出一条新路来，也助力这些科技企业，为上海，为中国，闯出新路来。

资料来源：上观新闻. 上海这家银行的科技金融团队，新年第一天就放了3个亿贷款[EB/OL].（2022-01-13）[2022-07-11]. https://jrj.sh.gov.cn/YX180/20220113/39a238e1ec2d483783a2b2608ab2661e.html.

从案例6.1可以看出，信贷业务对团队协作能力的要求越来越高，同时要求团队成员之间具备多方面的专业知识，打通与客户的沟通渠道，通过团队协作，拓展业务，提高效率，抢占市场先机。信贷业务是程序性非常强的工作，需要部门内部及不同部门之间密切合作才能完成。优秀的信贷人员需要具备团队意识，在工作过程中要与本部门及其他部门成员协同合作、紧密团结，从而实现组织的共同目标。只有在团队中精诚合作，客户经理才能不断进步发展，在与团队成员的团结协作中，不断地学习新的信贷知识，增强自己的个人能力，提高自己的专业素质，从而实现个人成长，并产生更高的绩效。

知识点考核

一、单选题

1. （   ）是银行的风险控制中心。

A. 信贷业务部门　　　　　　　　　　　B. 信贷审查部门

C. 信贷营销部门　　　　　　　　　　　D. 贷款审查委员会

2. 房地产开发贷款的贷款期限一般不超过（   ）。

A. 2年　　　　　　　B. 3年　　　　　　　C. 4年　　　　　　　D. 5年

3. 个人住房贷款期限一般不超过（   ）。

A. 20年　　　　　　B. 25年　　　　　　C. 30年　　　　　　D. 35年

4. 贷款利率的确定应当尽量体现（   ）的原则。

A. 收益至上　　　B. 关注风险　　　C. 平衡风险与收益　　　D. 市场利率

5. 个人贷款一般采用（   ）方式。

A. 贷款审批人审批　　　　　　　　　　B. 信贷业务集中审批

C. 行长审批　　　　　　　　　　　　　D. 部门主管审批

6. 抵（质）押协议属于（   ）。

A. 授信类文件　　　B. 公司类文件　　　C. 与项目有关的协议　　　D. 担保类文件

7. 根据贷款方式、借款人信用等级、借款人的风险限额等确定可否贷款、贷款结构和附加条件属于（   ）的内容。

A. 贷前调查　　　　　　　　　　　　　B. 贷款项目风险评价

C. 贷款审查　　　　　　　　　　　　　D. 贷款审批

8. 在对个人客户进行贷款风险审查时，为了防止虚假交易套取银行借款，应对（   ）进行评价。

A. 借款人的基本情况　　　　　　　　　B. 借款项下交易的真实性、合法性

C. 借款人的资产负债情况　　　　　　　D. 借款人的收入情况

9. 对于下列情况，贷款审批人可以考虑做出续议结论的是（   ）。

A. 借款人或借款项目未达到准入门槛

B. 借款项目不符合国家或地区的产业政策

C. 担保物有瑕疵，对担保能力和效力产生不利影响

D. 借款项目的审批过程存在严重缺陷

10. 信贷审批条件中可能出现的表述为（　　　）。

A. 我行授信条件不低于其他银行条件

B. 借款人股东会出具的同意本授信及提供抵押的股东会决议书

C. 冻结学校的定期存款作为授信质押

D. 借款人在我行开立主要结算账户

二、多选题

1. 贷款项目审查的重点是（　　　）。

A. 合法合规性　　　　　B. 信贷方案的合理性　　　　　　　　　C. 客户的违约概率

D. 客户的诚信情况　　　E. 客户的贷款方案

2. 根据法律规定，借款人应当是（　　　）。

A. 经工商部门核准登记的企业法人

B. 其他经济组织

C. 个体工商户

D. 有中华人民共和国国籍的具有完全民事行为能力的自然人

E. 经工商部门核准的事业法人

3. 借款人的准入限制包括（　　　）。

A. 行业准入限制

B. 市场准入限制

C. 信贷政策的准入限制

D. 生产的准入限制

E. 客户信用等级的准入限制

4. 信贷方案的合理性审查主要包括（　　　）。

A. 贷款要素设计合理

B. 借款人资格合理

C. 信贷方案满足客户的融资需求合理

D. 客户能够按时偿还贷款

E. 信贷方案符合银行的信贷政策

5. 审查借款人的贷款用途时要关注（　　　）。

A. 借款人的承贷能力如何

B. 是否存在互保

C. 是否慕名贷款

D. 是否存在隐瞒债务或投资的情况

E. 是否存在关联企业及关联交易

6. 信贷业务的审批方式包括（   ）。

A. 贷款审批人审批　　B. 信贷业务集中审批　　　　　　C. 行长审批

D. 部门主管审批　　　E. 贷审会审批

7. 贷审会是行长领导下的信贷业务决策议事机构，对有权审批人审批信贷业务起（   ）作用。

A. 智力支持　　　　B. 决策　　　　　C. 制约　　　　D. 管理　　　E. 批准

8. 贷款初次审批的结论包括（   ）。

A. 同意　　　　　　B. 附加条件的同意　C. 否决　　　　D. 续议审批　　E. 延期

9. 贷款审批人对于变更条件的审批应重点分析以下方面（   ）。

A. 申请变更条件的程序是否合规

B. 申请变更是否确认修改或放弃部分条件后仍能有效防范和控制风险

C. 申请变更的条件是原来设计得不合理还是授信申请人或申报单位根本无法落实

D. 如果因为同业竞争需要而申请变更条件，变更条件后，授信条件是否突破底线

E. 申请变更的条件是事关有效风险控制的重要条件还是风险控制的一般性条件

10. 首次放款的审批条件文件包括（   ）。

A. 授信类文件

B. 公司类文件

C. 与项目有关的协议

D. 担保类文件

E. 与登记、批准、备案、印花税有关的文件

三、判断题

1. 若抵押物属于价值变化较大的财产，则应尽量采用较短期限的贷款。　　（   ）

2. 汽车贷款最长不超过3年，票据贴现期限不超过6个月。　　　　　　（   ）

3. 一般来说，对优质客户应尽量给予中长期贷款，对一般客户则尽量给予短期交易性贷款。　　　　　　　　　　　　　　　　　　　　　　　　　　　　（   ）

4. 贷款审查后，银行应对审查合格的信贷项目提交审批人员审批。　　　（   ）

5. 借款人可以不按约定用途使用贷款。　　　　　　　　　　　　　　（   ）

6. 贷款评审委员会的组成人员通过选举产生。　　　　　　　　　　　（   ）

7. 扶贫到户贷款要经过贷审会的审议。　　　　　　　　　　　　　　（   ）

四、名词解释

1. 贷款审查委员会

2. 贷款审批人审批

3. 信贷业务集中审批

五、简答题

1. 贷款审批时，需要做出"否决"审批意见的情况有哪些？

2. 贷款审查报告主要包括哪些内容？

项目七
签订合同与发放贷款

【情境导入】

客户的贷款批下来了，小王作为客户经理认真阅读了贷款的批复文件，发现有些客户还需要根据批复文件落实贷款条件，然后签订借款合同和担保合同；有些客户则可以直接签订贷款和担保合同。银行的信贷产品多种多样，不同的信贷产品采用不同的合同文本，客户经理要熟悉不同的合同文本，以及合同文本中的条款。在签订合同前，客户经理要履行告知义务。另外，关于合同的签订，银行也有相关的规定。因此小王要从以下几个方面进行准备：

■ 借款合同的主要条款包括哪些？

- 担保合同的主要条款包括哪些？
- 合同的签订流程是什么？
- 签订合同时，需要注意哪些问题？

【知识导航】

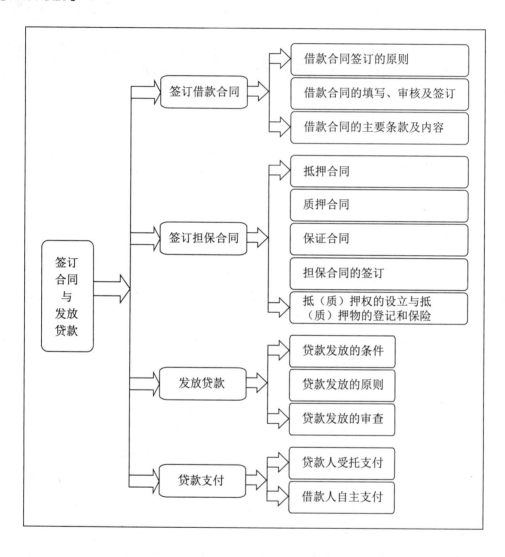

任务一 签订借款合同

【学习目标】

知识目标
- 了解商业银行借款合同签订的原则;
- 熟悉借款合同的主要条款和内容。

能力目标
- 能根据审批条件准确填写借款合同;
- 能够按照规定的流程签订借款合同。

职业素养目标
- 培养学生合法合规的规范意识;
- 培养学生踏实严谨的工作作风。

【知识准备】

借款合同一般是指可以作为贷款人的银行业金融机构与自然人、法人、其他组织之间就贷款的发放与收回等相关事宜签订的规范借贷双方权利与义务的法律文件。它的订立和履行必须依照《民法典》和有关法律、法规以及中国人民银行的有关规定进行,任何金融机构和个人均不得违反。

一、借款合同签订的原则

借款合同的当事人双方在签订借款合同应当遵守以下几项原则。

1. 遵守国家的法律、法规和信贷管理规章制度的原则

国家的法律、法规和信贷管理规章制度是当事人签订借款合同的依据,只有依照国家的法律、行政法规和信贷管理规章制度签订的借款合同,才具有法律约束力,当事人的合法权益才能受到法律保护。

2. 平等、自愿、互利和协商一致的原则

平等原则是指当事人双方平等地享有权利和承担义务。签订借款合同时,任何一方不得凌驾于对方之上,不得把自己的意志强加给对方。在履行合同的过程中,任何一方当事人不按期履行合同,或者因为其他违约行为给对方造成损失的,因违约行为而受损失的一方都可以请求法院依法给予保护。

自愿原则是指当事人依法享有自愿订立合同的权利,任何单位和个人不得非法干预。

互利原则是指借款合同当事人在信贷活动交往过程中都有利可得，彼此之间的权利义务基本对等。

协商一致原则要求双方为了达到贷款这一特定的经济目的，需要经过充分协商，使合同内容充分体现双方的真实意思。

二、借款合同的填写、审核及签订

商业银行的借款业务合同多采用格式合同。格式合同，又称标准合同、制式合同，是指当事人一方预先拟定合同条款，对方只能表示全部同意或者不同意的合同。借款合同必须严格按照规定填写或编写，逐级审核，经有权签字人或授权签字人签署后才能生效。

（一）借款合同的填写

合同填写工作通常由商业银行法规部门或市场部门的经办人员完成，填写中须注意以下几点。

（1）借款合同必须采用黑色签字笔或钢笔书写或打印，内容填制必须完整，正、副文本的内容必须一致，不得涂改。

（2）借款合同的信贷业务种类、币种、金额、期限、利率或费率、还款方式和担保合同应与信贷业务审批的内容一致。

（3）需要填写空白栏且空白栏后有备选项的，在横线上填好选定的内容后，对未选的内容应加横线表示删除；合同条款有空白栏，但根据实际情况不准备填写内容的，应加盖"此栏空白"字样的印章。

（4）信贷合同文本应该使用统一的格式合同，对单笔授信有特殊要求的，可以在合同中的其他约定事项中约定。

（二）借款合同的审核

借款合同填写完毕后，填写人员应及时将合同文本交给复核人员进行复核。需要注意的是，一笔信贷业务的合同填写人与合同复核人不得为同一人。

1. 格式合同的审核要点

（1）该格式合同制定以来，国家关于银行授信工作的法律、法规和政策规范是否有重大变化，是否需要对该格式合同作整体性的修改。

（2）填写合同应当符合制定格式合同时的使用说明，合同待定内容应当填写完整，空白处应当画线删除。

（3）借款合同载明贷款金额、币种、期限、授信用途等内容必须与贷款审批表、担保合同、借据等相关文件保持一致。

（4）合同条款填写是否齐全、准确，文字表达是否清晰。

（5）办理借新还旧贷款的，均应当重新设置担保，签订担保合同。

（6）借款人、担保人的法定代表人或主要负责人的签章应当与工商行政管理机关或其他有权机关颁发的借款人主体资格证明的记载内容一致。

（7）如果有最高额担保的，该笔贷款业务的债权数额应当在最高额担保约定的最高债权额度尚未使用的余额之内。

2. 非格式合同的审核要点

非格式合同应当经过管辖行或直属行的法务部门审查批准，并附有法律意见书。

审核合同文本的复核人员应就复核中发现的问题及时与合同填写人员沟通，并建立复核记录。商业银行通常要求合同填写人与复核人在合同每页下角签章，表明对合同内容负责。

（三）借款合同的签订

合同填写并复核无误后，贷款人应负责与借款人（包括共同借款人）、担保人（抵押人、出质人、保证人）签订合同。签订合同时需注意以下几个问题。

1. 履行充分告知义务

在签订有关合同文本前，应履行充分告知义务，告知借款人（包括共同借款人）、保证人等合同签约方关于合同内容、权利义务、还款方式以及还款过程中应当注意的问题等。

2. 鉴证签章

商业银行市场部或法务部人员，须当场监督借款人、保证人、抵押人、质押人等签章。借款人、保证人为自然人的，应在当面核实身份证明文件之后由签约人当场签字；如果签约人委托他人代替签字，签字人必须出具委托人委托其签字并经公证的委托授权书。对借款人、保证人为法人的，签字人应为其法定代表人或授权委托人，授权委托人也必须提供经公证处公证的有效书面授权委托书。签章后，商业银行应核对预留印鉴，确保签订的合同真实、有效。商业银行鉴证签字人应为两人或以上，鉴证签字后，在合同签字处加盖见证人名章或签字。对采取抵押或质押等担保方式的，应要求抵押物或质押物共有人在相关合同文本上签字。

（四）有权签字人审查

借款人、担保人等签字或盖章后，商业银行应将有关合同文本、授信调查审批表和合同文本复核记录等材料送交银行有权签字人审查，有权签字人审查通过后在合同上签字或加盖按个人签字笔迹制作的个人名章，之后按照用印管理规定负责加盖商业银行授信合同专用章。

（五）合同公证

商业银行可根据实际情况决定是否办理合同公证。

（六）合同编号管理

商业银行合同管理部门对信贷合同进行统一编号，并按照合同编号的顺序依次登记在信贷合同登记簿上，合同管理部门应将统一编制的信贷合同号填入信贷业务合同和担保合同中。

三、借款合同的主要条款及内容

借款合同中主要包括当事人名称、贷款种类、币种金额、资金用途、贷款期限、贷款利率费率及利息计收方式、提款先决条件、还款资金来源及还款方式、提前还款条款、担保方式、违约、合同的补充变更和解释、争议、管辖和放弃豁免、合同生效条件及有效期、其他条款等等。资料7.1为某个人贷款合同范例。

【资料7.1】

××银行个人贷款合同（范例）

合同编号：_____

借款人：_____

抵押人：_____

保证人：_____

贷款人：_____

贷款品种：_____

本合同签约各方本着平等、真实、自愿的原则，依照《中华人民共和国合同法》及其他有关法律、法规之规定，特制订本合同，以昭信守。

特别提示：借款人和担保人在签订本合同之前，请务必仔细阅读本合同各条款，尤其是"特别提示"和黑体字部分，如有不明之处，请及时咨询，贷款人一定积极解答。借款人和担保人有权同意本合同和选择其他合同，但在签署本合同后即视为同意本合同全部条款。

第一章　贷款

第一条　贷款种类。贷款人经审核借款人提交的贷款申请书，同意向其发放贷款。

第二条　贷款用途。本贷款的用途为：_____。未经贷款人书面同意，借款人不得改变贷款用途。

第三条　贷款金额。本合同项下的贷款金额为人民币（大写）_____元。

第四条　贷款期限。本合同项下的贷款期限为_____个月，自贷款借据记载日期起算，即自____年____月____日起至____年____月____日止。

第五条　贷款利率。本合同签订时的贷款利率为年利率_____%，在本合同有效期内如遇法定利率调整或计息方法变更，贷款期限在1年以内（含1年）的，实行原利率，不分段计息；贷款期限在1年以上的，从次年1月1日开始，贷款利率按调整后适用利率上下浮_____%计息。贷款人在本合同有效期内按照中国人民银行的规定调整本合同贷款利率的，贷款人将在营业场所对法定贷款利率的调整情况进行公告，不再另行向借款人发书面通知。

第六条　计算方法。利息以借款人实际提款日起算，按实际提款额和用款天数计算，计算基数为一年360天。

第七条　上述约定与贷款借据不符的，以贷款借据为准，贷款借据为本合同不可分割的组成部分。

第八条　提款先决条件。借款人在提款前，应满足如下先决条件：

8.1　借款人已按贷款人要求开立用于提款、付息及还款的账户。

8.2　本合同项下的担保条款已生效。

8.3　在申请贷款的过程中，借款人已向贷款人提供贷款人要求提供的所有文件和资料且该些文件和资料继续保持有效。

第九条　借款人在此授权贷款人将借款人依据本合同规定取得的贷款一次性划入借款人指定的账户（附件3），或将贷款一次性划入下列指定账户：户名：_____，账号：_____，开户行：_____。

第十条　贷款担保。本合同项下的全部贷款采用（抵押/保证）担保方式，抵押人为_____、保证人为_____（视情况而定，下文统称为"担保人"），具体约定见本合同相应担保条款。

第十一条　借款人在贷款期限内，选择以下还款方式偿还贷款本息。本合同项下贷款按（月/季）共分_____期偿还，具体还款金额及还款日期见贷款行提供的《还款计划书》。

1. 利随本清
2. 等额还本付息
3. 等本金还款
4. 递增/递减还款法
5. 按期还息一次还本
6. 前3个月按月还息后按月等额还款
7. 前3个月按月还息后按月等本还款
8. 前5个月按月还息后按月等额还款
9. 前5个月按月还息后按月等本还款

第十二条　贷款人可在约定的还款日直接从借款人在贷款人处开立的还款账户内扣收到期本息。借款人应保证还款账户内有足够余额偿还到期应付本息。若借款人需要变更还款账户账号或对还款账户进行任何类似变更，借款人须到贷款人处申

请办理相关手续；若还款账户发生挂失、冻结、结清、超期或任何其他类似变化事项，借款人须在贷款人处开立新的扣款账户，并在该账户内存入足够的资金以偿还到期应付本息。

第十三条　贷款人将对逾期贷款本金按贷款利率加收50%计收罚息，对逾期贷款利息计收复利。

第十四条　借款人可提前偿还全部或部分未还贷款，但应按下列要求提前通知贷款人，并取得贷款人的书面同意。借款人每年只能提前偿还一次贷款。

14.1　借款人必须于预定的提前还款日前5个工作日向贷款人提出书面申请，并且该申请一经发出即不可撤销。

14.2　借款人提前偿还部分贷款的，每次还款金额原则上不得低于人民币（大写）_____元，提前还款前已计收的贷款利息不再调整。

14.3　对于因提前还款而变更还款期限的，重新约定的还款期限不得长于原期限，且仍按照贷款借据约定的利率及还款方式计收贷款本息。

14.4　提前偿还部分贷款的，贷款人与借款人应对剩余部分未还贷款重新约定还款计划，借款人应按贷款人重新提供的《还款计划书》标明的还款日期和还款额偿还剩余贷款本息。借款人提前偿还全部未还贷款的，应结清全部利息。

第十五条　借款人向贷款人声明如下：

15.1　借款人具有完全的资格和权利签署本合同并履行其在本合同项下的义务。

15.2　借款人为本合同项下贷款而向贷款人提供的所有文件、资料和凭证等是准确、真实、完整和有效的。

15.3　借款人未隐瞒任何已发生或即将发生的有可能使贷款人不同意发放本合同项下贷款的任何事件。

借款人向贷款人承诺如下：

15.4　按照贷款人之要求，如实提供贷款审查过程中应提交的资料，自觉接受贷款人对本合同项下贷款使用情况的调查、监督，并给予足够的协助和配合。

15.5　按本合同之规定清偿本合同项下之贷款本金及利息。

15.6　在借款人的职业、收入、住址、通讯地址、联系电话等个人情况发生变化时，借款人应立即通知贷款人该等变化。

15.7　不以与任何第三方的纠纷为理由影响其在本合同项下还款义务的履行。

第十六条　下列任一事件均构成本合同项下的违约事件：

16.1　借款人连续三期或累计六期未按时或全额履行还款义务的。

16.2　借款人在本合同中所作的声明被证明是不正确的、不真实的或具有误导性的。

16.3　借款人未能实现或遵守其在本合同中所作的承诺或违反了其在本合同项下的其他义务。

16.4　借款人在还款期限内死亡、失踪或丧失行为能力，又无合法继承人或受遗赠人继续履行本合同项下义务，或其合法继承人、受遗赠人拒绝履行本合同的。

16.5　出现了对或可能对借款人履行其在本合同项下义务产生严重不利影响的其他情况。

第十七条　一旦发生上条所述任何违约事件，贷款人有权采取以下任何一项或多项措施：

17.1　要求借款人和/或担保人限期纠正违约。

17.2　宣布所有已贷出的贷款立即到期并要求借款人立即偿还全部贷款本金、利息和其他应付款项。

17.3　要求追加或更换保证人、抵押物、质押物。

17.4　宣布行使或实现本合同项下的担保权利。

第二章　抵押

第十八条　抵押人自愿以其享有合法所有权和处分权的作为本合同项下的抵押物，以担保借款人按期偿还本合同项下的贷款本息和其他应付款项。

抵押物具体情况见《抵押物品清单》。

第十九条　本合同签订时，贷款人认可的抵押物价值共计人民币（大写）_____元，抵押率为_____ %。在抵押期限内，抵押物的抵押率若超出此抵押率时，贷款人有权随时要求抵押人提供新的抵押物或贷款人可接受的其他有效担保。抵押人拒绝履行上述约定视同违约，贷款人有权行使其在本合同第十七条项下的权利。

第二十条　抵押担保的主债权的种类、金额、期限即为本合同第一章约定的贷款种类、贷款金额、贷款期限。

第二十一条　抵押担保的范围包括本合同项下贷款本金、利息（包括法定利息、约定利息、复利及罚息）、违约金、损害赔偿金、贷款人实现贷款项下债权及抵押权的费用。

第二十二条　本合同签订后，抵押人必须亲自或委托贷款人持本合同到有权登记部门办理抵押物的抵押登记手续，抵押登记费用由借款人和贷款人各承担50%。

第二十三条　抵押期间，抵押物的所有权或使用权凭证及其他有效证明文件、相关资料，以及有权登记部门出具的抵押登记证明文件和其他相关证明文件正本均由贷款人执管。

第二十四条　借款人须向_____保险公司办理_____保险，并以贷款人为第一受益人。本合同项下贷款本息及其他应付款项偿清之前，保险单正本由贷款人执管。贷款人有权收取保险赔偿金并视情况将其直接用于偿还本合同项下借款人应付的贷款本息和其他款项。抵押期间，借款人不得以任何理由中断或撤销保险。为防止保险中断，贷款人可以代替借款人投保，保险费用由借款人承担，保险权益属贷款人。

第二十五条　抵押期间，抵押物由抵押人占管，抵押人应妥善并合理保管、使

用、维护抵押物，保证抵押物的完好无损，并随时接受贷款人的检查。

第二十六条　抵押人声明与承诺如下：

26.1　抵押人是抵押物的唯一合法所有人，对抵押物享有合法的处分权，抵押物的所有权不存在任何争议，依法可以作为抵押担保的标的物。

26.2　抵押人向贷款人提供的所有文件、资料、报表和凭证等是准确、真实、完整和有效的。

26.3　目前并不存在任何涉及抵押物的，并将会对抵押物的价值造成严重不利影响的任何查封、扣押、诉讼、仲裁或其他争议事件。

26.4　抵押物抵押期间，抵押人出租抵押物的，须通知贷款人。抵押人以转让、抵偿债务、赠与等方式处分抵押物的所有权的，须征得贷款人同意。抵押人擅自处分抵押物引起贷款人损失的，由抵押人承担责任。

26.5　抵押人应及时将可能影响抵押物或其价值的任何事件（包括但不限于涉及抵押物的任何查封、扣押、诉讼、仲裁或其他争议事件）通知贷款人。由于抵押人的过错或其他任何原因造成抵押物价值减少的，抵押人应及时告知贷款人，立即采取措施防止损失扩大，并在三十天内向贷款人提供贷款人认可的与减少的价值相当的担保。

26.6　抵押人不应采取可能损害贷款人针对抵押物或其在本合同项下的任何权利的行为。

第二十七条　贷款人由于国家利率政策调整而执行新利率的，无须征得抵押人的同意。

第二十八条　本合同项下所设立的抵押担保独立于贷款人为本合同所取得的任何其他担保，并不受任何其他担保的影响。本合同项下贷款及其相关条款如因任何原因成为部分或全部无效，均不影响本合同项下抵押条款的效力，抵押人仍应按照约定承担责任。

第二十九条　本合同项下所设抵押将一直保持有效，直至依据本合同项下规定应付的本金、利息、费用、违约金、损害赔偿金及为实现债权而支出的费用等款项全部偿清为止。

第三章　保证

第三十条　保证人自愿为借款人因在本合同项下借取贷款所产生的全部债务向贷款人提供以下第_____种连带责任保证担保。在借款人未按合同约定履行还款义务时，保证人保证按贷款人的要求履行还款义务。

30.1　阶段性连带责任保证：保证期间从本合同签署之日起至抵押人已就抵押物有效设定抵押，且相关抵押物权利证明及设定抵押的相关证明文件交付贷款人正式执管之日止。

30.2　全程连带责任保证：保证期间从本合同签署之日起至本合同项下贷款履行

期届满之日起两年止。

第三十一条　保证担保的范围为本合同项下贷款本金、利息（包括法定利息、约定利息、复利及罚息）、违约金、损害赔偿金、贷款人实现债权的费用总额。

第三十二条　保证人在此无条件地并不可撤销地向贷款人保证：如借款人未按本合同的约定履行其还款义务，贷款人有权向保证人发出还款通知，保证人在接到贷款人的通知之日起_____日内即应按通知中所载明的偿还金额、方式向贷款人支付该等款项。

第三十三条　如借款人未按本合同的约定履行其还款义务，贷款人即可直接要求保证人履行其在本合同项下的保证责任。

第三十四条　保证人授权贷款人自行按贷款金额的_____%从保证人账户中将相应金额转入保证金专户，户名：_____，账号：_____，作为保证人履行担保责任的保证金。贷款人实现本章项下的担保权益时，有权直接从保证金专户中扣收借款人在本合同项下未付的本金、利息和其他应付款项。

第三十五条　保证人声明与承诺如下：

35.1　保证人具有完全的资格和权利签署本合同并履行其在本合同项下的义务。

35.2　保证人向贷款人提供的所有文件、资料、报表和凭证等是准确、真实、完整和有效的。

35.3　保证人签署本合同及履行其在本合同项下的义务并不违反保证人订立的任何其他协议以及适用于保证人的任何法律和法规。

35.4　目前并不存在任何涉及保证人或其财产的，并将会对保证人的财务状况或保证人根据本合同履行其义务的能力构成严重不利影响的任何查封、扣押、诉讼、仲裁或其他争议事件。

35.5　如有涉及保证人或其财产的任何查封、扣押、诉讼、仲裁或其他争议事件，保证人应立即将详情通知贷款人。

35.6　保证人不得采取任何可能损害贷款人针对抵押物或其在本合同项下的任何权利的行为。

第三十六条　贷款人由于国家利率政策调整而执行新利率的，无须征得保证人的同意。

第三十七条　无须事先征得保证人的同意，贷款人可将本合同项下保证人所担保的债权转让给任何第三人，保证人仍在原保证范围内承担保证责任并应当为此目的完成相应的法定手续。

第三十八条　本合同项下所设立的保证担保独立于贷款人为本合同所取得的任何其他担保，并不受任何其他担保的影响。本合同项下贷款及其相关条款如因任何原因成为部分或全部无效，均不影响本合同项下保证条款的效力，保证人仍应按照约定承担责任。

第四章　其他条款

第三十九条　在本合同项下，借款人和/或担保人应当全额支付其应付的任何款项，不得提出任何抵销主张，亦不得附带任何条件。

第四十条　未经贷款人书面同意，借款人和/或担保人不得将本合同项下任何权利、义务转让给第三人。

第四十一条　贷款人给予借款人和/或担保人任何宽限、优惠或延缓行使本合同项下的任何权利，均不影响、损害或限制贷款人依本合同和法律、法规而享有的一切权益，不应视为对本合同项下权利、权益的放弃，也不免除担保人在本合同项下承担的任何义务。

第四十二条　本合同各方互相发出与本合同有关的通知、要求，应以书面方式做出，发送至本合同签字页列出的有关方的地址或传真。任何一方如变更其地址或传真，须及时通知对方。

第四十三条　本合同适用中华人民共和国法律并按照中华人民共和国法律解释。各方在履行本合同过程中所发生的争议，首先应由各方协商或通过调解解决；协商或调解不成的，各方同意采取下述第____种方式解决。

43.1　由_____仲裁委员会进行仲裁。

43.2　向_____所在地法院通过诉讼方式解决。

第四十四条　本合同项下贷款及其相关条款自贷款人与借款人在本合同上签字、盖章之日起生效。本合同项下保证担保及其相关条款自贷款人与保证人在本合同上签字、盖章之日起生效。本合同项下抵押担保及其相关条款自贷款人与抵押人在本合同上签字、盖章及抵押物登记办理完毕之日起生效。代表借款人、担保人签字的委托代理人应提供完整的委托文件（包括公证处对委托文件的公证）。

第四十五条　除本合同另有约定外，非依法或本合同各方当事人一致同意，任何一方均不得擅自变更或提前解除本合同，各方协商一致变更或解除本合同的，应依法签订书面协议。书面协议达成之前，本合同条款依然有效。

第四十六条　本合同未尽事宜，按照有关法律规定执行或由当事人各方签订书面补充协议解决，《补充协议》《抵押物品清单》《贷款借据》《贷款/还款账户》《还款计划书》《提前还款申请》等均为本合同的附件，共同构成本合同不可分割的组成部分，与合同正文具有同等法律效力。

第四十七条　借款人、抵押人、保证人违反本合同时，贷款人采用下述第____种方式进行强制执行。

47.1　通过公证直接强制执行，借款人、抵押人、保证人自愿接受强制执行。

47.2　经司法机关裁决后强制进行执行。

第四十八条　贷款人有权向有关个人征信系统提供贷款信息；借款人严重违约影响贷款人债权实现时，有权通过向社会公告的形式追究其违约责任。

第四十九条　补充条款

第五十条　本合同正本一式_____份，借款人、贷款人、担保人及抵押物登记机关各执一份，其法律效力相同。

第五十一条　本合同于____年____月____日于____签订。

贷款人：××银行 授权代表人：_____　地址：_____　电话：____

借款人：_____（或委托代理人）

有效身份证件名称及号码：_____　工作单位：_____

住所：_____　联系电话：_____

抵押人（或委托代理人）：_____

有效身份证件名称及号码：_____　工作单位：_____

住所：_____　联系电话：_____

保证人（或委托代理人）_____

有效身份证件名称及号码：_____　工作单位：_____

住所：_____　联系电话：_____

实训活动

活动：掌握借款合同的主要条款及签订合同的流程

1. 活动资料

参见【资料7.1】

2. 活动设计

将全班分成小组，每组4人完成下列任务：其中2人为银行信贷业务人员，2人为申请贷款的客户，模拟签订个人贷款合同。

（1）根据贷款合同设计贷款案例。

（2）小组分工，模拟信贷人员和贷款客户。

（3）检查及复核贷款合同。

（4）信贷人员针对贷款合同的主要条款对客户进行说明，客户针对自己的疑问咨询信贷人员。

（5）信贷人员指导填写贷款合同，注意常见问题。

（6）提交实训报告和填写好的贷款合同。

（7）撰写实训报告包括贷款案例设计、个人贷款签订合同流程。

3. 活动评价

针对实训报告和贷款合同进行评价。

任务二　签订担保合同

【学习目标】

知识目标
- 了解担保合同的主要条款和内容；
- 熟悉担保合同订立的注意事项。

能力目标
- 能够按照规定的流程签订担保合同；
- 能准确填写担保合同。

职业素养目标
- 培养学生合法合规的规范意识；
- 培养学生踏实严谨的工作作风。

【知识准备】

担保合同，是指为促使债务人履行其债务，保障债权人的债权得以实现，而在债权人和债务人之间，或在债权人、债务人和第三人（即担保人）之间协商形成的，当债务人不履行或无法履行债务时，以一定方式保证债权人债权得以实现的协议。担保合同旨在明确担保权人和担保人之间的权利、义务关系，保障债权人的债权得以实现。担保合同的成立是以借款合同的发生和存在为前提，其所担保的债权范围不得超过主合同的债权范围。在信贷合同中，借款合同为主合同，担保合同为从合同，担保合同不能单独存在。按照担保形式的不同，担保合同分为抵押合同、质押合同和保证合同。

一、抵押合同

抵押合同的主要内容包括以下几项：抵押人及授信人的全称、住所、法定代表人；被担保的主债权种类、金额；主合同借款人履行债务的期限；抵押物的名称、数量、质量、状况、所在地、所有权权属或者使用权权属；抵押担保的范围；抵押物的登记与保险；双方的权利和义务；违约责任；合同的生效、变更、解除和终止；当事人认为需要约定的其他事项。资料7.2为抵押合同范例。

【资料7.2】

抵押合同（范例）　　　　合同编号：_____

目录

为了确保____年____月____日____（借款人）与本合同乙方所签订的____年____字第____号借款合同（以下简称主合同）项下借款人义务得到切实履行，甲方愿意提供抵押担保。为明确双方的权利、义务，依照《中华人民共和国民法典》及其他有关法律法规，甲乙双方经平等协商一致，订立本合同。

第一条　甲方保证及声明

1.1　自己是本合同项下抵押物的完全的、有效的、合法的所有者或国家授权的经营管理者；该抵押物不存在所有权或经营管理权方面的争议。

1.2　完全了解主合同借款人的借款用途，为主合同借款人提供抵押担保完全出于自愿，在本合同项下的全部意思表示真实。

1.3　已对本合同项下抵押物的瑕疵作出充分合理说明。

1.4　本合同项下的抵押物依法可以设定抵押。

1.5　设立本合同的抵押不会受到任何限制。

1.6　本合同项下的抵押物未被依法查封、扣押或监管。

1.7　本合同项下的抵押物如已部分出租或全部出租，保证将设立抵押事宜告知

· 219 ·

承租人，并将有关出租情况书面告知乙方。

第二条　被担保的主债权种类及数额

2.1　本合同担保的主债权为乙方依据主合同发放的贷款，金额为人民币＿＿＿万元。

第三条　主合同借款人履行债务的期限

3.1　主合同履行期限为＿＿＿个月，自＿＿＿年＿＿＿月＿＿＿日起至＿＿＿年＿＿＿月＿＿＿日止。如有变更，依主合同之约定。

第四条　抵押担保范围

4.1　甲方抵押担保的范围包括主合同项下全部借款本金、利息、复利、罚息、违约金、赔偿金、实现抵押权的费用和所有其他应付的费用。

第五条　抵押物

5.1　抵押物详见《抵押物清单》。

5.2　《抵押物清单》对抵押物价值的约定，并不作为乙方依本合同第九条对抵押物进行处分的估价依据，也不构成乙方行使抵押权的任何限制。

5.3　抵押物的相关有效证明和资料由甲、乙双方确认封存后，由甲方交与乙方保管，但法律法规另有规定的除外。

第六条　抵押登记

6.1　法律法规规定或双方约定应当办理抵押登记的，甲、乙双方应在本合同签订后15日内到当地有关抵押登记机关办理抵押登记手续。

6.2　抵押登记事项发生变化，依法需进行变更登记的，甲、乙双方应在登记事项变更之日起15日内到有关抵押登记机关办理变更登记手续。

第七条　抵押物的占管

7.1　本合同项下的抵押物由甲方占管。甲方在占管期间应维护抵押物的完好，不得采用非合理方式使用抵押物而使抵押物价值产生减损。乙方有权检查抵押物的使用管理情况。

7.2　抵押物发生毁损、灭失的，甲方应及时告知乙方，并立即采取措施防止损失扩大，同时应及时向乙方提交有关主管机关出具的发生毁损、灭失的原因证明。

第八条　保险

8.1　本合同签订后15日内，甲方应到有关保险机构办理抵押物的财产保险基本险及附加＿＿＿＿＿＿＿＿＿＿险手续；保险期限不短于主合同履行期；保险金额不低于主合同贷款本息。

8.2　甲方应在保险单中注明，出险时乙方为第一受益人。保险单中不应有任何限制乙方权益的条款。

8.3　在本合同有效期内，甲方不得以任何理由中断或撤销保险，如保险中断，乙方有权代为办理保险手续，一切费用由甲方承担。

8.4　在本合同有效期内，抵押物如发生保险事故，保险赔偿金应当全额作为抵押财产提前向乙方清偿，或经乙方同意用于恢复抵押物的价值。

第九条 抵押权的实现

9.1 乙方在行使抵押权时，有权依据法律规定，经与甲方协商对抵押物进行折价以抵偿主合同借款人所欠债务或对抵押物进行拍卖、变卖以取得价款优先受偿。

9.2 乙方依据本合同9.1条处分抵押物时，甲方应给予配合，不得设置任何障碍。

第十条 甲方的权利和义务

10.1 本合同生效后，未经乙方书面同意，保证不将本合同项下的抵押物再设立任何形式的抵押、质押，也不将抵押物出租、转让、馈赠给任何第三人。

10.2 本合同生效后，乙方依法将主债权转让给第三人的，在原抵押担保范围内继续承担担保责任。

10.3 除展期和增加贷款金额外，乙方与主合同借款人协议变更主合同，无须经甲方同意，仍在本合同确定的抵押担保范围继续承担担保责任。

10.4 甲方的行为足以使抵押物价值减少的，应停止其行为；造成抵押物价值减少时，有义务恢复抵押物的价值，或提供与减少的价值相当的担保。

10.5 甲方对抵押物价值减少无过错的，应当在所获损害赔偿的范围内向乙方提供担保。抵押物价值未减少的部分，仍作为债权的担保。

10.6 因国家建设需要征用本合同项下的抵押物时，应当以所获得的征用补偿金提前清偿所担保的主债权或向双方约定的第三人提存。

10.7 承担本合同项下有关的费用支出，包括但不限于律师服务、财产保险、鉴定、估价、登记、过户、保管及诉讼的费用。

10.8 在本合同生效后，如发生分立、合并、股份制改造等变更情形，妥善落实本合同项下的担保义务。

10.9 在抵押权受到或可能受到来自任何第三方的侵害时，有义务通知乙方并协助乙方免受侵害。

10.10 甲方有下列情形之一，及时以书面形式通知乙方：

10.10.1 经营机制发生变化，如实行承包、租赁、联营、合并、分立、股份制改造、与外商合资合作等。

10.10.2 经营范围及注册资本变更，股权变动。

10.10.3 涉及重大经济纠纷诉讼。

10.10.4 抵押物权属发生争议。

10.10.5 破产、歇业、解散、被停业整顿、被吊销营业执照、被撤销营业执照。

10.10.6 住所、电话、法定代表人发生变更。

10.11 发生10.10.1和10.10.2的情形时，应提前30日书面通知乙方；发生10.10条约定的其他情形的，应在事后5日内书面通知乙方。

10.12 主合同借款人清偿了主合同项下全部债务后，有权要求解除本合同项下抵押。

第十一条　乙方的权利和义务

11.1　主合同履行期届满，借款人未依约归还借款本金、利息及其他费用的，有权处分本合同项下的抵押物。

11.2　出现下列情形之一时，有权提前处分抵押物，并从处分所得价款中优先受偿：

11.2.1　依据合同约定或法律规定解除主合同。

11.2.2　依据主合同约定的其他情形提前收回贷款，其主合同项下的债权未实现或未能全部实现。

11.3　有权要求甲方协助以避免抵押权受到来自任何第三方的侵害。

11.4　在本合同有效期内，依法转让主债权的，应及时通知甲方。

11.5　实现抵押权后，应尽力配合甲方行使其对借款人的追偿权。

11.6　处分本合同项下抵押物所得，在偿还本合同抵押担保范围内的全部债务后还有剩余的，将剩余部分退还甲方。

第十二条　违约责任

12.1　甲方在本合同第一条中作虚假陈述与声明，给乙方造成损失的，应予赔偿。

12.2　本合同生效后，甲、乙双方当事人均应履行合同约定的义务，任何一方不履行或不完全履行本合同所约定义务的，应当承担相应的违约责任，并赔偿由此给对方造成的损失。

12.3　如因甲方的过错造成本合同无效，甲方应在原抵押担保范围内赔偿乙方的全部损失。

第十三条　合同的生效、变更、解除和终止

13.1　本合同自甲、乙双方签字并盖章之日起生效，需办理抵押登记的，自到有关抵押登记机关办理完毕抵押登记手续之日起生效，至主合同项下借款本金、利息、复利、罚息、违约金、赔偿金、实现债权的费用和所有其他应付费用全部清偿之日终止。

13.2　本合同独立于主合同，不因主合同的无效而无效。如主合同无效，甲方仍应承担本合同项下的抵押担保责任。

13.3　本合同生效后，甲、乙双方任何一方不得擅自变更或提前解除本合同。如本合同需要变更或解除时，应经甲、乙双方协商一致，并达成书面协议。书面协议达成之前，本合同各条款仍然有效。

第十四条　争议的解决

14.1　甲、乙双方在履行本合同过程中发生的争议，首先由甲、乙双方协商解决；协商不成的，则采用下述方式解决：

14.1.1　由_____进行仲裁。

14.1.2　在乙方所在地法院通过诉讼方式解决。

第十五条　双方约定的其他事项

15.1 _____

15.2 _____

15.3 _____

第十六条　附件

16.1 本合同附件是本合同不可分割的组成部分，与本合同正文具有同等法律效力。

16.2 本合同的附件包括：

附件一：《抵押物清单》

附件二：

第十七条　附则

17.1 本合同正本一式三份，甲方、乙方、有关抵押登记机关各执一份，具有同等法律效力。

甲方（公章）：　　　　　　　　　　乙方（公章）：

法定代表人：　　　　　　　　　　　负责人：

（或委托代理人）　　　　　　　　　（或委托代理人）

____年____月____日　　　　　　　____年____月____日

二、质押合同

质押合同的主要内容包括以下几项：质押人及授信人的全称、住所、法定代表人；被担保的主债权种类、金额；主合同借款人履行债务的期限；质物的名称、数量、质量、状况；质押担保的范围；质物移交的时间性；当事人认为需要约定的其他事项。资料7.3为质押合同范例。

【资料7.3】

质押合同（范例）

目录

第一条　甲方保证及声明

第二条　被担保的主债权的种类及数额

第三条　主合同借款人履行债务的期限

第四条　质押担保范围

第五条　质物

第六条　质物的移交

第七条　质权的实现

第八条　保管与提存

第九条　保险

第十条　甲方权利和义务

第十一条　乙方权利和义务

第十二条　违约责任

第十三条　合同的生效、变更、解除和终止

第十四条　争议的解决

第十五条　双方约定的其他事项

第十六条　附件

第十七条　附则

为了确保＿＿年＿＿月＿＿日＿＿（借款人）与本合同乙方所签订的＿＿年＿＿字第＿＿号借款合同（以下简称主合同）项下借款人义务得到切实履行，甲方愿意提供质押担保。为明确双方的权利、义务，依照《中华人民共和国民法典》及其他有关法律法规，甲、乙双方经平等协商一致，订立本合同。

第一条　甲方保证及声明

1.1　自己是本合同项下质押物的完全的、有效的、合法的所有者或国家授权的经营管理者；该质押物不存在所有权或经营管理权方面的争议。

1.2　完全了解主合同借款人的借款用途，为主合同借款人提供质押担保完全出于自愿，在本合同项下的全部意思表示真实。

1.3　本合同项下的质物依法可以设定质押，不会受到任何限制。

1.4　甲方已对本合同项下质物的瑕疵作出充分、合理说明。

1.5　本合同签字前未对本合同项下的质物作出过包括设立抵押、馈赠或转让在内的任何处分。

第二条　被担保的主债权种类及数额

2.1　本合同担保的主债权为乙方依据主合同发放的贷款，金额为人民币＿＿万元。

第三条　主合同借款人履行债务的期限

3.1　主合同借款人履行债务的期限为＿＿个月，自＿＿年＿＿月＿＿日起至＿＿年＿＿月＿＿日止。如有变更，依主合同之约定。

第四条　质押担保范围

4.1　甲方质押担保的范围包括主合同项下全部借款本金、利息、罚息、复利、违约金、赔偿金、保管费用、实现质权的费用和所有其他应付费用。

第五条　质物

5.1　质物情况详见《质物清单》。

5.2　《质物清单》对质物价值的约定，不作为乙方处分该质物时的估价依据，不对乙方行使质权构成任何限制。

第六条　质物的移交

6.1　本合同项下的质物应于＿＿＿年＿＿＿月＿＿＿日前交付乙方，并按每（天、月或年）＿＿＿元标准＿＿＿（一次／分次）向乙方交纳保管费。乙方依本合同5.1条进行验收，并向甲方出具收押凭据。

6.2　本合同项下质物的权属证书、发票和其他相关资料经甲、乙双方共同确认封存后交由乙方保管。

6.3　债务履行期届满主合同债务人履行债务，或甲方提前清偿所担保债权的，乙方应及时将质物返还甲方。

第七条　质权的实现

7.1　主债务履行期届满或乙方提前收回贷款时未受清偿的，乙方有权与甲方协商，将质物折价以抵偿主合同借款人所欠债务，或将质物拍卖、变卖后以所得价款优先受偿。

7.2　乙方依本合同处分质物时，甲方应予配合，不得设置任何障碍。

第八条　保管和提存

8.1　如乙方不能妥善保管质物可能使质物灭失、毁损的，甲方可要求乙方将质物提存，费用由甲方承担。

8.2　如甲方所提供质物有损坏或价值明显减少的可能，足以危害乙方权利，且甲方拒绝提供相应担保的，乙方可拍卖或变卖质物，并将拍卖或变卖所得提前实现所担保的主合同项下全部债权或向双方约定的第三方提存，提存费用由甲方承担。

第九条　保险

9.1　本合同签订后15日内，甲方应到有关保险机构办理质物的财产保险基本险及附加＿＿＿＿＿＿＿险手续；保险期限应不短于主债务到期日；保险金额不低于主合同贷款本息。

9.2　甲方应在保险单中注明：出险时乙方为第一受益人。保险单中不应有任何限制乙方权益的条款。

9.3　在本合同有效期内，甲方不得以任何理由中断或撤销保险。如保险中断，乙方有权代为办理保险手续，一切费用由甲方承担。

9.4　在本合同有效期内，质物如发生保险事故，保险赔偿金应当存入乙方指定的账户，以担保主债权的履行。

第十条　甲方权利和义务

10.1　甲方有下列情形之一，应当书面通知乙方：

10.1.1　经营机制发生变化，如实行承包、租赁、联营、合并、分立、股份制改造、与外商合资合作等。

10.1.2　经营范围与注册资本变更，股权变动。

10.1.3　涉及重大经济纠纷。

10.1.4　出质的财产发生权属争议。

10.1.5　破产、歇业、解散、被停业整顿、被吊销营业执照、被撤销营业执照。

10.1.6　住所、电话、法定代表人发生变更。

10.2　发生10.1.1和10.1.2的情形时，应提前30日书面通知乙方；发生10.1条约定的其他情形的，应在事后5日内书面通知乙方。

10.3　在本合同有效期内，不得将本合同项下的质物馈赠、转让或再行抵押。

10.4　承担本合同项下有关各项费用，包括但不限于律师服务、财产保险、鉴定、估价、登记、过户、保管及诉讼的费用。

10.5　质物毁损、灭失所得赔偿金应当存入乙方指定账户，以担保主债权的履行。

10.6　质物非因乙方原因给乙方或第三人造成损害，甲方应承担赔偿责任。

10.7　乙方质权受到或可能受到来自任何第三方的侵害时，甲方有义务通知并协助乙方免受侵害。

10.8　乙方与主合同借款人协议变更主合同的，除展期和增加贷款金额外，无须经甲方同意，甲方仍在本合同确定的担保范围内承担担保责任。

10.9　本合同生效后，乙方依法将主债权转让给第三人的，甲方仍在原质押担保范围内继续承担担保责任。

10.10　主合同借款人偿清其在主合同项下全部债务后，甲方不再承担担保责任。

第十一条　乙方权利和义务

11.1　发生下列情形之一的，乙方可以提前处分质押财产，并以所得价款优先受偿：

11.1.1　依据主合同约定或法律规定解除主合同。

11.1.2　依据主合同约定的其他情形提前收回贷款，其主合同项下的债权未能实现或未能全部实现的。

11.2　有权要求甲方协助，避免质权受到来自任何第三方的侵害。

11.3　有权收取质物所生的孳息。

11.4　乙方负有妥善保管质物的义务。

11.5　在本合同有效期内，乙方依法转让主债权时，应及时通知甲方。

11.6　处分本合同项下质物的所得，在偿还本合同质押担保范围内的全部债务后还有剩余的，将剩余部分退还甲方。

第十二条　违约责任

12.1　甲方在本合同第一条中作虚假陈述与声明，给乙方造成损失的，应予赔偿。

12.2　本合同生效后，甲、乙双方应全面履行本合同约定的义务。任何一方不履行或不完全履行本合同约定义务的，应承担相应违约责任，并赔偿由此给对方造成的损失。

12.3　如因甲方过错造成本合同无效，甲方应在质押担保范围内赔偿乙方全部损失。

第十三条　合同的生效、变更、解除和终止

13.1　本合同经甲、乙双方签字并盖章后成立，自质物移交乙方占有之日起生效。

13.2 本合同有效期：自本合同生效之日起，至主合同项下的借款本金、利息、罚息、复利、违约金、赔偿金、实现债权的费用和所有其他应付费用全部清偿之日止。

13.3 本合同独立于主合同，不因主合同的无效而无效。如主合同无效，甲方仍应承担本合同项下的质押担保责任。

13.4 本合同生效后，任何一方不得擅自变更或解除。如本合同需要变更或解除时，应经甲、乙双方协商一致，并达成书面协议。书面协议达成之前，本合同仍然有效。

第十四条 争议的解决

14.1 甲、乙双方在履行本合同过程中发生的争议，首先由甲、乙双方协商解决；协商不成的，则采用下述方式解决：

14.1.1 由_____进行仲裁。

14.1.2 在乙方所在地法院通过诉讼方式解决。

第十五条 双方约定的其他事项

15.1 _____

15.2 _____

15.3 _____

第十六条 附件

16.1 本合同附件是本合同不可分割的组成部分，与本合同正文具有同等法律效力。

16.2 本合同的附件包括：

附件一：《质物清单》

附件二：

第十七条 附则

17.1 本合同正本一式____份，甲方、乙方各执一份，具有同等法律效力。

甲方（公章）：   乙方（公章）：

法定代表人：   负责人：

（或委托代理人）   （或委托代理人）

____年____月____日   ____年____月____日

三、保证合同

保证合同的主要内容包括以下几项：保证人及授信人的全称、住所、法定代表人；被保证的主债权种类及数额；主合同借款人履行债务的期限；保证方式；保证范围；保证期间双方的权利和义务；违约责任；合同的生效、变更、解除和终止；双方认为需要约定的其他事项。资料7.4为保证合同范例。

【资料7.4】

保证合同（范例）
目录

为了确保＿＿年＿＿月＿＿日＿＿（借款人）与本合同乙方所签订的＿＿年＿＿字第＿＿号借款合同（以下简称主合同）项下借款人义务得到切实履行，甲方愿意向乙方提供保证担保。为明确双方权利、义务，依据《中华人民共和国民法典》及其他有关法律法规规定，甲、乙双方经平等协商一致，订立本合同。

第一条　甲方陈述与保证

1.1　依据中国法律具有保证人主体资格，可以对外提供保证担保。

1.2　有足够的能力承担保证责任，并不因任何指令、财力状况的改变、与任何单位签订的任何协议而减轻或免除所承担的保证责任。

1.3　完全了解主合同借款人的借款用途，为主合同借款人提供保证担保完全出于自愿，其在本合同项下的全部意思表示真实。

1.4　如借款人未按主合同履行偿付借款本息和相应费用的义务，乙方可直接向甲方追索，甲方授权乙方从甲方在乙方开立的账户上划收。

第二条　被保证的主债权种类及数额

2.1　本合同所担保的主债权为乙方依据主合同发放的贷款，金额为人民币＿＿万元。

第三条　主合同借款人履行债务的期限

3.1　主合同履行期限为＿＿个月，自＿＿年＿＿月＿＿日起至＿＿年＿＿月＿＿日止。如有变更，依主合同之约定。

第四条　保证方式

4.1　本合同保证方式为连带责任保证。

第五条　保证范围

5.1　本保证合同担保的范围包括主合同项下的借款本金、利息、复利、罚息、违约金、赔偿金、实现债权的费用和所有其他应付费用。

第六条　保证期间

6.1　本合同项下的保证期间为：自主合同确定的借款到期之次日起两年。

6.2　如主合同确定的借款分批到期的，则每批借款的保证期间为每批借款到期之次日起两年。

6.3　如乙方根据主合同之约定提前收回贷款的，则保证期间为自乙方向借款人通知的还款日之次日起两年。

第七条　甲方权利和义务

7.1　根据乙方要求提供相关资料，并保证所提供资料的真实性、合法性。

7.2　对乙方发出的催收函或其他催收文件，甲方有义务签收并在签收后3日内寄出回执。

7.3　甲方发生下列情况之一，应及时通知乙方：

7.3.1　经营机制发生变化，如实行承包、租赁、联营、合并、兼并、分立、股份制改造、与外商合资合作等。

7.3.2　经营范围和注册资金发生变更、股权变动。

7.3.3　财务状况恶化或涉及重大经济纠纷。

7.3.4　破产、歇业、解散、被停业整顿、被吊销营业执照、被撤销营业执照。

7.3.5　住所、电话、法定代表人发生变更。

7.4　发生7.3.1或7.3.2条情形的，甲方应提前30日通知乙方；发生7.3条约定的其他情形的，应在事后5日内通知乙方。

7.5　乙方与借款人协议变更主合同的，除展期或增加贷款金额外，无须经甲方同意，甲方仍在原保证范围内承担连带保证责任。

7.6　在本合同有效期内乙方将主债权转让给第三人的，甲方仍在原保证范围内继续承担连带保证责任。

7.7　在本合同有效期内，甲方如再向第三方提供任何形式的担保，均不得损害乙方的利益。

7.8　在本合同有效期内，甲方如发生分立、合并、股份制改造或其他事件时，保证妥善落实本合同项下全部保证责任。

7.9　借款人偿清其在主合同项下全部债务后，甲方不再承担保证责任。

第八条　乙方权利和义务

8.1　有权要求甲方提供能够证明其合法身份的有关文件。

8.2　有权要求甲方提供能够反映其资信情况的财务报告及其他资料。

8.3　主债务履行期届满，乙方债权全部或部分未受清偿的，有权要求甲方按照本合同承担保证责任。

8.4 对下列情形之一，乙方有权书面通知甲方提前承担保证责任，甲方应在接到上述通知之日起10日内履行保证责任：

8.4.1 乙方依主合同约定依法解除主合同的。

8.4.2 乙方依主合同约定的其他情形提前收回贷款的。

8.5 在本合同有效期内，乙方依法将主债权转让给第三人的，应及时通知甲方。

第九条　违约责任

9.1 甲方在本合同第一条中作虚假陈述与声明，给乙方造成损失的，应予赔偿。

9.2 本合同生效后，甲、乙双方应全面履行本合同约定的义务。任何一方不履行或不完全履行约定义务，应当承担相应的违约责任，并赔偿由此给对方造成的损失。

9.3 因甲方过错造成本合同无效的，甲方应在保证范围内赔偿乙方全部损失。

第十条　合同的生效、变更、解除和终止

10.1 本合同经甲、乙双方签字并盖章后生效，至主合同借款人在主合同项下的借款本金、利息、复利、罚息、违约金、赔偿金、实现债权的费用和所有其他应付费用全部偿清之日终止。

10.2 本合同独立于主合同，不因借款合同的无效而无效。如主合同无效，甲方仍应按本合同承担责任。

10.3 本合同生效后，任何一方都不得擅自变更或解除。如确需变更或解除，应经双方协商一致并达成书面协议。书面协议达成之前，本合同继续有效。

第十一条　争议的解决

11.1 甲、乙双方在履行本合同过程中发生的争议，首先由甲、乙双方协商解决；协商不成的，则采用下述方式解决：

11.1.1 由_____进行仲裁。

11.1.2 在乙方所在地法院通过诉讼方式解决。

第十二条　双方约定的其他事项

12.1 _____

12.2 _____

12.3 _____

第十三条　附则

13.1 本合同正本一式两份，甲方、乙方各执一份，具有同等法律效力。

甲方（公章）：　　　　　　　　乙方（公章）：

法定代表人：　　　　　　　　　法定代表人（负责人）：

（或委托代理人）　　　　　　　（或委托代理人）

____年____月____日　　　　　　____年____月____日

四、担保合同的签订

按照担保方式不同，担保合同的签订可分为抵（质）押合同的订立和保证合同的订立。

1. 抵（质）押合同的订立

贷款行经过审查，确认借款人提供的抵（质）押担保具有合法性、有效性和可靠性，并经有权审批人批准后，方可与抵（质）押人订立保证合同。抵（质）押合同订立的时间在原则上不得迟于借款合同订立的时间。抵（质）押合同自合同双方当事人签字并盖章之日起生效。

抵（质）押合同的成立应当采取贷款行与抵（质）押人签订书面合同的形式。贷款行与抵（质）押人可以就单个借款合同分别订立抵（质）押合同，也可以协议在最高债权额限度内就一定期间连续发生的借款合同订立一个最高额抵（质）押合同。贷款行可以在签订抵（质）押合同时争取与抵（质）押人预先就以自愿拍卖、变卖抵（质）押物所得的价款优先受偿达成协议，并在抵（质）押合同中约定为特别条款。

2. 保证合同的订立

贷款行经过审查，确认借款人提供的保证担保具有合法性、有效性和可靠性，并经有权审批人批准后，方可与保证人订立保证合同。保证合同订立的时间在原则上不得迟于借款合同订立的时间。保证合同自合同双方当事人签字并盖章之日起生效。

实践中，银行与保证人的保证合同关系一般有4种表现形式：保证人与银行签订书面的保证合同或协议，如格式合同文本；保证人向贷款行出具无条件、不可撤销、对主债务承担连带责任、书面形式的担保书或保函、备用信用证或其他书面担保文件，表示保证责任，银行未提出异议的；保证人在订有保证条款的借款合同上，以保证人身份签字盖章的；借款合同中虽然没有保证条款，但是保证人在借款合同上以保证人身份签字盖章的。

贷款行与保证人可以就单个借款合同分别订立保证合同，也可以协议在最高债权额限度内就一定期间连续发生的借款合同订立一个最高授信限额保证合同。后者大大简化了保证手续。最高授信限额包括授信余额和最高授信累计额，在签订保证合同时须加以明确，以免因理解不同发生纠纷。同一笔授信有两个以上保证人的，贷款行应当与保证人分别签订保证合同。同一笔授信既有保证又有抵押（或质押）担保的，贷款行应当与保证人和抵押人（或出质人）分别签订保证合同和抵押合同（或质押合同）。

五、抵（质）押权的设立与抵（质）押物的登记和保险

1. 相关抵（质）押权设立登记的办理

贷款行与抵押人或出质人签订抵（质）押合同后15日内，应依照有关法律规定，到有关部门办理登记手续，取得他项权利证书或者抵（质）押登记证书。抵（质）押登记

手续办妥的日期原则上不得迟于抵（质）押贷款的实际发放日期。

2. 保险

一般情况下，为保障抵（质）押财产的安全，确保银行的权益，抵押（或质押）财产应办理保险手续。抵押合同或质押合同（动产质押）签订后15日内，贷款行应当要求抵押人（或出质人）到有关保险机构按照下列条件办理抵（质）押物的财产保险手续。

（1）办理抵押物、质物的足额财产保险。

（2）保险期限不得短于主合同履行期限。

（3）保险金额不得小于主合同贷款本息。

（4）保险合同及保险单中应当注明，出险时贷款行为保险赔偿金的第一请求权人。

（5）保险单中不得有任何限制贷款行权益的条款。

（6）抵押物（或质物）的保险费用全部由抵（质）押人承担。

实训活动

活动一：掌握担保合同的主要条款及签订合同的流程

1. 活动资料

参见【资料7.2】【资料7.3】和【资料7.4】

2. 活动设计

将全班分成小组，每组4人，每组学生分别扮演银行信贷业务人员（2人）、申请贷款的客户（1人）、保证人（1人），模拟签订担保合同。

（1）根据担保合同设计贷款案例。

（2）小组分工，模拟信贷人员和贷款客户及保证人。

（3）检查及复核担保合同。

（4）信贷人员针对担保合同的主要条款对客户进行说明。客户针对自己的疑问咨询信贷人员。

（5）信贷人员指导保证人填写担保合同，注意常见问题。

（6）提交实训报告和填写好的担保合同。

（7）实训报告包括：贷款案例，担保合同，签订合同流程。

3. 活动评价

针对实训报告和担保合同进行评价。

活动二：借款合同的有效性分析

1. 活动资料

2019年3月，E公司业务部经理刘某以公司名义与中国建设银行某分行签订贷款合同，贷款金额500万元，2020年3月归还。贷款合同没有加盖E公司的公章，只有该公司总经理兼董事长王某的签章。合同签订后，中国建设银行某分行依照合同约定将贷款汇入E公司的银行账户，公司偿还了300万元的贷款本金及相应利息。后来刘某辞职，公司遂以"刘某贷款未经公司的同意，总经理兼董事长王某的章放在财务部门，是由别人代盖的，盖章未经王某同意"为由，没有归还剩余贷款本息。于是中国建设银行某分行向法院提起诉讼。

2. 活动设计

分组讨论以下问题：

（1）根据贷款合同的填写要求，分析银行贷款合同是否有效。

（2）E公司是否应承担违约责任？

（3）刘某代表公司签订合同的行为是无效代理行为还是有效代理行为？

（4）银行应吸取哪些经验教训？

（5）撰写实训报告。

3. 活动评价

根据学生提交的实训报告对活动任务进行评价。

任务三　发放贷款

【学习目标】

知识目标
- 熟悉贷款发放的条件、原则；
- 掌握贷款发放的审查要点。

能力目标
- 能够按照贷款发放操作程序放款。

职业素养目标
- 培养学生合法合规的规范意识；
- 培养学生严谨踏实的工作作风。

【知识准备】

贷款发放前，信贷人员首先要落实好贷款的发放条件，然后才能够按照相关规定进行贷款的发放与支付。

一、贷款发放的条件

在满足借款合同用款前提条件的情况下，无正当理由或借款人没有违约，贷款人必须按借款合同的约定按时发放贷款。贷款发放的条件有两个：一是满足贷款发放的审批条件；二是完善的担保手续。

在贷款发放前，信贷人员要按照批复要求落实担保条件，具体包括以下内容。

（1）办理抵（质）押物的登记或公证手续。信贷人员必须与借款人一起办理登记和合同公证手续。如抵（质）押物没有明确的登记部门，则必须先将抵（质）押物有关产权文件及其办理转让所需的有关文件正本交由贷款人保管，并且将抵（质）押合同在当地的公证部门进行公证。

（2）办理抵（质）押物的保险手续。信贷人员要指定借款申请人到银行认可的保险公司按银行指定的险种办理抵（质）押物保险。投保总额不得少于抵（质）押物总值。保险期不得短于借款期，保单必须注明银行为保险赔偿的第一受益人，保单正本必须存放在银行。

二、贷款发放的原则

1. 计划、比例放款原则

计划、比例放款原则是指应按照已批准的贷款项目年度投资计划所规定的建设内容、费用，准确、及时地提供贷款，同时借款人用于建设项目的其他资金（自筹资金和其他银行贷款）应与贷款资金同比例支用。

2. 进度放款原则

进度放款原则是指在中长期贷款发放过程中，银行应按照完成工程量的进度进行付款。如果是分次发放或发放手续较复杂，银行应在计划提款日前与借款人取得联系。借款人如需变更提款计划，应于计划提款日前合理时间内，向银行提出申请，并征得银行同意。如借款人未经银行批准擅自改变款项的用途，银行有权不予放款。

3. 资本金足额原则

资本金足额原则是指银行需审查建设项目的资本金是否已足额到位，即使因特殊原因不能按时足额到位，贷款资金支取的比例也应同步低于借款人资本金到位的比例。此外，贷款资金原则上不能用于借款人的资本金、股本金和企业其他需自筹资金的融资。

三、贷款发放的审查

贷款发放审查是贷时审查的核心工作，贷款人必须严格掌握审查的要点，充分防范贷款执行阶段的风险。审查的内容一般主要包括以下几项。

1. 合同审查

银行应对借款人提款所对应的合同进行认真核查，包括合同真伪性的识别、合同提供方的履约能力调查，防止贷款挪用及产生对贷款不能如期偿还的不利因素。

2. 提款期限审查

在长期贷款项目中，信贷期限通常分为提款期、宽限期和还款期。银行应审查借款人是否在规定的提款期内提款。除非借贷双方同意延长，否则提款期过期后，未提足的贷款不能再提。

3. 用款申请材料审查

（1）提款申请书、借款凭证审查。银行应当对提款申请书中写明的提款日期、提款金额、划款路线等要素进行核查，确保提款手续准确无误。借款人办理提款，应在提款日前填妥借款凭证，借款人名称、提款日期、提款用途等各项目都必须准确、完整地填写，并要加盖借款人在银行的预留印鉴。信贷人员要根据借款合同认真审核，确认授信用途、金额、账号、预留印鉴等准确、真实无误后，在借款人填妥借款凭证的相应栏目签字，交由有关主管签字后进行放款的转账处理。

需要提醒的是，借款人在借款合同签订后，如需改变提款计划，则应按照借款合同的有关条款规定办理，或在原计划提款日以前的合理时间内向银行提出书面申请并得到银行的同意。对此，银行要收取相应的承担费。

（2）审查和监督借款人的借款用途和提款进度。借款人提款用途通常包括土建费用、工程设备款、购买商品费用、在建项目进度款、支付劳务费用、其他与项目工程有关的费用、用于临时周转的款项。银行要注意检查借款人的借款用途，监督提款进度。

（3）有关账户审查。银行应审查有关的提款账户、还本付息账户或其他专用账户是否已经开立，账户性质是否已经明确，避免出现授信使用混乱或被挪作他用。

4. 贷款发放的操作流程

在落实贷款批复要求，完善前述放款前提条件，并进行严格的放款审查后，银行应保留所有证明借款人满足提款前提条件的相关文件和资料，准备着手办理贷款发放。贷款发放过程中，在遵循前述放款原则的情况下，银行应按有关程序发放贷款。贷款执行阶段的操作流程一般包括以下几步。

（1）借款人按合同要求提交提款申请和其他有关资料。

（2）银行受理借款人提款申请书（按借款合同约定的固定格式并加盖企业公章及法人签字或在提交法人授权书的情况下受委托人签字）。

（3）创建借款合同。

（4）有关用款审批资料按内部审批流程经有权签字人签字同意。

（5）按账务处理部门的要求提交审批及相关用款凭证办理提款手续。

（6）所提贷款款项入账后，向账务处理部门索取有关凭证，入档案卷保存。

（7）建立台账并在提款当日记录，如果借款人、保证人均在同一地区，则根据中国人民银行的有关要求，在其信用信息数据库系统登记，经审核后进行发送。

实训活动

活动：设计贷款发放的条件和原则

1. 活动资料

中核华原钛白股份有限责任公司因生产经营需要拟对现有生产车间进行扩建，扩建项目总建筑面积14 767平方米，总投资规模7亿元。为此，中核华原钛白股份有限公司向甘肃某银行申请项目建设贷款3亿元，该项目取得全部审批文件，项目符合国家的产业、土地、环保等相关政策，并按规定履行了固定资产投资项目的合法管理程序。2021年3月10日，该银行对中核华原钛白股份有限公司单项授信3亿元，同时中核华原钛白有限公司与银行签订了借款合同，合同约定借款期限为5年，贷款利率在LPR利率4.65%的基础上下浮12%，还款方式为分期等额还款。同时，浙江久立特材料科技股份有限公司为其提供连带责任保证担保。

2. 活动设计

全班分成小组，每组4人，针对给定的资料分析以下问题，并撰写实训报告。

（1）针对资料中的案例画出贷款流程图。

（2）针对资料中的贷款，阐述银行应如何设计贷款发放的条件，才能更好地规避风险。

（3）根据该笔贷款发放的条件，总结贷款发放的原则。

（4）在贷款发放过程中，银行如何更好地规避风险。

3. 活动评价

根据学生提交的实训报告进行评价。

任务四 贷款支付

【学习目标】

知识目标

- 了解商业银行贷款支付方式；
- 掌握受托支付及自主支付的含义、要点及使用情况；
- 理解商业银行实贷实付的含义及现实意义。

能力目标

- 能够按照规定进行贷款支付。

职业素养目标

- 培养学生甄别贷款风险的严谨的工作态度。

【知识准备】

商业银行主要有两种贷款支付方式：贷款人受托支付和借款人自主支付。

一、贷款人受托支付

贷款人受托支付是指贷款人在确认借款人满足借款合同约定的提款条件后，根据借款人的提款申请和支付委托，将贷款资金通过借款人账户支付给符合合同约定用途的借款人交易对象。

（一）受托支付的条件

贷款人受托支付是目前商业银行普遍采用的支付方式，是控制借款用途、保障信贷资金安全的有效手段。在"贷款新规"（即"三个办法一个指引"）中，明确规定了贷款人受托支付的几个条件。

1. 流动资金贷款受托支付的条件

《流动资金贷款管理暂行办法》要求具有以下情形之一的流动资金贷款，原则上应采用贷款人受托支付方式：与借款人新建立信贷业务关系且借款人信用状况一般；支付对象明确且单笔支付金额较大；贷款人认定的其他情形。

2. 固定资产贷款受托支付的条件

《固定资产贷款管理暂行办法》规定了固定资产贷款必须采用贷款人受托支付的刚

性条件：对单笔金额超过项目总投资5％或超过500万元人民币的贷款资金支付，应采用贷款人受托支付方式。在实际操作中，银行业金融机构应依据这些监管的法规要求审慎行使自主权。

（二）受托支付的操作要点

1. 借款人应提交的资料

在受托支付方式下，银行业金融机构除须要求借款人提供提款通知书、借据外，还应要求借款人提交借款用途证明材料。借款人应逐笔提交能够反映所提款项用途的详细证明材料，如交易合同、货物单据、共同签证单、付款文件等。另外，借款人还应提供受托支付所需的相关业务凭证，如汇款申请书等。

2. 受托支付的审核

审核要点主要包括以下几项：①借款人所填列账户基本信息是否完整。②放款核准情况，确认本笔业务或本次提款是否通过放款核准。对尚未完成放款核准的，应跟踪核准进度及最终结果。③资金用途。审查借款人提交的借款用途证明材料是否与借款合同约定的用途、金额等要素相符合；审查提款通知书、借据中所列金额、支付对象是否与借款用途证明材料相符。④其他需要审核的内容。

二、借款人自主支付

借款人自主支付是指贷款人在确认借款人满足合同约定的提款条件后，根据借款人的提款申请将授信资金发放至借款人账户后，由借款人自主支付给符合合同约定用途的借款人交易对象。在实际操作中，商业银行自主支付需要注意两个问题：首先，受托支付是监管部门倡导和符合国际通行做法的支付方式，是贷款支付的主要方式。自主支付是受托支付的补充。其次，借款人自主支付不同于传统意义上的实贷实存，自主支付对于借款人使用贷款设定了相关的措施限制，以确保贷款用于约定用途。

（一）贷款发放前的审核

自主支付方式下，借款人提出提款申请后，贷款人应审核借款人提交的用款计划或用款清单所列用款事项是否符合约定的借款用途，计划或用款清单中的贷款资金支付是否超过贷款人受托支付起付标准或条件。经审核符合条件的，方可允许借款人采用自主支付方式。

（二）贷款支付后的核查

1. 借款资金用途审查

贷后核查要求借款人定期汇总报告贷款资金支付情况，提交实际支付清单，必要时还应要求借款人提供与实际支付事项相关的交易资料，通过账户分析、凭证查验、现场调查等方式核查贷款支付情况，具体的核查内容包括以下几项：分析借款人是否按约定的金额和用途实施了支付；判断借款人实际支付清单的可信性；借款人实际支付清单与计划支付清单的一致性，不一致的应分析原因；借款人实际支付是否超过约定的借款人自主支付的金额标准；借款人实际支付是否符合约定的授信用途；借款人是否存在化整为零规避贷款人受托支付的情形；其他需要审核的内容。

2. 核查贷款资金在借款人账户的停留时间和金额

允许借款人自主支付小额贷款资金，是出于兼顾风险控制与工作效率的考虑。在借款人自主支付方式下，商业银行要遵守两点要求：一是仍应遵从实贷实付原则，既要方便借款人资金支付，又要控制借款用途；二是仍应遵守贷款与资本金同比例到位的基本要求，不得提前放贷。因此，贷款人应审慎确定自主支付资金的金额和在借款人账户上的停留时间。

实训活动

活动：掌握贷款支付的具体方式

1. 活动资料

（1）温思思的住房贷款已经通过审批，客户经理与温思思签订了借款合同及担保合同，银行进一步审核了温思思的贷款发放支付条件。

（2）张斯奇，40岁，某制造企业经理，月薪8000元，计划购买一辆25万元的汽车，准备向银行申请贷款15万元，请审核贷款发放支付条件，并发放支付贷款。

（3）李双，25岁，计划开一家超市，现需要资金10万元用于采购物品，以房屋做担保，银行已经批准该笔贷款。

（4）某生鲜食品有限公司计划采购一批生鲜食品生产的原材料，需要资金20万元，由其股东提供保证担保，银行已经通过该笔贷款的审批。

（5）某机械制造企业中标一笔订单，现急需采购原材料，向银行申请贷款300万元，以土地作抵押，银行已经批准该笔贷款。

2. 活动设计

针对上述资料，完成以下实训任务：

（1）分析资料中每笔贷款的分类，审查审批的重点。

（2）根据银行的贷款发放支付条件对放款进行审核。

（3）分析每笔贷款采用何种支付方式，以及为什么采用这种方式。

（4）提交实训报告。

3. 活动评价

针对学生提交的实训报告进行评价。

思政案例

信贷人员必备职业素养：踏实、严谨

案例7.1

转账多加了两个0 花旗竟要白送人32亿巨款

银行史最大乌龙！这家银行汇款多打两个零，导致32亿元无法追回，法院已判决收款方无需归还。

据美国有线电视新闻网(CNN)日前报道，去年8月花旗银行(Citibank)汇款时误操作，错误地汇款9亿美元，造成"银行史上最大失误"。近日，美国法院裁定，收款人无需返还错误汇出的5.04亿美元(约合32.5亿元人民币)。

报道称，花旗银行此前代理露华浓(Revlon)的贷款业务，计划替露华浓债权人偿还近780万美元的利息，但却意外汇错高达9亿美元的金额，尽管部分债权人事后向花旗银行归还了部分款项，但仍有近5亿美元资金无法追回，花旗银行因此发起诉讼，控告涉及收款的10家投资咨询公司。

据花旗银行1月公布的2020年财务数据显示，去年该行收入743亿美元，与2019年持平；其中净利润为114.3亿美元，同比下降41%。

错误多汇出近100倍，法院裁定无需归还

2月16日，美国地方法院法官杰西•福尔曼(Jesse Furman)对花旗银行去年8月错误多汇出的5.04亿美元一案做出裁决，包括Brigade Capital Management、HPS Investment Partners和Symphony Asset Management等在内的10家公司，不必返还花旗银行多汇出的相关资金。

据CNN的报道称，法官表示，他们不该被认为这笔转账有错，在部分放款人返还溢付款项之前，花旗错汇超过9亿美元。在汇款错误被发现后，部分放贷人确实归还了部分资金给了汇款方花旗银行。

不过，花旗银行仍可以对此进行上诉。花旗集团在一份声明中表示，"我们完全不同意上述决定，并打算提起上诉。我们相信有权获得这笔资金，并将继续追回全部资金。"

该案法官福尔曼表示："要去相信全球最经验老到的金融机构之一的花旗集团，犯下从未发生过的错误，总共将近10亿美元，几乎是没有道理的。"同时，法官承认花旗银行可能会上诉，因此保留了一项临时限制令，即阻止了10家公司使用这笔钱。

露华浓的两家债权公司认为，这笔款项是他们在2016年客户贷款所欠的确切金额，付款的各个过程和内容都使两家公司认为这并非无意之为。有债权人表示，意外汇错的钱正是花旗欠他们贷款预付利息，只不过这笔款项要很长一段时间后才到期。

通常而言，银行对于错误汇款都有权要求收款者退还，并且，若收款者使用错误汇款的资金，在多数国家和美国大多数州都是涉及侵占或其他重罪。资料显示，

纽约州的法律不同于其他州，若收款者本来就该拿到相关资金，即使金额不符，只要对错误汇款不知情就能将资金留下。

在报道中，此案法官福尔曼认为，尽管此案很可能是如众人皆知的"黑天鹅事件"，再次发生的风险很小，但银行业应该消除这种风险。

资料来源：吴凯莫. 转账多加了两个0 花旗竟要白送人32亿巨款[EB/OL].（2020-02-19）[2022-07-11]. http://bank.jrj.com.cn/2021/02/19095931991054.shtml.

从以上案例可以看出，信贷人员踏实严谨的工作态度不仅关系到个人的利益得失，也关系到银行的风险收益。本案例中，如果信贷人员不具备踏实、严谨的工作态度，未按照银行的规范操作，则无法上诉成功。

信贷人员的工作特点决定了踏实严谨的重要性。踏实，就是扎扎实实，不能心浮气躁，急功近利；严谨就是必须坚持原则，遵守法律法规和各项规章制度，时刻关注风险，认真严谨工作。

知识点考核

一、单选题

1. 信贷合同中，提供货币的一方称（ ），受领货币的一方称（ ）。

A. 贷款人；借款人   B. 借款人；贷款人

C. 贷款人；保证人   D. 保证人；借款人

2. 对于（ ）应当经过管辖行或直属行的法务部门审查批准并附有法律意见书。

A. 格式合同   B. 非格式合同

C. 标准合同   D. 制式合同

3. 银行与抵押人或出质人签订抵（质）押合同后（ ）日内，应依照有关法律规定，到有关部门办理登记手续，取得他项权利证书或者抵（质）押登记证书。

A. 5   B. 10   C. 15   D. 20

4.（ ）是指贷款行在确认借款人满足授信合同约定的提款条件后，根据借款人的提款申请和支付委托，将授信资金通过借款人账户支付给符合合同约定用途的借款人交易对象。

A. 自主支付   B. 受托支付   C. 实贷实付   D. 实贷实存

5. 固定资产贷款单笔放款金额为人民币730万元，应采用（ ）方式。

A. 自主支付   B. 受托支付   C. 实贷实付   D. 实贷实存

6.（ ）是借款人自主支付方式下重要的环节。

A. 贷后核查   B. 放款前审查   C. 放款时调查   D. 加强审批

7. 实贷实付需要将授信资金主要通过（ ）方式进行支付。

A. 自主支付   B. 受托支付   C. 实贷实付   D. 实贷实存

8. 加强合同管理的实施要点不包括（　　　）。

A. 修订和完善贷款合同等协议文件　　　B. 建立完善有效的贷款合同管理制度

C. 加强贷款合同规范性审查管理　　　　D. 做好行政工作

9. 借款合同的必备条款不包括（　　　）。

A. 贷款种类　　　　B. 借款用途　　　　C. 贷款利率　　　　D. 保证方式

10. 下列说法中，符合银行贷款发放的计划、比例原则的是（　　　）。

A. 按照项目完成工程量的多少付款

B. 借款人擅自改变前期贷款款项的用途

C. 按照已经批准的贷款项目年度投资计划中规定的建设内容、费用，准确、及时地提供相应贷款

D. 拒绝企业将银行贷款用于股本金的融资

11. 下列不属于借款人提款用途的是（　　　）。

A. 支付劳务费用　　　　　　　　　　　B. 工程设备款

C. 购买商品费用　　　　　　　　　　　D. 弥补企业既往的亏损

12. 保证合同不能为（　　　）。

A. 书面形式　　　　B. 口头承诺　　　　C. 信函、传真　　　D. 主合同中的担保条款

13. （　　　）是指由借款合同、银行承兑协议、出具保函协议书等各种信贷主合同所确定的独立存在的债权。

A. 主债权　　　　　B. 贷款债权　　　　C. 担保债券　　　　D. 损害赔偿金

14. 借款合同中的必备条款不包括（　　　）。

A. 贷款种类　　　　B. 借款用途　　　　C. 保证的方式　　　　D. 还款方式

二、多选题

1. 促使审批条件严格执行的改进方法有（　　　）。

A. 授信审批部门及市场部门均应坚持原则

B. 在审批条件最终确定前加强沟通

C. 对于难于达到的审批条件可适度变通

D. 严格控制审批流程

E. 借款合同签订后将审批条件告知市场部门

2. 与商业银行签订借款合同的可以为（　　　）。

A. 借款人、保证人公司的法定代表人

B. 借款人、保证人公司的出纳

C. 借款人、保证人公司的公证后授权委托人

D. 借款人、保证人公司的指定办公人员

E. 借款人、保证人的自然人本人

3. 下列可能为从合同的为（　　　）。

A. 抵押合同　　　　B. 质押合同　　　　C. 借款合同

D. 保证合同   E. 定金合同

4. 担保合同的主要特征为（   ）。

A. 从属性   B. 依附性   C. 完整性

D. 补充性   E. 相对独立性

5. 保证合同的成立可以采取的形式有（   ）。

A. 保证人与贷款行签订书面保证合同

B. 保证人向贷款行出具无条件、不可撤销、对主债务承担连带责任的保函等书面担保文件

C. 保证人与贷款行签订书面借款合同

D. 双方至公证处公证协议

E. 直接办理相关抵押备案手续

6. 贷款发放的原则包括（   ）。

A. 进度放款原则   B. 计划、比例放款原则

C. 资本金足额原则   D. 充足发放原则

E. 审核发放原则

7. 贷款发放的审查包括（   ）。

A. 借款合同审查   B. 提款申请书、借款凭证审查

C. 用款申请材料检查   D. 有关账户审查

E. 提款期限审查

8. 贷款人进行自主支付的贷后核查的方式包括（   ）。

A. 要求借款人提供实际支付清单

B. 要求借款人提供实际支付事项相关的合同

C. 账户分析

D. 凭证查验

E. 现场调查

9. 下列情况，原则上应采用受托支付方式的有（   ）。

A. 借款人新建立授信业务关系且借款人信用状况一般

B. 流动资金授信支付对象均为单笔支付5000元左右的费用支出

C. 固定资产类授信单笔支付人民币41万元

D. 支付对象明确且单笔支付金额较大

E. 固定资产类授信单笔支付人民币503万元

10. 银行在办理放款手续时，应注意的事项有（   ）。

A. 借款人是否已办理开户手续

B. 提款日期、金额及授信用途是否与合同一致

C. 是否按人民银行授信登记咨询系统的要求及时更新数据信息并发送

D. 是否按照受托支付方式支付授信

E. 是否按国家外汇管理局要求报送数据

11. 贷款的提款条件包括（　　　）。

A. 合法授权　　　　　B. 政府批准　　　　C. 资本金要求

D. 监管条件落实　　　E. 财务维持

12. 按照规定，借款人的义务有（　　　）。

A. 如实提供银行要求的资料

B. 接受银行对其使用信贷资金的情况、生产经营、财务活动的监督

C. 自由使用贷款

D. 按借款合同约定及时清偿贷款本息

E. 向第三方转让债务时，取得银行同意。

13. 自主支付在实际操作中需要注意的问题有（　　　）。

A. 受托支付是监管部门倡导和符合国际通行做法的支付方式，是贷款支付的主要方式，自主支付是受托支付的补充

B. 受托支付是监管部门倡导和符合中国国情的支付方式，是贷款支付的主要方式，自主支付是受托支付的补充

C. 借款人自主支付不同意传统意义上的实贷实付，自主支付对于借款人使用贷款并没有相关的措施限制，无法确保贷款用于约定用途

D. 借款人自主支付不同于传统意义上的实贷实付

E. 自主支付对于借款人使用贷款设定了相关的措施限制，以确保贷款用于约定用途

14. 贷款合同规范性审查的要点包括（　　　）。

A. 合同文本选用正确

B. 在合同中落实的审批文件所规定的限制性条件准确、完备

C. 格式合同文本的补充条款合规

D. 合同的填写符合规范要求

E. 一式多份合同的形式内容可不一致

15. 下列选项中属于商业银行贷款类文件的有（　　　）。

A. 已正式签署的建设合同或建造合同

B. 政府主管部门出具的同意项目开工批复

C. 已正式签署的商品购销协议

D. 借贷双方已正式签署的借款合同

E. 银行之间已正式签署的贷款协议

16. 信贷业务中，属于贷款合同必备的条款有（　　　）。

A. 贷款种类、贷款用途、贷款金额、贷款利率

B. 还款方式、还款期限、违约责任和双方认为需要约定的其他事项

C. 被保证的贷款数额、借款人履行债务的期限

D. 抵押贷款的种类和数额

E. 借款人履行贷款债务的期限

三、判断题

1. 银行为保证按时放款，可对审批部门提出的审批条件适度变通放宽。 （　　）

2. 签订借款合同时，当事人须进行充分的协商，使合同内容充分体现双方的真实意思。

（　　）

3. 借款合同可以采用书面形式订立，也可以协商后双方口头约定。 （　　）

4. 银行或其他金融机构可以利用自己手中掌握着大量资金的优势，在签订授信合同时附加部分不平等条件。 （　　）

5. 一笔贷款的合同填写人与合同复核人可以为同一人。 （　　）

6. 格式合同中，条款不适用的可以空白不填写。 （　　）

7. 商业银行可以先放款，再落实担保条件。 （　　）

8. 自主支付方式放款可以不受商业银行限制，不按照规定用途使用贷款。 （　　）

9. 受托支付为目前商业银行普遍采用的支付方式。 （　　）

10. 实贷实付的基本要求是按进度发放贷款。 （　　）

11. 实贷实付原则的关键是让借款人按照贷款合同的约定用途使用贷款资金，减少贷款被挪用的风险。 （　　）

四、名词解释

1. 借款合同

2. 担保合同

3. 受托支付

五、简答题

1. 比较受托支付与自主支付的异同。

2. 简述商业银行实贷实付的现实意义。

项目八
贷后管理

【情境导入】

从客户申请贷款到最后贷款发放支付后，小王本以为可以松一口气了，但信贷科长小李告诉小王，对于一笔贷款业务而言，贷后的监督管理不可忽视。和贷前调查一样，贷后管理是银行信贷管理的一项基础工作，它涉及监督贷款用途，掌握贷款客户的动态信息，补充完善贷款档案资料，落实还款来源，保全信贷资产，确保贷款本息回收的全过程。贷后管理体现了信贷全程风险管理的最终成果，如果贷后管理不到位，前期的贷前调查、贷中审查审批的所有努力都将归于零。按照"三个办法一个指引"要求，贷后管理是银行全程监控风险的重要环节。小李告诉小王，银行一直强调必须克服"重贷轻收、重贷轻管"的思想倾向,将贷后管理做到实处,处理好贷款营销和风险防范之间的矛盾。对于银行的工作人员,加大贷款质量考核指标的比重,对形成不良贷款的要从严问责。

经过一段时间的工作,小王也意识到,虽然信贷营销带来的客户可以提升自己的业绩,但是如果贷后管理不到位,风险把控得差,客户违约,也会给自己的工作带来不好的影响。因此,小王准备认真踏实地从基础做起,切实做好贷款检查、资产分类和资产保全等工作。小王准备从以下问题开始学习:

- 怎样做好贷后的日常管理?
- 怎样对贷后的信贷风险进行管理?
- 如何处置不良资产?

【知识导航】

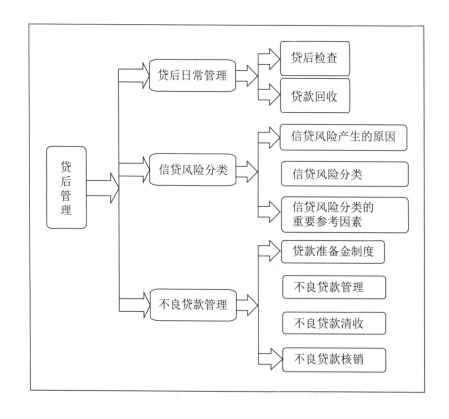

任务一　贷后日常管理

【学习目标】

知识目标
- 熟悉贷后检查的主要方法；
- 掌握贷后检查的主要内容；
- 掌握贷款回收的程序。

能力目标
- 能够按照规定的流程进行贷后检查；
- 能够督促客户按时还款。

职业素养目标
- 培养学生合法合规的规范意识；
- 培养学生踏实严谨的工作态度。

【知识准备】

贷后日常管理是客户经理贷后管理中的基础工作，主要包括贷后检查和贷款回收。

一、贷后检查

贷后检查的目的是对客户及影响信贷资产安全的风险因素进行不间断地监控和分析，以便及早发现早期预警信号，并采取相应的补救措施。在贷后检查中，客户经理应按规定的时间、内容、周期对客户进行真实性检查，形成书面材料，找出风险点，提出防范化解的具体措施。

（一）检查方法

1. 非现场检查
非现场检查包括以下两类。

（1）通过多种渠道，如工商部门、税务部门、借款人及担保人竞争对手、上级主管部门、政府管理部门、金融同业、新闻媒介等方面获取信息，尽早发现预警信号，指导现场核查。

（2）通过客户账户管理系统和信用信息数据库系统，每日监测和控制客户授信账户往来、授信出账、额度使用中出现的异常情况，尽早发现预警信号。

2.现场检查

现场检查是指通过实地走访查看借款人及担保人的主要办公、生产或经营场所、建设工地，与其主要负责人、财务主管直接接触和交流，以及查阅会计账册、会计凭证、存货等方法，对发现的主要风险点和预警信号进行补充和验证。

现场检查包括以下几类。

（1）日常跟踪，即客户经理平时工作中除对客户进行资金账户监管外，还应随时收集和掌握借款人和担保人的财务报表、公开信息、其他融资情况、上下游企业、所处行业及国家宏观经济政策、风险经理提供的风险预警信息等与贷后管理相关的情况。

（2）定期常规检查，即按照规定的检查间隔期对客户情况进行的检查。客户经理进行现场检查前要做好充分准备，结合资金账户监管、日常跟踪、风险监控掌握的信息，对客户进行定期的现场检查，确定检查重点。

对于企业客户，一般情况下，对其短期贷款一个月进行一次检查；对其中长期贷款一个季度进行一次检查。对正常、关注类贷款客户，至少每季进行一次现场检查；对次级类授信客户至少每月进行一次现场检查；对可疑、损失类贷款客户，仅与银行发生低信用风险业务的客户，可根据实际需要确定检查频率。

对于个人客户，对正常、关注类贷款，可采取不定期、抽查的方式；对次级贷款，可采取连续、全面检查的方式，每季度至少进行一次客户资信状况检查，在贷款履行期间至少每半年进行一次全面贷后检查（包括客户资信状况检查和担保情况检查），并形成"贷后检查记录"，对客户欠款原因、客户收入状况、处理措施等进行分析。

（3）专项检查。专项检查主要包括首次检查、到期前检查和重大事项检查。首次检查一般是在贷款执行后，短期贷款一周内，中长期贷款15天内进行，主要检查贷款资金流向、贷款用途是否符合合同约定、有无挪用等。到期前检查一般是短期贷款到期前10天，中长期贷款到期前1个月，对客户的还款能力和还贷资金落实情况进行的专项检查。重大事项检查是指根据贷款预警信息提示或其他情况进行的专项检查。

（二）定期检查内容

贷后定期检查主要包括客户检查、信贷业务风险检查和担保检查三项内容。

1.客户检查

对于企业客户，检查的内容主要包括公司的基本情况、经营情况、信用情况、财务情况以及重大事项进展情况等，具体内容如表8.1所示。

表8.1　企业客户贷款检查的主要内容

基本情况	● 营业执照是否经工商行政管理部门或主管部门年检合格 ● 贷款卡（证）是否经中国人民银行年审通过，如是贷款卡，检查中国人民银行信贷登记咨询系统中企业客户的情况是否异常 ● 企业客户是否正常纳税 ● 企业客户的名称、公章、财务专用章、法人代表是否变更或准备变更 ● 企业客户经营组织形式是否变更或准备变更 ● 企业客户（项目）的资本结构是否变更或准备变更及其原因 ● 企业客户经营范围是否调整或准备调整，及其对银行信贷资产安全的影响程度 ● 企业客户内部管理水平（管理层素质、稳定性、经营管理作风等）是否发生变化，及其对银行信贷资产安全的影响程度
经营状况	● 企业客户所在行业的国家宏观政策和相关法律法规是否发生重大变化 ● 企业客户所在行业的经济周期状况如何 ● 企业客户在行业中的地位是否发生重大变化 ● 企业客户生产是否正常 ● 产品销售情况如何
信用情况	● 企业客户是否按合同约定使用银行信用 ● 企业客户是否按合同约定还本付息或履行义务 ● 企业客户是否被列入各家银行或外汇管理局等有关管理机构的"黑名单"等 ● 贸易融资类企业客户在我行的国际结算信用记录是否良好
财务状况	● 企业客户是否按期提供财务报告（表） ● 财务报表中的项目是否发生异常变化 ● 分析资产负债表时，要关注存货、应收账款、短期投资、长期投资项目、短期借款和长期借款（特别应关注对外债务不成比例的异常增长）等项目的余额变化 ● 分析损益表时，要关注销售额和利润等的余额及变化情况，固定资产折旧、坏账准备、各项投资减值准备或存货跌价准备等的计提情况 ● 分析现金流量表时，要关注企业客户过去和未来经营活动产生现金流的能力
重大事项进展情况	● 有无正在进行重大固定资产投资项目建设情况 ● 有无正在进行对外投资情况。对于投资活动现金流量比重较大的企业客户，要检查其主营业务状况；对于对外投资额较大的企业客户，要分析其投资业务的风险程度 ● 有无正在进行合资、重组、承包兼并、破产、收购、股份化等改制情况，严防企业客户借资产重组之机剥离资产逃避还款责任 ● 是否遭受重大自然灾害、事故情况 ● 是否卷入重大法律诉讼，了解并分析其原因。密切注意企业客户起诉和应诉事项，分析其对我行信贷资产安全的影响

　　对个人客户进行贷后检查的主要内容包括基本情况、收入状况和信用状况，具体内容如表8.2所示。

表8.2　个人类客户贷后检查内容

基本情况	借款人工作单位、住址、联系电话等信息的变更情况
收入状况	对于以工资收入为主要收入来源的客户，检查借款人职业、职务、本人及家庭成员健康状况等影响其还款能力因素是否发生变化；对于以经营收入为主要收入来源的客户，检查其经营和资金周转的情况，同时根据借款人所从事行业的发展、竞争状况判断其收入发展趋势
信用状况	查询借款人名下的贷款明细账及不良贷款明细台账，检查借款人的负债情况和归还贷款本息情况；贷款金额较大或贷款用于生产经营用途，了解借款人向其他银行或个人借款的情况，以及对外提供担保的情况，同时还应注意检查借款人是否因民间借贷行为卷入债务纠纷

2. 信贷业务风险检查

企业客户信贷业务按照各信贷品种有关要求进行信贷业务风险检查。个人信贷业务主要检查以下内容。

（1）贷款用途。通过走访、进行实地考察，检查相关的凭证、发票，掌握贷款用途的真实性，判断借款人是否按约定用途使用了信贷资金，是否有贷款资金挪用或非借款人本人用款现象。

（2）检查法律文件的有效性，以及银行各种权利的时效性。在执行信贷合同和担保合同过程中，信贷人员要及时对涉及本银行权益的合同、证书等文件的法律效力进行检查；对不良贷款要重点检查其是否存在超出诉讼时效的问题。

（3）归档情况。

3. 担保检查

根据担保方式的不同，保证担保贷款对保证人的检查参照对信贷客户的检查。对抵（质）押担保的检查，信贷人员应重点检查以下内容。

（1）抵（质）押物的存续状况及使用状况（如是否损坏），实地检查抵押的房产是否被拆迁，是否正常使用、维护。如客户缴存保证金的，应检查保证金账户是否处于冻结状态及其余额情况。

（2）抵（质）押物价值和变现能力。

（3）抵押人有无擅自转让、出租或其他处分抵押物的行为。

（4）是否出现抵押（出质）人的其他债权人优先于本行受偿的情况。

（5）保险获赔偿金是否未偿还所欠本行贷款或向本行同意的第三人提存。

（6）经本行同意处置抵（质）押物时，是否未将处置所得资金偿还本行贷款或未向本行同意的第三人提存。

（7）抵（质）押物的保险单是否依然有效，抵（质）押物的保险单是否按合同约定续保，以及抵（质）押物损失后的赔偿金是否按合同约定处理。

（8）抵押物是否被重复抵押。

（9）抵押（出质）人有无使抵（质）押物价值减少的行为。如因抵押（出质）人或第三方的原因使抵（质）押物价值减少的行为，是否按合同约定提供了新的担保。

（10）其他。

二、贷款回收

贷款回收是指借款人按照借款合同约定的还款计划和还款方式及时、足额地偿还贷款本息。贷款回收包括正常回收、提前还款和贷款展期。不能按约定回收的贷款成为逾期贷款。

（一）正常回收

正常回收是指借款人的经营状况和财务状况正常，贷款本息到期可以按时结清，银行只要按正常程序回收贷款本息即可。正常回收的操作流程如图8.1所示。

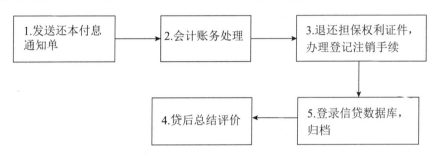

图8.1　商业银行贷款正常回收的操作流程

1. 发送还本付息通知书

为了确保贷款的归还，除了在贷款合同中确定还款计划和违约责任条款外，银行业务操作部门应当按规定时间提前向借款人发送还本付息通知书，督促借款人按时足额还本付息。

资料8.1为某银行提示归还到期贷款通知书样本。

【资料8.1】

××银行提示归还到期贷款通知书　　　编号：_____

尊敬的_____：

您于____年____月____日从我行借款____万元（借款合同编号为_____），将于____年____月____日到期。请抓紧筹措资金，并于借款到期日前将款项存入在我行开立的存款账户上，确保按期归还贷款本息。如到期不能归还，我行将把该笔贷款转入逾期贷款专户，按日利率万分之____计收利息。并对欠息计收复息。

借款人签章：　　　　　　　　　　贷款人公章：

（或签收人签字）：

____年____月____日　　　　　　　____年____月____日

注：本通知书一式三份：借款人签收后退还贷款人一份作为回执，借款人留存一份。

2. 会计账务处理

信贷业务到期日，要按照借款合同约定的期限和还款方式，由客户主动归还，这就要求借款人在收到还本付息通知单后，要及时筹备资金，按时还本付息。如客户与经办行签订《划款授权书》的，经办行可按《划款授权书》的约定自动从客户的账户或银行卡中予以扣收。

3. 退还担保权利证件，办理登记注销手续

客户还清全部贷款后，经办行应退还抵（质）押物权利凭证。抵（质）押物权利凭证保管部门（一般为信贷管理部）凭会计部门递交的还款凭证和客户提交的抵（质）押物清单，按有关规定到会计部门办理拆包手续，退还抵（质）押物权利凭证，并作签收登记。设定抵（质）押登记的，要及时与抵押（出质）人共同向登记部门办理登记注销手续。

4. 登录信贷数据库，归档

贷款结清后，应及时在本行的信贷管理系统和中国人民银行的信用信息数据库系统登录此笔贷款结清的相关信息，对于文本资料要按规定归档保存。

在还本付息日当天营业时间终了前，借款人未向银行提交偿还贷款本息的支票（人民币）或支取凭条（外币）的，并且其偿债账户或其他存款账户中的存款余额不足以由银行主动扣款的，该笔贷款即为逾期贷款。业务操作部门对逾期的贷款应及时填制逾期催收通知书，分别发送给客户和担保人进行催收。会计部门从授信业务到期的次日起计收授信业务逾期利息。客户经理要做好逾期贷款的催收工作，以保证信贷资产的质量，提高贷款的收息率。

5. 贷款总结评价

贷款全部结清后，客户经理应对信贷项目和信贷工作进行全面的总结。贷款总结评价的内容应包括对贷款项目基本情况的分析与评价、信贷管理中出现的问题及解决措施和管理过程中有助于提升贷后管理水平的经验总结。

（二）提前归还贷款

贷款提前归还根据借款人是否自愿分为客户要求提前还款和银行要求客户提前还款或强制收回两种情况。

客户要求提前还款的，应提前以书面形式向银行提出申请，申请内容应包括申请人全称、借款合同号及金额、提前还款原因、拟提前还款日期和金额、提前还款账号、承担提前还款违约赔偿金的意愿。客户经理在收到客户的提前还款申请后，对其是否具备还款条件进行审查和审批，经审批同意提前还款的，客户经理通知客户办理提前还款手续。对不同意提前还款的，应通知客户，并做好解释工作。

（三）贷款展期

贷款展期是借款人不能按照借款合同规定的计划日期归还贷款本金，经贷款人同

意后，延展还款日期。客户经理必须了解客户不能按时还款的真正原因，并判别风险程度大小。如果借款人展期理由正常，可以受理；如果展期有风险，则应要求其全部或部分还款，或增加抵押物，或提高贷款利率。在展期的同时，要注意续签担保合同。对于保证担保，银行要重新确认保证人的担保资格和能力，借款人必须征得保证人的同意。对于抵押担保，银行要核查抵押物的价值，并检查抵押率是否控制在一定的标准内。客户经理要督促客户及时到有关部门办理续期登记手续。银行要履行对抵押物跟踪检查制度，定期检查核对抵押物，监督企业对抵押物的占管，防止抵押物的变卖、转移和重复抵押。

贷款只能展期一次。短期贷款展期期限累计不得超过原贷款期限；中期贷款展期期限累计不得超过原贷款期限的一半；长期贷款展期期限累计不得超过3年。国家另有规定的除外。

（四）逾期贷款

借款人不能按期归还贷款本息的贷款称为逾期贷款。对于逾期的贷款，业务操作部门要向借款人、保证人及时发出催收通知单，并保留好相关法律文件。信贷人员要根据逾期时间的长短，采取不同的方式进行催收，如电话催收、信函催收、上门催收、通过中介机构催收，也可以采用法律手段，如发律师函、司法催收等。在催收的同时，对不能按借款合同约定期限归还的贷款，应当按规定加收罚息。

实训活动

活动：对贷款企业进行贷后调查

1. 活动资料

安徽皖维高新材料股份有限公司成立于1996年，注册资金500万元，主营业务是化工、特种纤维、建材产品生产，现具有年产25万吨聚乙烯醇（PVA）、1.5万吨高强高模PVA纤维、300万吨环保水泥及熟料、6万吨差别化聚酯切片，1.5万吨聚醋酸乙烯乳液（白乳胶）、热电联产年自发电量4.5亿千瓦时的生产能力。

2021年3月9日，安徽皖维高新材料股份有限公司由于接到一批较大的订单，原材料采购出现了资金缺口，因此向银行申请400万元贷款，以评估值为300万元的房产和评估值为300万元的机器设备作为抵押担保。银行发放了该笔贷款，并定期对借款人进行调查。

2. 活动设计

将全班分组，每组4人，针对给定的资料，完成以下实训，并提交实训报告：

（1）登录"信贷业务与风险管理模拟平台"，导入资料中给定的客户。

（2）在"我的任务"列表中，选择"信贷风险"操作，由支行信贷员启动贷后调查业务。

（3）填写信贷资产检查报告。

（4）在报告中绘制对该企业的贷后调查流程。

（5）提交实训报告。

3. 活动评价

根据学生的实训操作情况和提交的实训报告进行评价。

任务二 信贷风险分类

【学习目标】

知识目标
- 了解信贷风险产生的原因；
- 熟悉贷款五级风险分类的含义。

能力目标
- 能根据实际情况对信贷风险资产正确分类；
- 能按照规定程序对信贷风险资产进行分类。

职业素养目标
- 培养学生踏实严谨的工作作风；
- 提高学生的风险识别能力。

【知识准备】

信贷风险是指由于市场因素（如利率、汇率等）变化的不确定性或由于交易对手违约而导致的贷款本金和利息收回的不确定性。信贷风险分类是银行依据其风险程度将贷款划分为不同风险类别的过程。

一、信贷风险产生的原因

商业银行等金融机构的信贷活动既受到宏观经济形势、行业变化和产业调整等外部因素的影响，也受到银行内部经营活动的影响。根据导致信贷资产损失的因素不同，可以将信贷风险产生的原因分为外部原因和内部原因。

（一）外部原因

外部原因主要是指银行等金融机构之外的因素，包括国家政策、法律、经济发展、市场与产业发展以及其他与其直接相关的因素，还包括借款人方面的因素，主要包括以下两类。

（1）金融市场因素的波动引发的市场风险。金融市场因素（如利率、汇率、信贷资产价格等）的变动，可能导致银行信贷资产发生损失，主要包括利率风险、汇率风险和通货膨胀风险。

（2）借款人违约引发的信用风险。信用风险是银行面临的最主要风险。信用风险

主要体现为借款人没有还款能力和借款人不愿归还。

（二）内部原因

内部原因引发的信贷风险又称为操作风险。操作风险产生的原因主要包括银行等金融机构自身管理的缺陷（如银行风险意识淡薄、贷款管理规章制度不健全、信贷岗位责任不明确、信贷人员没有坚持信贷原则），银行在信贷活动中违规，审查时判断失误等。

二、信贷风险分类

信贷风险分类是指由商业银行按照风险程度将贷款划分为不同风险类别的过程，其实质是以贷款的内在风险程度和债务人还款能力为核心，判断债务人及时足额偿还贷款本息或及时足额履约的可能性。根据信贷资产按时、足额回收的可能性，信贷资产可划分为正常、关注、次级、可疑、损失5个不同类别，后三类合称为不良信贷资产。

（一）信贷风险分类的标准

1. 正常
债务人能够履行合同，没有足够理由怀疑债务人不能按时足额偿还债务。

2. 关注
尽管债务人目前有能力偿还贷款本息，但存在一些可能对偿还产生不利影响的因素。

3. 次级
债务人的还款能力明显出现问题，完全依靠其正常营业收入无法足额偿还债务，即使执行担保，也可能会造成一定损失。

4. 可疑
债务人无法足额偿还债务，即使执行担保，也肯定要造成较大损失。

5. 损失
在采取所有可能的措施或一切必要的法律程序之后，债权仍然无法收回，或只能收回极少部分。

《贷款风险分类指引》指出，五级分类方式是贷款风险分类的最低要求，各商业银行可根据自身实际制定贷款分类制度，细化分类方法，但不得低于《贷款风险分类指引》提出的标准和要求，并与《贷款风险分类指引》的贷款风险分类方法具有明确的对应和转换关系。

（二）信贷风险分类的主要判定情况

1. 正常类的判定情况
借款人有能力履行承诺，还款意愿良好，经营、财务等各方面状况正常，能正常还本付息，银行对借款人最终偿还贷款有充分把握。

2. 关注类的判定情况

（1）借款人的销售收入、经营利润下降或出现流动性不足的征兆，一些关键财务指标出现异常性的不利变化或低于同行业平均水平。

（2）借款人或有负债（如对外担保、签发商业汇票等）过大或与上期相比有较大幅度上升。

（3）借款人的固定资产贷款项目出现重大的不利于贷款偿还的因素（如基建项目工期延长、预算调增过大）。

（4）借款人经营管理存在重大问题或未按约定用途使用贷款。

（5）借款人或担保人改制（如分立、兼并、租赁、承包、合资、股份制改造等）对贷款可能产生不利影响。

（6）借款人的主要股东、关联企业或母子公司等发生了重大的不利于贷款偿还的变化。

（7）借款人的管理层出现重大意见分歧或者法定代表人和主要经营者的品行出现了不利于贷款偿还的变化。

（8）违反行业信贷管理规定或监管部门监管规章发放的贷款。

（9）借款人在其他金融机构贷款被划为次级类。

（10）宏观经济、市场、行业、管理政策等外部因素的变化对借款人的经营产生不利影响，并可能影响借款人的偿债能力。

（11）借款人处于停产或半停产，但抵（质）押率充足，抵（质）押物远远大于实现贷款本息的价值和实现债权的费用，对最终收回贷款有充足的把握。

（12）借新还旧贷款，企业运转正常且能按约还本付息的。

（13）借款人偿还贷款能力较差，但担保人代为偿还能力较强。

（14）贷款的抵押物、质物价值下降，或银行对抵（质）押物失去控制；保证的有效性出现问题，可能影响贷款归还。

（15）本金或利息逾期（含展期）90天（含）以内的贷款或表外业务垫款30天（含）以内。

3. 次级类的判定情况

（1）借款人经营亏损，支付困难并且难以获得补充资金来源，经营活动的现金流量为负数。

（2）借款人不能偿还其他债权人债务。

（3）借款人已不得不通过出售、变卖主要的生产、经营性固定资产来维持生产经营，或者通过拍卖抵押品、履行保证责任等途径筹集还款资金。

（4）借款人采用隐瞒事实等不正当手段取得贷款的。

（5）借款人内部管理出现问题，对正常经营构成实质损害，妨碍债务的及时足额清偿。

（6）借款人处于半停产状态且担保为一般或者较差的。

（7）为清收贷款本息、保全资产等目的发放的"借新还旧"贷款。

（8）可还本付息的重组贷款。

（9）信贷档案不齐全，重要法律性文件遗失，并且对还款构成实质性影响。

（10）借款人在其他金融机构贷款被划为可疑类。

（11）违反国家法律、行政法规发放的贷款。

（12）本金或利息逾期91天至180天（含）的贷款或表外业务垫款31～90天（含）。

4. 可疑类的判定情况

（1）借款人处于停产、半停产状态，固定资产贷款项目处于停、缓建状态。

（2）借款人实际已资不抵债。

（3）借款人进入清算程序。

（4）借款人或其法定代表人涉及重大案件，对借款人的正常经营活动造成重大影响。

（5）借款人改制后，难以落实金融机构债务或虽落实债务，但不能正常还本付息。

（6）经过多次谈判借款人明显没有还款意愿。

（7）已诉诸法律追收贷款。

（8）贷款重组后仍然不能正常归还本息。

（9）借款人在其他金融机构贷款被划为损失类。

（10）本金或利息逾期181天以上的贷款或表外业务垫款91天以上。

5. 损失类的判定情况

（1）借款人因依法解散、关闭、撤销、宣告破产终止法人资格，贷款人依法对借款人及其担保人进行追偿后，未能收回的贷款。

（2）借款人已完全停止经营活动且复工无望，或者产品无市场，严重资不抵债濒临倒闭，贷款人依法对其财产进行清偿，并对其担保人进行追偿后未能收回的贷款。

（3）借款人死亡，或者依照《中华人民共和国民法典》的规定宣告失踪，贷款人依法对其财产或者遗产进行清偿，并对担保人进行追偿后未能收回的贷款。

（4）借款人遭受重大自然灾害或意外事故，损失巨大且不能获得保险补偿，确实无力偿还的贷款；或者保险赔偿清偿后，确实无力偿还的部分贷款，贷款人依法对其财产进行清偿或对担保人进行追偿后，未能收回的贷款。

（5）借款人触犯刑律，依法判处刑罚，其财产不足归还所借债务，又无其他债务承担者，贷款人依法追偿后无法收回的贷款。

（6）借款人及其担保人不能偿还到期债务，贷款人诉诸法律，经法院对借款人和担保人强制执行，借款人和担保人均无财产可执行，法院裁定终结执行后，贷款人仍无法收回的贷款。

（7）由于上述（1）至（6）项原因，借款人不能偿还到期债务，贷款人对依法取得的抵债资产，按评估确认的市场公允价值入账后，扣除抵债资产接收费用，小于贷款本息的差额，经追偿后仍无法收回的贷款。

（8）开立信用证、办理承兑汇票、开具保函等发生垫款时，凡开证申请人和保证人由于上述（1）至（6）项原因，无法偿还垫款，贷款人经追偿后仍无法收回的垫款。

（9）银行卡被伪造、冒用、骗领而发生的应由贷款人承担的净损失。

（10）贷款逾期后，贷款人在确定的有效追索期内，并依法处置贷款抵（质）押物及向担保人追索连带责任后，仍无法收回的贷款。

（11）贷款人发生的除贷款本金和应收利息以外的其他逾期3年无法收回的其他应收款。

（12）已经超过诉讼时效的贷款。

（13）符合《金融企业呆账核销管理办法》规定的被认定为呆账条件之一的信贷资产。

（14）借款人无力偿还贷款，即使处置抵（质）押物或向担保人追偿也只能收回很少的部分，预计贷款损失率超过85%。

三、信贷风险分类的重要参考因素

（一）贷款逾期时间

贷款逾期时间长短是贷款风险分类的重要参考因素。很多银行从内部审慎管理角度出发，要求贷款一旦逾期至少应分为关注类；逾期超过一定期限（如90天以上），至少应划为次级类；逾期严重（180天或360天），直接划为可疑类或损失类。

（二）抵（质）押品

抵（质）押品是贷款偿还的第二来源。抵（质）押品价值的充足性、变现的可能性越高，对贷款偿还的保障性越高，因此在贷款分类的时候，对于权属和实质管控没有瑕疵的高品质押品，例如以全额保证金、本行存单、国债等提供质押，即便客户出现财务状况下滑等不利情况，也可以适当从宽进行分类等级认定，而对于权属存在瑕疵、流动性欠缺、变现能力差的押品，应审慎认定其对贷款分类的缓释效力。

根据《小企业贷款风险分类办法（试行）》，对于符合《银行开展小企业授信工作指导意见》规定的小企业贷款，可以采用表8.3的小企业贷款逾期天数风险分类矩阵进行简化分类。

表8.3　小企业贷款逾期天数风险分类矩阵

担保方式	逾期时间					
	未逾期	1～30天（含）	31～90天（含）	91～180天（含）	181～360天（含）	360天以上
信用	正常	关注	次级	可疑	可疑	损失
保证	正常	正常	关注	次级	可疑	损失
抵押	正常	正常	关注	关注	次级	可疑
质押	正常	正常	正常	关注	次级	可疑

实训活动

活动：对贷款进行风险分类

1. 活动资料

2021年3月1日，雷锋荣从信用社申请个人大额经营性贷款50万元用于种植。3月4日，银行经审批同意张斯奇为其提供连带责任保证普通担保，并签订保证协议，担保生效时间为正式签订借款合同时间。3月7日，信用社对雷锋荣的个人情况进行调查后同意该项贷款。2021年3月10日，双方签订合同，合同约定期限为9个月（2021年3月10日至2021年12月10日），贷款利率为4.75%，还款方式为等额本息还款。所有材料审批完成后信用社于2021年3月15日一次性放款。

由于遭受自然灾害大部分农作物受灾，截至2022年2月5日，因经营亏损，雷锋荣暂时无力偿还并难以获得补充资金来源。

2. 活动设计

学生完成以下实训任务：

（1）登录"信贷业务及风险管理模拟平台"，为雷锋荣办理保证担保以及农户经营性贷款业务，完成对雷锋荣的放款操作；

（2）在"我的任务"列表中单击"信贷风险"按钮，找到"五级分类"业务，开启操作。

（3）进入"个人贷款手工分类"，在列表中查询到当前雷锋荣的个人经营性贷款，双击该业务，便弹出"信贷资产分类结果认定"窗口，窗口上方为"当前合同情况列表"，窗口下方要求填写当今账务日期。

（4）首先判断雷锋荣的贷款分类情况，再对照系统中按照案例给定的逾期状况，核算出风险分类状况，看是否一致。

（5）系统中主要按照逾期天数进行风险分类，还有哪些标准可以用来判断客户的风险状况？

3. 活动评价

按照学生的实训操作情况及实训报告进行评价。

任务三 不良贷款管理

【学习目标】

知识目标

- 了解不良贷款的定义和类型；
- 熟悉不良贷款的日常管理；
- 掌握不良贷款的各种处置方式。

能力目标

- 能识别不良贷款；
- 能妥善采取不良贷款的处置方式。

职业素养目标

- 培养学生严谨踏实的工作态度。

【知识准备】

不良贷款是指债务人未按原贷款协议按时偿还贷款本金或利息，或债务人已有迹象表明其不可能按原贷款协议按时偿还本金或利息的贷款。我国曾经将不良贷款定义为呆账贷款、呆滞贷款和逾期贷款（一逾两呆）的总和，自2002年全面实行贷款五级分类制度后，将不良贷款定义为五级分类中的次级类、可疑类和损失类贷款。

一、贷款准备金制度

按照中国人民银行2002年《银行贷款损失准备金计提指引》及财政部《金融企业呆账准备提取管理办法》（财金〔2021〕146号），遵循谨慎会计原则，各银行应当合理估计贷款可能发生的损失，及时计提贷款呆账准备。

贷款呆账准备金包括一般准备（普通准备）和相关资产减值准备。一般准备是按全部贷款余额的一定比例从净利润中计提，用于弥补尚未识别的可能性损失的准备。资产减值准备是金融机构对债权或股权资产预计可收回金额低于账面价值的部分提取的，用于弥补特定损失的准备，包括贷款损失准备、坏账准备和长期投资减值准备。其中，贷款损失准备是指金融机构对各项贷款预计可能产生的贷款损失计提的准备，包括专项准备和特种准备两种。专项准备是按贷款损失的程度计提的用于弥补专项损失的准备，计提比例由金融机构根据贷款资产的风险程度和回收的可能性合理确定。特种准备是指金融机构对特定国家、地区或行业发放贷款计提的准备，具体比例由金融机构根据贷款资产的风险程度和回收的可能性合理确定。如表8.4所示。

表8.4　贷款损失准备计提指引

贷款损失准备		计提比例	时间	
一般准备		1%	按季	一般准备的年末余额不低于年末贷款余额的1%
专项准备	关注	2%		
	次级	25%+20%		
	可疑	50%+20%		
	损失	100%		
特种准备		自定比例	按季	根据不同类别（如国别、行业）贷款的特殊风险情况、风险损失概率及历史经验，自行确定计提比例

注：1. 贷款损失准备的计提范围为承担风险和损失的资产，具体包括贷款、银行卡透支、贴现、银行承兑汇票垫款、信用证垫款、担保贷款、进出口押汇、拆除资金等。

2. 贷款损失准备由总行统一计提。

必须根据贷款的风险程度足额提取。损失准备提取不足的，不得进行税后利润分配。

银行的损失准备计提及核销数据应根据有关数据对外披露。

二、不良贷款识别与重组

（一）识别不良贷款

信贷人员在贷款管理的过程中，要通过贷后检查、账户监管等方式密切关注借款人的经营和财务状况，及早发现借款人的风险预警信号。不良贷款的早期预警信号如表8.5所示。

表8.5　不良贷款的早期预警信号

企业在银行账户变动的早期预警	财务报表反映的早期预警	企业人事管理及与银行关系的早期预警	企业经营管理方面的早期预警
● 经常止付支票及退票； ● 长期透支用款，且经常超过允许的透支额度； ● 应付票据展期过多； ● 要求以借款用于偿还其他银行债务； ● 要求以借款炒作本公司股票或用于其他投机活动； ● 贷款需求骤增或变动异常；	● 多次延误提供财务报表及有关文件，或财务报表不完整、不连续； ● 会计出具的有保留意见的审计报告； ● 存货及应收账款的增长超过销售的增长幅度； ● 经营成本的增幅远远超过销售的增幅； ● 销售额连续下降或损失连续上升； ● 相对于销售利润而言，总资产增加过快，流动资金占总资金的比例下降；	● 对银行的态度发生变化，缺乏坦诚的合作态度； ● 在多家银行开户，或经常转换往来银行； ● 故意隐瞒与某些银行的往来关系； ● 董事会或高级管理层发生重大人事变动影响公司运作； ● 公司主要负责人高龄或健康状况恶化，接班人不明确或接班人能力不足；	● 经营管理混乱，如存货积压、环境差等； ● 设备陈旧、维修不善、运转率低； ● 客户流失严重或某大客户经济状况恶化； ● 企业的主要投资项目失败； ● 借款人在激烈的市场竞争中处于不利地位；

（续表）

企业在银行账户变动的早期预警	财务报表反映的早期预警	企业人事管理及与银行关系的早期预警	企业经营管理方面的早期预警
● 未按要求补足抵押品的差额、拖欠税金或租金； ● 贷款的担保人突然要求解除其担保责任； ● 借款人被其他债权人追讨欠款，或索取赔偿； ● 借款人不能按时支付利息，或要求贷款展期等	● 不合理地改变或违反会计准则，如折旧计提和存货计价等； ● 以短期融资作为长期投资； ● 呆账增加，或拒做呆账及损失准备； ● 应收账款及应付账款、账额、账龄（周期）出现异常的增加、延长等	● 某负责人独断专行，刚愎自用，限制了其他管理者的作用与能力的发挥； ● 无故更换会计师或管理层人士； ● 缺乏长远的经营策略，急功近利； ● 对市场需求及经济环境的变化反应迟缓，应变能力不强； ● 用人不当，各部门之间不能配合协调等	● 借款企业的市场份额小； ● 借款企业的生产规模过度扩张； ● 借款企业与主要供应商关系紧张等

信贷人员发现预警信号后，应立即与借款人联系，并针对不同的预警信号，采取不同的管理措施，督促企业调整经营策略，改善财务状况。

当借款发生逾期时，银行应立即通过电话与借款人联系并催收。如借款人仍未还款，或以种种借口拖延不付，银行需立即上门催收，约见借款企业的主要负责人，商谈落实贷款的归还事宜。

（二）贷款重组

贷款重组是指银行等金融机构和借款人之间经过协商，与借款人达成修改贷款偿还条件的协议。通过贷款重组，银行可能收回贷款，并可能因此而改善银行与借款人的关系，提升银行形象。贷款重组的具体方法有以下几种。

1. 贷款展期

贷款展期一般适用于那些在展期期限内能够改善财务状况，并能够归还贷款本息的借款人。例如，对那些因市场变化而造成生产和销售暂时受挫的企业，采取整改措施后就能够在展期期限内改善财务状况，归还银行贷款。又如，有些贷款项目在建设过程中因客观原因拖延了工期，但只要在规定的展期期限内，该项目能建成投产，并能够获得足够的收益用以归还银行贷款，银行就可以考虑同意予以贷款展期。

2. 追加担保品，确保抵押权益

银行如果在贷后检查中发现借款人提供的抵押品或质押物的抵押权益尚未落实，或担保品的价值由于市场价格的波动或市场滞销而减低，由此造成抵押品的价值不充分，就会要求借款人落实抵押权益或追加担保品。根据我国《民法典》第408条的规定，抵押人的行为足以使抵押财产价值减少的，抵押权人有权请求抵押人停止其行为；抵押财产价值减少的，抵押权人有权请求恢复抵押财产的价值，或者提供与减少的价值相应的担保。抵押人不恢复抵押财产的价值，也不提供担保的，抵押权人有权请求债务人提前清偿债务。

3. 追加保证人

对由第三者提供担保的保证贷款，如果借款人未按时还本付息，就应由保证人为其承担还本付息的责任。倘若保证人的担保资格或担保能力发生不利变化，其自身的财务状况恶化，或由于借款人要求贷款展期造成贷款风险增大或由于贷款逾期，银行加收罚息而导致借款人债务负担加重，而原保证人又不同意增加保证额度的，银行应要求借款人追加真正具有经济实力的保证人。

4. 参与借款企业的管理

对于不能按期还本付息的借款者，尤其是对于那些经营管理混乱、计划决策屡屡失误、管理班子涣散、领导能力薄弱的企业，银行会要求参与借款企业的管理，帮助其提高经营管理水平。银行可能要求银行人员参加企业的董事会或高级管理层，参与企业重大决策的制定；要求特派员充当审计员，甚至可能要求保留或撤换企业现有的管理班子。银行还可能要求借款人精简人员，从而压缩成本开支等。通过参与企业的管理，帮助企业改变原有的管理混乱的状况，制定正确的经营决策，提高企业的营运效率和获利能力，从而改善企业的财务状况，有助于银行贷款的回收。

5. 变更借款人

变更借款人是指为了将已产生风险的不良贷款，通过变更借款（担保）主体来降低或减小原贷款的风险和损失，从而最终安全回收贷款。重组贷款的借款人（担保人）与原不良贷款的借款人（担保人）有一定关联，其借款资质、还款能力均优于前者，并对此借款行为进行了法律意义上的确认。重组贷款的目的是在原不良贷款已形成一定的风险和损失，依靠原借款人（担保人）已不能阻止进一步的损失的情况下，而将不良贷款重组于新的借款人（担保人）来减少损失和降低风险。

三、不良贷款清收

不良贷款本身难以生息，还要增加商业银行拨备，拉低银行的利润水平，对于已产生的不良贷款，商业银行要尽早收回。不良贷款清收主要包括以下两种方式。

（一）行政清收

行政清收，即信贷人员通过正常的行政手段进行催收。当借款合同中列明的违约事件发生时，银行应立即以书面形式正式通知借款人，告知其发生违约行为，责成其限期采取有效措施加以纠正，并应同时书面通知贷款保证人。发出违约通知书后，信贷人员应密切注意借款人的反应，了解其是否采取补救办法，主动上门催收，督促其纠正。同时，信贷人员应向本行信贷部门主管汇报，研究催收对策，采取防范措施，确保贷款收回。

（二）依法催收

依法催收是指信贷人员依靠法律手段进行催收。具体包括以下内容。

（1）依据借款合同，冻结借款人在银行开立的存款账户，所有的款项只入不出，以从该账户扣款归还贷款本息，直至贷款全部还清为止；或主动从借款人在其他金融机构中的存款账户中扣收款项。

（2）根据借款保证合同，向借款保证人追索，要求其承担连带责任。

（3）依据抵押或质押合同的规定，处置抵押品或质物，处置应按照合同中规定的程序和方式进行，处置的进程和结果应通知借款人。处置所得的款项，应用于归还拖欠的贷款本息，剩余部分退还借款人。如款项不足以抵偿拖欠的贷款本息，应继续向借款人追索。

（4）依法起诉。对无抵押或质押，又不愿还款的，或虽有保证，但担保人拒不履行连带偿付责任的，或抵押品、质物处置所得款项不足以偿还贷款，借款人又不愿提供新的还款来源的，银行运用法律手段提起诉讼，以通过法律占有并出售属于债务人的财产作为还款来源。

（5）破产清偿。即企业破产后按法律规定进行债权登记和资产清理，并按程序清偿贷款。

四、不良贷款核销

对已经确实无力经营的借款人，破产清偿后仍不能全额收回贷款本息，形成了损失，其形态已归属为呆账贷款。凡是具备财政部规定条件的呆账贷款，经银行内部按申报审批程序通过，可报送财政核准后进行会计账务核销。银行内部会计账务核销的呆账贷款应按账销案存的原则处理，除了符合国家政策性核销的之外，在法律时效内还必须向原借款、担保人进行不懈地追索。

（一）呆账的认定

经采取所有可能的措施和实施必要的程序之后，符合下列条件之一可以认定为呆账贷款。

（1）借款人依法宣告破产、关闭、解散或者撤销，相关程序已经终结，银行对借款人财产进行清偿，对担保人进行清偿和追偿后，仍未能收回的债权；法院依法宣告借款人破产后，2年以上仍未终结破产程序的，银行对借款人和担保人进行追偿后，经法院或破产管理人出具证明，仍无法收回的贷款。

（2）借款人死亡，或者依照《中华人民共和国民法典》的规定宣告失踪或者死亡，或者丧失完全民事行为能力或劳动能力。银行对其财产进行清偿或者遗产进行追偿，并对担保人进行追偿后，仍无法收回的贷款。

（3）借款人遭受重大自然灾害或者意外事故，损失巨大且不能获得保险补偿，或者以保险赔偿后，确实无力偿还部分或者全部债务，银行对其财产进行清偿和对担保人进行追偿后，仍无法收回的贷款。

（4）借款人已完全停止经营活动，被县级及县级以上工商行政管理部门依法注销、吊销营业执照，银行对借款人和担保人进行追偿后，仍无法收回的贷款。

（5）借款人已完全停止经营活动或者下落不明，未进行工商登记或者连续2年以上未参加工商年检，银行对借款人和担保人进行追偿后，仍无法收回的贷款。

（6）借款人触犯刑律，依法被判处刑罚，导致其丧失还款能力，其财产不足以归还所借债务，又无其他债务承担者，银行进行追偿后仍无法收回的贷款。

（7）由于借款人和担保人不能偿还到期债务，银行诉诸法律，借款人和担保人虽有财产，但对借款人和担保人强制执行超过1年以上仍无法收回的贷款；或者借款人和担保人虽有财产，但进入强制执行程序后，由于执行困难等原因，经法院裁定终结或者终止（中止）执行程序的贷款；或者借款人和担保人无财产可执行，法院裁定执行程序终结或者终止（中止）的贷款。

（8）银行对借款人和担保人诉诸法律后，或者借款人和担保人按照《破产法》相关规定进入重整或和解程序后，重整协议或和解协议经法院裁定通过，根据重整协议或者和解协议，银行无法追偿的剩余贷款。

（9）对借款人和担保人诉诸法律后，因借款人和担保人主体资格不符或者消亡等原因，被法院驳回起诉或者裁定免除（或部分免除）借款人和担保人责任；或者因借款合同、担保合同等权利凭证遗失或者丧失诉讼时效，银行追偿后，仍无法收回的贷款。

（10）银行依法取得抵债资产，对抵债金额小于贷款本息的差额，符合上述（1）～（9）项原因，经追偿后仍无法收回的贷款。

（11）办理承兑汇票、开立信用证、开具保函等发生垫款时，凡开证申请人和保证人由于上述（1）～（10）项原因，无法偿还垫款，经追偿后仍无法收回的垫款。

（二）呆账核销的申报与审批

呆账核销应遵循严格认定条件、提供确凿证据、严肃追究责任、逐级上报并经审核审批、对外保密和账销案存的基本原则。

1. 呆账核销的申报

银行申报核销呆账，必须提供以下材料。

（1）借款人呆账核销申报材料及审核审批材料。呆账核销申报材料内容应包括债权发生明细情况，借款人、担保人或抵（质）押物情况，对借款人和担保人的追索情况及结果。

（2）经办行（公司）的调查报告。包括呆账形成的原因，采取的补救措施及其结果，对借款人和担保人具体追收过程及其证明，抵（质）押物处置情况，核销的理由，债权经办人、部门负责人和单位负责人情况等。

（3）其他相关材料。不能提供确凿证据证明的呆账，不得核销。

2. 呆账核销的审批

银行核销呆账，应提供财产清偿证明、追偿证明等内外部证据。无法取得法院或政府有关部门出具的财产清偿证明等相关文件的，银行可凭财产追偿证明、清收报告、法律意见书等内部证据进行核销。内部证据必须经相关人员签章确认。

财产追偿证明或清收报告应包括债务人和担保人的基本情况、形成呆账的原因、采取的补救措施、债务追收过程、对责任认定和追究的初步意见等。法律意见书应由银行内部法律事务部门出具，就被核销债权进行的法律诉讼情况进行说明，包括诉讼过程、结果等；未涉及法律诉讼的，应说明未诉讼理由。

银行发生的呆账，必须提供确凿证据，经审查符合规定条件的应随时上报，随时审核审批，及时从计提的资产减值准备中核销。银行不得隐瞒不报、长期挂账或掩盖不良资产。银行核销呆账，必须严格履行审核审批手续，并提供呆账核销申报材料。上级行接到下级行的申报材料，应当组织有关部门进行严格审查并签署意见。除法律法规和《呆账核销管理办法》的规定外，其他任何机构和个人包括债务人不得干预、参与银行呆账核销运作。

呆账核销审查要点主要包括呆账核销理由是否合规；银行债权是否充分受偿；呆账数额是否准确；授信责任人是否已经认定、追究。对符合条件的呆账经批准核销后，作冲减呆账准备处理。下列债权或者股权不得作为呆账核销：借款人或者担保人有经济偿还能力，未按期偿还的银行债权；违反法律法规的规定，以各种形式逃废或者悬空的银行债权；行政干预逃废或者悬空的银行债权；银行未向借款人和担保人追偿的债权；其他不应当核销的银行债权或者股权。

（三）呆账核销后的管理

呆账核销后，银行要重点检查呆账申请材料是否真实，一旦发现弄虚作假现象，应立即采取补救措施，并且对直接责任人和负有领导责任的人进行处理和制裁。触犯法律的信贷人员，应移交司法机关追究法律责任。

呆账核销是银行内部的账务处理，并不视为银行放弃债权。对于核销呆账后债务人仍然存在的，应注意对呆账核销事实加以保密，一旦发现债务人恢复偿债能力，应积极催收。

实训活动

活动一：不良贷款催收

1. 活动资料

雷锋荣从信用社申请个人大额经营性贷款50万元用于种植农作物，期限为9个月（2021年3月10日到2021年12月10日），约定贷款利率为4.8%，还款方式为分期等额。同时，张斯奇为其提供连带责任保证担保。截至2022年2月5日，由于农作物受灾，该客户暂时无力还款。在该笔贷款被银行标注为关注类贷款三个月后，雷锋荣仍未偿还贷款。现银行应对该笔不良贷款进行催收。

2. 活动设计

学生完成以下实训任务：

（1）首先在"信贷业务与风险管理模拟平台"中将雷锋荣的贷款风险评定为"次级贷款"，根据资料中所给的信息，确定贷款逾期的天数。

（2）在"信贷风险业务"模块中，选择"不良贷款催收业务"，首先进入催收认定业务环节，确定催收时期，向客户发送催收通知书。

（3）在不良贷款催收模块中，进入催收回执管理，记录并查看该客户的催收情况。若催收成功，则在"是否已回收"项中打"√"，并填写回收日期；若未回收成功，则在下方"未能催收原因"中填写客户现阶段无法还款的原因。

（4）绘制业务操作步骤。

3. 活动评价

根据学生的实训完成情况进行评价。

活动二：呆账认定

1. 活动资料

2020年5月9日，银行对广东汕头超声电子股份有限公司进行了年度统一授信，授信额度为3000万元，同时公司因扩大生产规模向银行申请流动资金贷款3000万元，双方达成协议，由银行提供贷款并签订借款合同，合同约定贷款利率在LPR利率4.65%的基础上下浮10%，借款期限为3年，即自2013年5月9日至2016年5月9日止，还款方式为分期等额。广东汕头超声电子股份有限公司以一栋办公楼（价值800万元）和三栋厂房（价值3200万元）设定抵押，并办理了抵押登记。

2021年1月10日，广东汕头超声电子股份有限公司宣布将申请破产。1月16日，广东省高级人民法院院长吕伯涛对外公告，经审查，广东汕头超声电子股份有限公司及其全部子公司，因不能清偿到期境内外债务，符合法定破产条件，裁定进入破产还债程序，由法院制定的清算组接管破产企业。

该呆账认定业务先提交办理贷款的支行审查，总行审批后，将该公司的贷款认定为呆账。

2. 活动设计

学生完成以下实训任务：

（1）在"客户信息"窗口，锁定业务对象"广东汕头超声电子股份有限公司"。同时，在"我的任务"操作任务列表中单击"信贷风险"按钮，找到"呆账认定"业务，开启业务。

（2）为该公司的一栋办公楼与三栋厂房完成抵押担保业务。需要注意的是，因为一般房产、土地使用权的抵押率最高不能超过70%，该公司无法单独拿厂房或者办公楼进行抵押，必须设置共同抵押担保。

（3）为该公司办理3000万元的年度统一授信业务。

（4）为该公司办理流动资金贷款业务。

（5）在"信贷风险"业务窗口，切换角色为"支行信贷员"。单击"呆账认定"模块，启动认定业务，双击列表中的"呆账认定"，列表中会显示现阶段在支行有贷款的企业及其贷款信息，双击"启动业务"后，在"当前认定业务"列表中，双击该企业的呆账认定业务,进行受理。在"业务处理"列表中,填写"呆账认定"相关信息,按照企业的实际情况,在产生的原因中进行勾选,可多选。在本案例中,广东省高级人民法院对外公告,经审查,广东汕头超声电子股份有限公司及其全部子公司,因不能清偿到期境内外债务,符合法定破产条件,裁定进入破产还债程序,由法院指定的清算组接管破产企业。

（6）提交呆账认定原因后逐级对该笔呆账进行确认,最后由信贷员执行该业务。

（7）系统自动生成《呆账认定通知书》。

3. 活动评价

根据学生的实训完成情况打分。

思政案例

信贷人员必备职业素养:风险意识

案例8.1

齐鲁银行票据骗贷案

2010年12月6日,齐鲁银行在受理业务咨询过程中发现,某存款单位所持的《存款证实书》系伪造,引出了一起涉案金额逾百亿元的票据骗贷案。案发后,济南公安局成立专案组,很快将犯罪嫌疑人刘济源及其他犯罪嫌疑人抓获归案。

刘济源涉嫌贷款诈骗罪、金融凭证诈骗罪、票据诈骗罪和诈骗罪,涉案金额101亿元,其中涉嫌诈骗银行100亿元,涉嫌诈骗企业1.3亿元,案发后追回赃款79亿余元,实际损失恐超21亿元。此案被称为"刘济源案",因涉及齐鲁银行的诈骗金额最多,逾70亿元,又被称为"齐鲁银行案"。

刘济源自1992年开始买卖股票,为了筹集更多资金投资股市,他于2002年产生了骗取银行信贷资金的想法。后因投资股市失利,资金出现巨大亏空,已无偿还能力,于是采取犯罪手段诈骗巨额资金。

法院经审理查明,刘济源自2008年11月至2010年11月,采取私刻存款企业、银行印鉴,伪造质押贷款资料、银行存款凭证、电汇凭证、转账支票及以企业的名义在银行开立账户,冒充银行工作人员,让企业向其控制的账户内存款等手段,骗取银行、企业资金共计101.3亿余元。案发后,追缴赃款赃物合计82.9亿余元。

这起案件将齐鲁银行拉入了泥潭,在地方政府的支持下才得以渡过难关。该行直到2013年4月才发布2010年财报,并披露受到的实际损失金额共计22.59亿元。

受此案影响,齐鲁银行在2010年末的不良贷款率一度飙升至13.97%,经过连续三年的核销,终于在2012年底消化了全部坏账损失。2012年1月,山东省纪委相关负责人介绍,"纪检监察机关先后对涉案的20名党政机关领导干部和国有企业负责人立案调查,其中涉及厅级干部9人、处级干部6人、企业管理人员5人"。

资料来源:程海礁. 齐鲁银行"骗贷"事件还原[EB/OL].（2011-01-13）[2022-07-11]. http://money.163.com/special/news35/.

从案例8.1可以看出，信贷风险无处不在。如果信贷人员缺乏风险意识，被动地、消极地对待工作，对隐藏的风险后知后觉，可能会给银行带来难以挽回的损失。

信贷人员要多学习信贷业务理论和法规，多研究业务处理过程中发现的新情况、新问题，不断提高自己识别风险和控制风险的能力。在工作中，信贷人员要运用自己的专业知识，结合自身的工作经验来辨别出信贷操作的每一个环节可能存在的风险预警信号，并有针对性地进行深入的调查，及时采取预防措施，把风险降到最小。

知识点考核

一、单选题

1. 贷款风险的预警信号系统中关于经营状况的信号不包括（　　　）。

A. 丧失一个或多个财力雄厚的客户

B. 关系到企业生产能力的某客户的订货变化无常

C. 投机于存货，使存货超出正常水平

D. 应收账款余额或比例激增

2. 以下关于贷款偿还的描述不准确的是（　　　）。

A. 贷款逾期后，银行要对应收未收的利息计收利息，即计复利

B. 对不能按借款合同约定期限归还的贷款，应当按规定加罚利息

C. 因提前还款而产生的费用应由借款人负担

D. 银行在短期贷款到期1个月之前，应当向借款人发送还本付息通知单

3. 提前还款条款的内容不包括（　　　）。

A. 未经银行的书面同意，借款人不得提前还款

B. 借款人应在提前还款日前30天或60天以书面形式向银行递交提前还款的申请

C. 由借款人发出的提前还款申请是可以撤销的

D. 已提前偿还的部分不得要求再贷

4. 对贷款展期的期限表述不准确的是（　　　）。

A. 短期贷款展期的期限累计不得超过原贷款期限

B. 中期贷款展期的期限累计不得超过原贷款期限的一半

C. 长期贷款展期的期限累计不得超过3年

D. 长期贷款展期的期限累计不得超过2年

5. 提前归还贷款指借款人希望改变贷款协议规定的还款计划，提前偿还（　　　），由借款人提出申请，经贷款行同意，缩短还款期限的行为。

A. 本息　　　　　　　　　　　　　B. 部分贷款

C. 全部贷款　　　　　　　　　　　D. 全部或部分贷款

6. 贷后监控中，具有对"人及其行为"调查特点的是（　　　）。

A. 经营状况监控　　　　　　　　　B. 管理状况监控

C. 财务状况监控　　　　　　　　　　D. 与银行往来情况监控

7. 借款人无法足额偿还贷款本息，即使执行担保，也肯定要发生一定的损失，这类贷款属于（　　）。

A. 关注类贷款　　　　　　　　　　B. 可疑类贷款

C. 次级类贷款　　　　　　　　　　D. 正常类贷款

8. 根据我国商业银行现行规定，普通准备金相当于按贷款余额（　　）提取贷款呆账准备金。

A. 0.5%　　　　　　B. 1%　　　　　　C. 1.5%　　　　　　D. 2%

二、多选题

1. 对借款人的贷后监控包括（　　）。

A. 经营状况的监控

B. 管理状况的监控

C. 财务状况的监控

D. 与银行往来情况的监控

E. 行业监控

2. 企业管理状况风险主要体现在（　　）。

A. 企业发生重要人事变动

B. 最高管理者独裁，领导层不团结

C. 管理层对环境和行业中的变化反应迟缓

D. 中层管理层较为薄弱，企业人员更新过快或员工不足

E. 企业规模扩展过快

3. 企业的财务风险主要体现在（　　）。

A. 经营性净现金流量持续为负值

B. 流动资产占总资产比重下降

C. 应收账款异常增加

D. 银行账户混乱，到期票据无力支付

E. 资产规模不断扩大

4. 与银行往来的异常现象包括（　　）。

A. 在多家银行开户

B. 对短期贷款依赖较多，要求贷款展期

C. 还款来源没有落实或还款资金为非销售回款

D. 资金回笼后，在还款期限未到的情况下挪作他用

E. 在银行存款增加

5. 贷款风险的预警信号系统通常包含（　　）。

A. 有关财务状况的预警信号

B. 有关借款人与银行往来关系的预警信号

C. 有关经营者的信号

D. 有关经营状况的信号

E. 有关行业的预警信号

6. 还本付息通知单应包括的内容有（　　　）。

A. 贷款项目名称

B. 还本付息的日期

C. 本次还本金额和付息金额

D. 利息计算过程中涉及的利息、计息天数、计息基础

E. 当前贷款余额

7. 借款人提交的贷款展期申请包括（　　　）。

A. 展期理由

B. 展期期限

C. 展期后的还本、付息、付费计划

D. 拟采取的补救措施

E. 展期后的贷款用途

8. 对于抵押贷款的展期，银行应该（　　　）。

A. 为减少贷款的风险续签抵押合同

B. 核查其抵押率是否控制在一定的标准内

C. 要求借款人及时到有关部门办理续期登记手续

D. 切实履行对抵押物跟踪检查制度

E. 定期检查核对抵押物

9. 贷款总结评价的内容主要包括（　　　）。

A. 贷款基本评价

B. 贷款管理中出现的问题及解决措施

C. 其他有益经验

D. 贷款综合效益评价

E. 贷后管理的心得

10. 不良贷款的早期风险预警信号中关于财务状况的信号包括（　　　）。

A. 存货及应收账款的增长超过销售的增长幅度

B. 经营成本的增幅远远超过销售的增幅

C. 以短期融资作长期投资

D. 总资产增加过快

E. 有保留的会计师报告

11. 不良贷款的早期风险预警信号系统中关于经营者的信号包括（　　　）。

A. 存货积压

B. 设备陈旧

C. 客户流失严重

D. 借款人在激烈的市场竞争中处于不利地位

E. 借款企业与主要供应商关系紧张等

12. 对于保证贷款的展期，银行应该注意做到（　　　）。

A. 重新确认保证人的担保资格和担保能力

B. 借款人申请贷款展期前，必须征得保证人的同意

C. 担保金额为借款人在整个贷款期内应偿还的本息和费用之和，包括因贷款展期而增加的利息费用

D. 保证合同的期限延长至全部贷款本息、费用还清日止

E. 不需要续签保证合同

13. 商业银行呆账核销审查要点主要包括（　　　）。

A. 银行债权是否充分受偿

B. 贷款责任人是否已经认定、追究

C. 呆账核销理由是否合规

D. 呆账数额是否准确

E. 呆账核销是否按程序申报

三、判断题

1. 银行一定要关注借款人的管理水平、管理架构、人员变化、员工士气变化以及企业内部人员的道德风险对公司经营的影响。　　　　　　　　　　　　（　　　）

2. 银行在中长期贷款到期1个月之前，应当向借款人发送还本付息通知单。

（　　　）

3. 银行在短期贷款到期1个星期之前，应当向借款人发送还本付息通知单。

（　　　）

4. 对于核销呆账后债务人仍然存在的，应注意对呆账核销事实加以保密，一旦发现债务人恢复偿债能力，应积极催收。　　　　　　　　　　　　　　（　　　）

5. 不能提供确凿证据证明的呆账，不得核销。　　　　　　　　　（　　　）

四、名词解释

1. 贷款回收

2. 不良贷款

五、简答题

1. 简述贷后管理的主要内容。

2. 简述贷后检查的主要内容及操作步骤。

3. 简述贷款正常回收、提前归还、授信展期等业务处理的要点和操作步骤。

参 考 文 献

[1] 王艳军，郭瑞云，于千程. 商业银行授信业务[M]. 北京：中国金融出版社，2012.

[2] 赵素春. 商业银行信贷业务[M]. 北京：经济科学出版社，2010.

[3] 陆明祥，杨则文. 银行授信业务[M]. 北京：高等教育出版社，2014.

[4] 郭静林，罗威. 银行信贷业务实验教程[M]. 成都：西南财经大学出版社，2016.

[5] 郭瑞云. 个人贷款实务[M]. 北京：清华大学出版社，2019.